LES ANGLAIS CHEZ EUX

OUVRAGES DU MÊME AUTEUR

ROMANS, NOUVELLES

Les enfants du marquis de Ganges, ou les **Expiations**. 1 vol. in-8.

La balle de plomb. 1 vol. in-8.

Le diamant noir. 1 vol. in-8.

Le bouquet de cerises. 1 vol. in-18.

VOYAGES.

Scilla e Cariddi (Calabres et Sicile). } 2 vol. in-8.
L'Oberland bernois. — Genève.

PHILOLOGIE, HISTOIRE LITTÉRAIRE.

Remarques sur la langue française, sur le style et la composition littéraire. 2 vol. in-8.

Vie de Charles Nodier. Br. in-8.

Histoire des révolutions du langage en France. 1 vol. in-8.

POUR PARAITRE PROCHAINEMENT :

Fanchette Frandon. (Roman.)

William Hogarth, ou **Londres il y a cent ans.**

PARIS. — IMP. DE PILLET FILS AINÉ, RUE DES GRANDS-AUGUSTINS, 5.

FRANCIS WEY

LES
ANGLAIS CHEZ EUX

ESQUISSES

DE MŒURS ET DE VOYAGE

PARIS
D. GIRAUD, LIBRAIRE-ÉDITEUR
7, Rue Vivienne, 7

1854

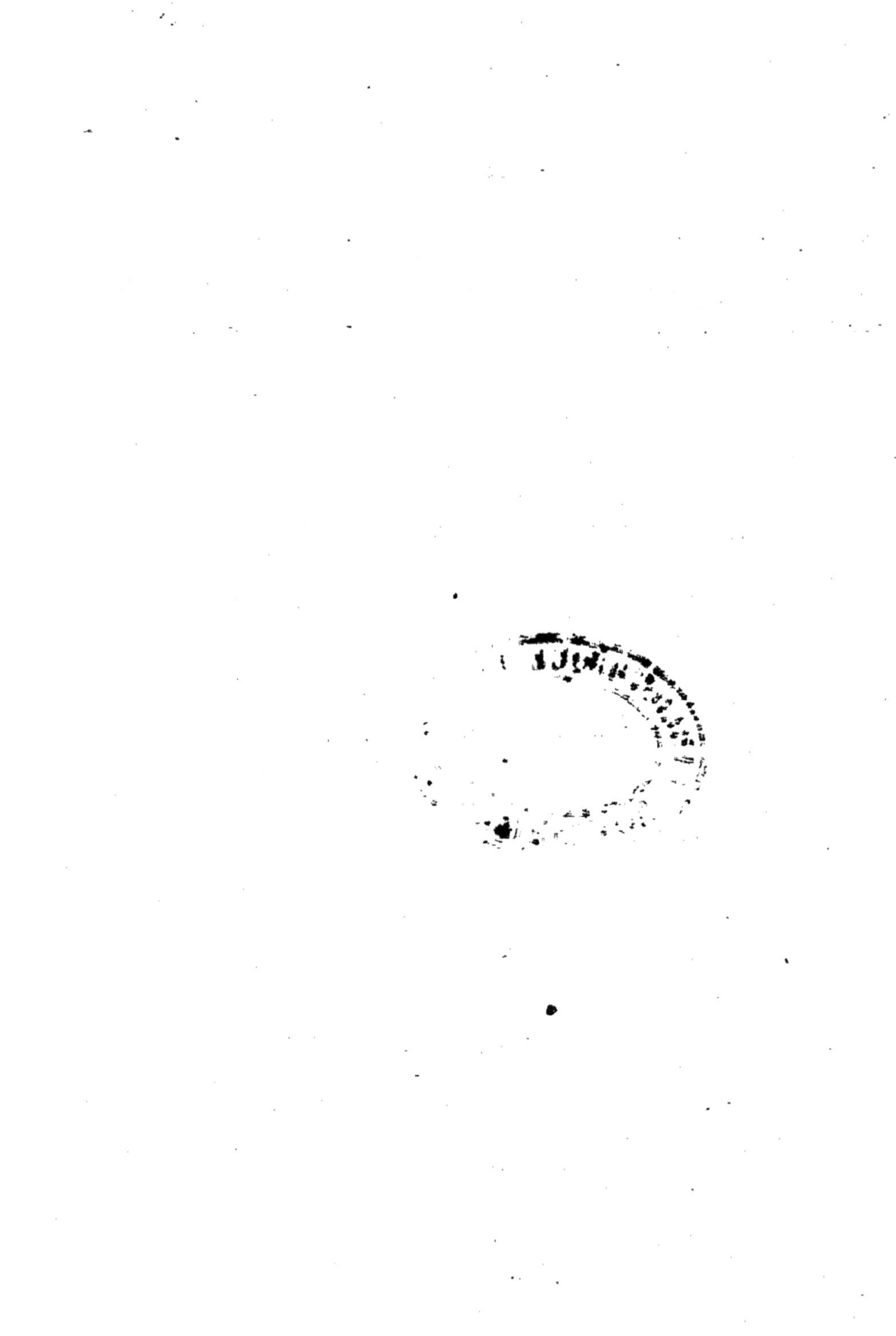

LES

ANGLAIS CHEZ EUX

CHAPITRE PREMIER

Introduction. — Profil de quelques bourgeois dépaysés. — Description de la Tamise, de son embouchure au pont de Londres. — Gravesend. — Woolwich. — Fondation d'un bourg-pourri. — Le port de Londres. — Panorama de la ville. — Impressions fantastiques. — Effet du langage sur les mœurs. — Les gentils douaniers. — London-Bridge. — Aperçu de la galanterie anglaise. — Pont de Waterloo. — Jockeys nautiques; omnibus flottants. — Trafalgar-Square. — Monuments héroï-comiques de Nelson et du duc d'York. — Chapiteaux traités comme des serins. — National-Gallery. — Triste condition des musées. — William Hogarth, Wilkie, etc... — Influence de Cromwel sur les arts et le caractère national. — Opinion de la postérité sur le Lord-Protecteur. — White-Hall. — Recherche du véritable emplacement de l'échafaud de Charles Ier. — Londres la nuit.

— Le soleil est couché depuis cinq heures, et le temps est si clair, qu'on lirait aisément les papiers publics. Décidément, Monsieur, nous n'aurons pas de nuit ; phénomène que j'ai plus d'une fois observé, particulièrement aux approches de la pleine lune, dans les mers du Sud..... à l'embouchure du Rhône.

Au ton magistral avec lequel il livrait de si fortes impressions, je reconnus mon voisin de la table d'hôtes de Boulogne, et je l'engageai à s'asseoir près de moi sur le pont du navire. Il refusa. — Vous savez, dit-il, que j'ai le pied marin.

Ce compagnon a cinquante ans, la manie d'être un profond observateur, et de déguiser la Méditerranée, qu'il a vue à Marseille, sous ce titre ambitieux : *les mers du Sud*. Un peu replet, majestueux comme un suisse de cathédrale, il s'efforce de rehausser son regard bénin, d'un certain air de perspicacité. Il jouit imperturbablement d'une supériorité intellectuelle qu'il s'est vu contraint de s'avouer, en dépit d'une modestie à laquelle il livre des combats fréquents. Honteux d'être confondu au milieu d'un de ces troupeaux dociles que l'on promène à forfait en train de plaisir, il a soin de laisser voir combien une pareille façon de voyager est au-dessous d'un homme comme lui. Ce vaniteux scrupule tourmente la plupart des touristes de l'expédition, tous gens d'exception et d'élite : perles égarées parmi des bourgeois.

— Nous voilà, reprit le navigateur du Sud, embarqués pour Londres au nombre de quarante passagers. Combien compterait-on là de gens capables de comprendre ce qu'ils verront? Deux ou trois, peut-être ; et encore... Quant à moi, je me soucie peu des monuments; on en voit partout. Mon but, durant les huit jours de l'excursion parisienne, c'est d'approfondir les mœurs, afin de savoir enfin à quoi m'en tenir sur l'Angleterre.

Étudier les mœurs en passant une semaine à Londres dans un hôtel garni, la prétention était burlesque assurément. Mais s'il s'abusait quant aux résultats possibles de son voyage, il partait d'une idée juste : ce qu'il y a de plus intéressant à connaître en Angleterre, ce sont les Anglais, c'est la vie particulière des diverses classes de cette société, si différente de la nôtre; c'est le mécanisme intérieur de cette civilisation qui, du fond d'une île du Nord, rayonne sur les deux mondes. Mais comment espérait-il pénétrer dans une pareille étude en l'espace d'une semaine, attaché à une expédition collective dont le but est de parcourir à la hâte une foule de curiosités?

Comme s'il avait prévu ces objections, mon homme y répondit d'avance :

— Le temps est bien court, les occasions sont rares; mais l'objet à étudier se trouvera partout. Pour observer, Monsieur, est-ce du loisir, est-ce un guide, est-ce un livre qu'il faut? Eh non, vraiment! Il est des gens qui passeraient vingt ans à Londres, et reviendraient moins édifiés que d'autres au bout de vingt jours. Pour observer, il faut... un observateur; de même que pour peindre, on choisit un peintre, et, comme a dit un auteur, le temps ne fait rien à l'affaire. D'ailleurs, pour qui sait comprendre, tout raconte et décrit; les édifices expliquent les institutions; la physionomie de la rue, l'allure des passants, sont comme certains effets dont on rejoint les causes : partout l'œil ne rencontre que des symboles, et les pierres ont un langage.

La confiance de ce bonhomme était faite pour enhardir. Il n'avait que huit jours à dépenser : je pouvais disposer de sept semaines... Je résolus d'épuiser avec lui la première, à parcourir les rues et les monuments principaux, en mettant à profit l'économie, la rapidité des excursions parisiennes. Mais, je me proposais en outre, dès que je serais familiarisé aux allures de Londres, d'y résider seul cinq à six semaines, logé dans une famille anglaise, afin d'examiner à loisir et de voir de plus près. Muni de lettres de recommandation pour des habitants du pays, divers de professions et de fortunes, j'espérais acquérir des notions justes des hommes et des choses et échapper aux exagérations, aux erreurs, aux préjugés si communs parmi nos compatriotes.

Ce plan réalisé m'a prouvé que l'Angleterre, à travers laquelle j'ai fait plusieurs excursions, est vraiment mal appréciée, et, il faut l'avouer, très-peu connue chez nous.

Les Français sortent rarement de leur pays, et quand ils s'aventurent au dehors, ils voyagent trop vite. Tel est le principe de l'unique infériorité qu'ils subissent par rapport aux autres peuples du Nord.

Nos habitudes casanières laissent une lacune profonde dans notre éducation. De là des préjugés nombreux, de là les difficultés de nos rapports avec les autres nations, notre maladresse à coloniser, l'extension bornée de notre commerce, les limites étroites de notre érudition historique et la plupart des méprises qui entravent notre politique extérieure. Les hommes d'État de l'Angleterre connaissent le monde habitable, à peu près comme nos agents de police connaissent les quartiers de Paris. S'il est un exemple propre à nous inspirer des goûts plus aventureux, c'est celui de ce peuple qui, doué d'un sentiment national presque superstitieux, a cependant élu le globe entier pour patrie.

Depuis deux ou trois ans, notre nation, troublée par l'invasion des chemins de fer, dans son parti pris d'indifférence à l'égard des pays étrangers, a inventé un moyen de tout regarder sans rien voir. Grâce aux trains de plaisir, on se vantera d'avoir été partout, et de savoir ce que peuvent enseigner des domestiques de place, guides ignorants, démonstrateurs ineptes, débitant à chacun la même leçon, menant tout le monde aux mêmes endroits, et réglant avec une autorité absolue ce que l'on doit voir et ce qu'il convient de négliger. Cette manière de voyager, qui efface la personnalité, bannit l'étude, ne laisse point de prise à la fantaisie, n'admet rien d'imprévu, n'accorde aucun loisir à la méditation, et isole complètement le touriste des populations qu'il va visiter, serait insupportable à des gens libres et aventureux, parcourant le monde pour se sentir vivre ou pour s'instruire.

Le néant de cette méthode, sa déplorable insuffisance, sont plus sensibles encore en Angleterre que partout ailleurs; car c'est dans l'observation des usages et des mœurs, on ne saurait trop le redire, c'est dans la vie intime de la société que l'on est forcé de rechercher les traits de la physionomie du pays. Pour la dépeindre, il est nécessaire d'étudier de très-près la nature, de se plier aux difficultés de l'analyse, et de ne pas oublier que, sur ce terrain classique de la vie positive et de la réalité, la vérité est incompatible avec les exagérations poétiques ou les artifices de composition. Ces réflexions annoncent une étude sincère, indépendante, minutieuse même; mais elle ne peut être nouvelle qu'à ce prix, et, j'ose le dire, intéressante qu'à cette condition.

Pardonnez-moi, lecteur, cette exposition trop franche, en faveur de la bonne foi qui l'a dictée; et, s'il vous plaît de venir à bord du *Steam-Boat la Cité de Boulogne,* nous remonterons ensemble la Tamise jusqu'au pont de Londres. La nuit est pâle et clémente, le ciel est sans un nuage et la mer sans une seule ride.

Le navire chemine, laissant derrière lui un sillage bordé d'une frange phosphorescente : sur la gauche, une longue file de lumières, chapelet d'étoiles qui semble danser sur les vagues, annonce que l'on est à la hauteur de Douvres. On voit poindre l'aurore sur un point inattendu du ciel, car chacun est désorienté par les bordées courues pour éviter les bas-fonds, et les premières lueurs vont accuser dans la brume les maisons de Ramsgate, environnées de villas jetées comme des fleurs parmi des touffes d'arbres. Ces cottages se nomment des maisons à thé. Plus loin, c'est Margate, couronnant une falaise lisse et pâle comme un mur, piédestal qui foule un lit de goémons noirs, et porte la ville assise sur un coussin de verdure. Margate étale ses grandes maisons de brique brune percées de fenêtres sans nombre, et son clocher massif à la cime dentelée.

Il n'est plus nuit, il n'est pas jour encore; la clarté ne découpe pas assez d'ombre pour devenir la lumière, les rives estompées de blanc n'offrent que des plans miroitants et mous, les vapeurs de la nuit floconnent sur l'azur paisible des eaux et éteignent le bleu pâlissant du ciel.

Peu à peu la côte s'aplatit; sur la droite, un banc de sable, mince ligne de bistre, vient endiguer la mer; on se croit à l'entrée de la Tamise; mais derrière cet ourlet de terre, une voile apparaît dans les airs. C'est la mer qui se révèle par delà. A mesure que le navire incline à l'ouest, l'intérêt se concentre sur la grève anglaise, où l'on voit deux tours d'un aspect triste, *Two Sisters*. Là, dit-on, sont venues échouer deux jeunes filles, en mémoire desquelles on a élevé ce monument. Puis l'on découvre, au revers d'un coteau gris, les maisons blanches et closes d'Herneby, ville de bains, qui se mire tout entière dans l'eau bleue, comme une cité orientale. Un second banc de sable, célèbre par le naufrage de *l'Adélaïde*, marque, dit-on, l'entrée de la Tamise, et comme, néanmoins, on ne voit la terre que d'un côté, il faut accepter l'idée paradoxale d'un fleuve qui n'a qu'un bord.

C'est à la hauteur de Barnstaple, enfoncée dans la côte violette, que l'on voit enfin émerger des flots, l'autre rive dentelée, mince et sombre comme la lame émaillée d'une scie.

Soudain éclatent le mouvement et la vie. Le soleil s'élance et va réveiller la Tamise; il disperse la brume, et, de ses premiers rayons, fait jaillir une volée de voiles blanches, qui marquent le passage, et s'éloignent sur les eaux, pareilles à un essaim d'alcyons fuyant dans les airs.

Alors tout se ranime à bord, le pont se peuple de figures blêmes, et les passagers de l'expédition française, renaissant à l'activité, se divisent à l'instant en deux classes : ceux qui questionnent sans relâche, et ceux qui veulent déjeuner tout de suite; les premiers, inquiets et nerveux, restent tels tout le long du voyage; les autres, insouciants et sensuels, ne songeront qu'à leur bien-être.

Un genre d'attrait particulier à ces sortes d'expéditions, c'est le spectacle de la caravane, composée de gens d'humeur et de conditions diverses, apportant leur fantaisie, leurs manies, leur ébahissement, leurs préjugés et le contingent de leurs observations.

— Enfin, s'écriait sur le pont du navire, un officier de la garde nationale, il faudrait là plus d'ordre, plus de discipline, donner à chacun son numéro, et à chaque repas, à chaque course, faire un appel, un *contre-appel*, et que tout fût réglé *militairement*. On marcherait par pelotons...

— A quelle heure arriverons-nous à Londres?

— A midi.

— Heure *militaire*, au moins?

Mais survient un touriste :

— Çà, dit-il, j'espère qu'on ne va pas nous conduire comme un troupeau de moutons et nous aligner comme des écoliers à la promenade; je n'ai point prétendu aliéner ma liberté...

— Ils ne s'en tireront jamais sans la discipline militaire, Monsieur; et quand on a servi...

Là-dessus, discussion à perte de vue..., l'esprit militaire rebrousse les annales de l'empire; on approche de la patrie de Wellington, et bientôt l'on entend : « Ce sont les Prussiens seuls qui par leur diversion... Ah! Si Grouchy était arrivé à trois heures! »

Tandis qu'ils vont bourdonnant, suivons attentifs le cours du fleuve, ce vaste port de l'Angleterre et du monde commercial. Ce n'est pas avant cinq à six heures que l'on arrivera à Londres.

Pénétrer dans cette immense métropole en remontant le cours de l'eau, c'est jouir de l'aspect le plus étrange, le plus imposant, le plus magnifique qu'il soit possible de rencontrer.

La Tamise est la grande route, la plus fréquentée, la plus chargée de population, qui existe. Ce chemin liquide n'est point un fleuve, et n'est, sur aucun point de son cours, assimilable à un fleuve. De sa source jusqu'à Londres, la Tamise est une petite rivière arcadienne qui se joue parmi des prairies, distribuant à travers les ombrages des parcs la grâce et la fraîcheur. Dans Londres, la Tamise est un quai servant d'entrepôt; car les maisons du rivage sont plantées dans la vase et communiquent directement avec les navires. Entre ces quais de fange et d'eau, il y a une grande rue remplie d'omnibus et jonchée de monde : ces omnibus sont des bateaux à vapeur, et cette rue, c'est encore la Tamise. De Londres à Gravesend, ville située à six lieues au-dessous de Londres, la Tamise est un port où les bâtiments de tous les pays sont alignés par centaines. A partir de Gravesend, la Tamise est un bras de mer. On pourrait même la définir ainsi, de la Manche jusqu'à Londres, où l'on signale encore dix à douze pieds de marée. Les crues de la rivière n'exercent aucune influence sur le niveau de ce golfe profond.

C'est devant Gravesend que l'on commence à subir l'impression étrange que fait éprouver la contemplation de l'Angleterre. A droite, le littoral du comté d'Essex est bas, aride et gris ; la Tamise prend la couleur du plomb. A gauche, la ville de Gravesend est blême et lugubre avec coquetterie. C'est là que je vis le premier échantillon de la fantasque architecture du pays. Les bains Clifton sont rigoureusement gothiques, et chaque ogive est surmontée d'un minaret à la turque. Autant la terre est déserte et solitaire, autant le canal est animé par la circulation et par le travail. Mais la précision calme avec laquelle les embarcations se croisent, le rapprochement inexplicable de tant de groupes si complétement étrangers entre eux, qui ne se connaissent et ne se regardent même pas, la gravité de ces êtres rassemblés fortuitement et isolés par l'intérêt ; cette vie d'activité mécanique et de labeur sans relâche comme sans vivacité, tous ces détails vous captivent et vous glacent à la fois. On est saisi de la grandeur, de la tristesse d'un tel spectacle ; on s'étonne avec crainte, et l'on demeure interdit d'un premier accueil si solennel et si morose. En présence de tant de mouvement et de si peu de bruit, on croit pénétrer en pleine lumière dans l'empire des ombres. Le soleil même, revêtu d'un linceul blanc, ne projette sur ces scènes fantastiques que le spectre pâli de ses rayons. Dans les champs, peu de culture ; partout de grands arbres ronds, d'une sombre verdure, encadrés de pelouses vertes.

Plus on avance, plus les embarcations se multiplient. Bientôt la campagne entière est envahie par les navires ; car la Tamise décrit des courbes nombreuses. On la laisse fuir à droite, à gauche; et au delà des rivages bas qui en masquent les sinuosités, on voit circuler à travers les terres les cheminées des steam-boats, les voiles tendues des bricks, des trois-mâts, qui se jouent dans les airs pêle-mêle avec les ormeaux, les tilleuls et les chênes. La terre et l'onde marient les bois de leurs forêts.

C'est ainsi que l'on atteint Woolwich, ville toute militaire et maritime, contenant un arsenal, une fonderie de canons, une caserne, un parc d'artillerie, une école militaire et de vastes chantiers de constructions navales. Saint-Cyr, Metz et Toulon réunis, donnent l'idée de Woolwich, qui entretient six cents forçats sur des pontons, hélas! trop connus des anciens marins français. En passant devant ce lieu consacré aux travaux de la guerre, on comprend que la Grande-Bretagne ne possède ni la physionomie, ni les mœurs militaires. Cette cité remplie de soldats a l'air d'une vaste usine; on ne voit qu'ouvriers et manœuvres fonctionnant sur la grève ou sur l'eau, et l'on prendrait Woolwich pour une ville manufacturière, comme Saint-Étienne ou Birmingham, si l'on n'entrevoyait deux ou trois sentinelles en habit rouge, promenant avec indolence de grands fusils qui ne serviront jamais. Là, tout est sacrifié à l'utilité, tout est pour le travail et tout homme agit. En face de cette ruche, sur l'autre rive, plate et solitaire, s'élèvent dix à douze petites maisons à peines achevées; cabanes pauvres et coquettes, construites en style gothique, avec des pignons et des ogives. A la fin de l'année, nous dit l'architecte qui se trouve à point nommé là pour démontrer ses œuvres, ces maisons seront au nombre de quatre cents. Des compagnies les élèvent pour y loger des ouvriers, dans un but moins charitable encore que politique; car la propriété de chacune de ces bâtisses représente un impôt foncier de 20 livres, et quatre cents propriétaires-artisans, improvisés de la sorte, donnent à un parti un nombre égal d'électeurs. Ainsi, on fonde une ville au profit d'un candidat à la Chambre des communes. On n'a jamais, chez nous, recouru à cet ingénieux moyen de modifier les listes électorales.

En quittant Woolwich, on découvre à l'horizon, un peu sur la gauche, les dômes jumeaux de Greenwich, autour desquels on doit décrire un cercle de deux lieues pour arriver à Londres.

Les neuf milles qu'il reste à parcourir avant d'amarrer à *Custom-House* sont rapidement franchis : le spectacle est si attachant, la pensée reçoit de si fortes impressions, qu'elle oublie de mesurer les heures. Le mouvement envahit enfin la rive gauche de la Tamise, si longtemps solitaire; des hangars, des usines, des bâtisses çà et là disséminées, préparent le voyageur au panorama de la grande ville qu'il va découvrir à sa droite, sur ce bord gardé par de longs chapelets de navires.

Déjà circulent les *watermen*, bateaux à vapeur très-peuplés, vastes omnibus qui desservent le littoral, au nombre de quatre cents. On les voit glisser côte à côte, pêle-mêle avec les chasse-marée, les bricks, les trois-mâts de la Compagnie des Indes et les bâtiments de toute sorte, entre lesquels voltigent des nuées de barques. Les rivages, jonchés de monde et de constructions industrielles, semblent, par comparaison, mornes et tranquilles, tant la vie circule abondante et agitée sur le lit du fleuve, qui paraît entraîner et brasser dans ses ondes grises une ville entière.

Il est près de midi; le soleil argente les vapeurs charbonneuses qui flétrissent l'azur du ciel. Des vaisseaux, rangés en travers le long de ce boulevard liquide, laissent entrevoir dans les clairières d'une forêt de mâts, une cohue étrange de magasins, d'entrepôts, de tavernes, d'appentis, de manufactures; autres nefs que surmontent d'immenses cheminées de brique, mâtures massives et hardies. Sur la terre et sur les flots, chacun se démène et travaille; l'eau soulevée et battue sans relâche écume, la vase bouillonne à la surface; et, sans qu'un souffle de vent l'effleure, l'onde bondit et moutonne, livrée à une tempête continuelle.

A mesure que l'on chemine, ce drame singulier marche progressivement à sa péripétie; on s'étonne que le bateau continue à filer sur ce canal d'une immense largeur, et pourtant si encombré, qu l'œil se heurte partout contre des murailles de navires. Passé Greenwich, cette animation s'accroît et paraît à son comble. Elle triple encore dès qu'on pénètre dans Londres. Puis, on voit se développer sur l'une et l'autre rive, cette Babel monstrueuse du commerce des deux mondes, avec ses deux cent mille cheminées, obélisques vomissant la fumée et la flamme; avec ses clochetons pointus, qui se comptent par centaines; ses longues maisons de brique noire, couvertes de tuiles rouges, gigantesques degrés qui servent de base au dôme de Saint-Paul, modèle de notre Panthéon.

Londres n'a pas de quais, les maisons du rivage baignent dans la Tamise sur laquelle elles s'ouvrent pour recevoir les cargaisons de toute espèce dont la Cité est le vaste entrepôt. Appropriées à des usages divers, ces constructions sont très-dissemblables; elles sont flanquées de jetées, de pontons, hérissées de béliers à monter les fardeaux, encombrées de marchandises et d'une multitude de matériaux. Il n'y a pas d'alignement dans la distribution de ce quartier maritime, où l'on voit des cours, des ruelles visitées par la marée, et tout auprès, des terrasses, clairsemées de quelques vieux arbres trapus. La rive droite est complétement vouée à l'industrie, c'est un gigantesque faubourg peuplé d'ouvriers; masures basses, mal ordonnées, incessamment couvertes d'un nuage de fumée qu'elles alimentent sur leurs toits. Le premier plan de la rive gauche présente un aspect à peu près analogue; mais entre ce quartier et les édifices lointains de la ville, on aperçoit des myriades de mâts et de cordages, groupes de navires disposés en faisceaux et qui font supposer un autre bras de la Tamise envahissant la ville. Ce sont les docks ou bassins de Londres, de Sainte-Catherine et de la Compagnie des Indes : des canaux creusés en aval de la Tamise y conduisent les vaisseaux qui y sont hébergés par milliers.

L'absence de quais, l'irrégularité qui en est la conséquence, la surabondance de mouvement et d'activité que cette disposition si favorable aux débarquements donne au littoral, frappent vivement l'esprit des Français, justement orgueilleux de la beauté calme et de l'ordonnance imposante des quais de Paris. Mais la majesté de la Tamise, assez large pour contenir une escadre, et pour porter des navires à vapeur ou à voiles aussi nombreux que le sont les fiacres ou les équipages de nos boulevards à l'heure de la sortie des théâtres; mais, la grandeur des lignes et la diversité des détails si capricieusement répandus, triomphent de cette impression passagère. On admire que les bâtiments entrent dans les maisons librement et comme chez eux; l'entrain qui accompagne la vie exubérante et laborieuse vous saisit. En se voyant au milieu de ce port, en compagnie de quelques milliers d'hommes si actifs, on oublie qu'on navigue sur l'eau. Les maisons de la ville semblent, entremêlées de voiles et de carènes, continuer le spectacle de la Tamise; et bientôt on ne comprendrait plus qu'une si grande route, qu'une si belle rue tant fréquentée, fût interceptée et rétrécie par les terrassements d'un quai. La cause première de Londres, le mobile et le centre de tout le mouvement qui s'y produit, c'est ce bras de mer qu'on appelle Tamise. Cette eau pénètre partout et vivifie tout, comme le biez qui se divise et se répand pour fertiliser une prairie.

Parmi les détails de ce panorama étrange et indescriptible, deux monuments seuls rappellent l'idée du vieux monde. Au loin, Saint-Paul : plus près, la Tour de Londres, lourd donjon carré surmonté de clochetons maigres, jouant aux quatre coins sur la plate-forme; restauration que l'on croirait exécutée d'après les devis d'un geôlier en belle humeur. Abstraction faite du dôme et de la Tour, ces longues files de maisonnettes capricieuses qui ressemblent à des navires ébranchés, et que des navires encombrent; ces hangars, ces usines avec leurs cheminées noires, leurs arbustes grimpants, leurs kiosques de bois peint et leurs toits rouges, donnent à la ville un faux air de l'Orient ou de l'Inde. On pense vaguement à Tyr, à Carthage, aux rives du Gange, aux bourgades hollandaises des vieux peintres flamands, à l'Amérique marchande, aux cités fantastiques et vaguement entrevues du pays des Chinois. Le besoin de se rendre compte de ses impressions invite à comparer; mais le spectacle est si étrange que nulle comparaison ne contente, et que l'esprit ébahi se heurte à toutes les réminiscences de l'imagination.

Cependant, une impression triste et froide mêle je ne sais quelle stupeur à l'admiration dont on est épris. On a vu la Tamise solitaire à son embouchure se peupler peu à peu, ses rivages se meubler, cette agitation naître et s'accroître, et ce mouvement de population s'exagérer jusqu'à l'encombrement. Il semble que du désert on soit parvenu en quelques heures au centre du monde et au chef-lieu de l'univers. Ce spectacle imposant et varié, on le possède, on est sur la scène, on le touche des yeux ; rien n'est plus vivant, plus réel, et l'on a peine à y croire. Ce que l'on voit vous laisse morne et rêveur ; la pensée de l'isolement vous étreint au cœur de la foule : parmi ces navires sans nombre qui font écumer la vague et offrent aux regards leurs ponts chargés d'hommes, de femmes élégantes, d'ouvriers, de bourgeois, de gens de toutes les classes et de tous les âges, on reconnaît le mouvement, on constate une activité dévorante, et l'on perçoit ce drame comme dans un rêve, comme dans la fantastique exhibition d'une décoration animée.

A la fin, on se rend compte de ce qui, pour nous, manque à cette réalité : c'est le bruit. La vie de la Tamise est une pantomime. Aucun visage ne rit ; les lèvres sont muettes ; pas un cri, pas une voix ; chacun reste isolé dans la foule. L'artisan ne chante pas. Les passagers qui passent et repassent contemplent sans curiosité et n'articulent pas une parole. A peine entend-on l'organe grêle de quelques enfants répétant sur un ton monotone à l'usage des chauffeurs, les signaux de la manœuvre indiqués par les gestes des capitaines, télégraphes intelligents et taciturnes.

L'Anglais s'est fait un langage approprié à ses mœurs placides et à ses goûts silencieux. Ce langage est un murmure entrecoupé de sifflements doux ; il s'écoule des lèvres à peine articulé, et dès qu'on veut associer à l'émission de la parole la poitrine ou la gorge pour enfler la voix, la physionomie des mots s'altère et les rend peu intelligibles ; ils ne sont compris qu'à la condition d'être énoncés légèrement et sans effort. S'ils sont criés, ils sont méconnaissables ; ils deviennent en outre rauques et stridents pour l'oreille, comme les coassements confus dont les grenouilles font retentir les échos des marécages. A Londres, on s'entretient avec soi-même, on pense avec sobriété, et l'on ne s'occupe que de ses intérêts. Chacun travaille sans relâche, et toujours en silence.

Mais déjà le navire se perd au milieu des mâts ; nous sommes au pied du pont de Londres ; les câbles sont lancés, les roues se taisent, et l'on aborde sans bruit, entre deux watermen jonchés de personnages muets, à l'embarcadère de la douane, peuplé d'une foule de commissionnaires, de préposés, de portefaix, qui attendent sans mot dire, et vous suivront sans desserrer les lèvres.

S'il prend jamais fantaisie à quelque touriste patient et bénévole de célébrer les charmes de la douane française, qu'il aille s'inspirer à celle de Londres, il ne saurait mieux faire. Chez nous, cette institution est armée des griffes du chat; la douane anglaise y joint la lenteur du boa qui digère. Cette petite cérémonie ne dure guère plus de cinq à six heures, à moins que l'on ne débarque un dimanche, auquel cas il faut attendre jusqu'au lendemain à midi la restitution de son bagage. Aussi, voilà ce qui arrive : des commissionnaires s'informent de l'hôtel où vous avez le projet de descendre; puis, ils vous font grimper l'escalier de bois qui conduit, disposition commode, au grenier où sont établis les bureaux. Là, vous recevez un numéro; on en place un autre sur votre malle; vous attachez celui qui vous reste à la clef de votre cadenas, et le tout est remis aux préposés qui dépéceront en votre absence les pièces de votre bagage. Vous partez les mains vides pour la grande cité.

Cette méthode n'a rien d'inquiétant pour les Anglais; mais elle excite à un haut degré la défiance française; les dames auraient pelotonné leurs enfants dans leurs caisses à chapeaux, qu'elles ne manifesteraient pas une plus tendre sollicitude. Enfin, chacun prend son parti; mon voisin l'Observateur, en observant qu'un tel usage indique une sévère probité dans la classe des douaniers; l'ami du régime militaire, en remarquant que tout se passe militairement, et l'indépendant, par l'idée de sa liberté reconquise.

Elle ne l'est pas pour longtemps : le personnel de l'expédition est livré à la direction des interprètes qui se partagent les voyageurs auxquels ils serviront de guides pendant huit jours.

Un mot sur New-London-Bridge. C'est le Pont-Neuf de la cité de Londres. Les vaisseaux remontent jusque-là, et ne stationnent pas plus haut. Commencé en 1825, il a été livré à la circulation en 1831. Bien que le fleuve atteigne à cet endroit sa plus grande largeur, ce pont bâti en granit d'Écosse, et qui se termine à chaque extrémité par des voûtes passant au-dessus des rues qui longent les deux rives, n'a que cinq grandes arches surbaissées. Celle du milieu est d'une ampleur et d'une hardiesse prodigieuse. Les piliers ont des plinthes massives avec des taille-mer gothiques, et les arceaux sont couronnés d'une corniche qui supporte le parapet. Les vaisseaux et les voitures passent côte à côte sous ce pont aussi peuplé au-dessous qu'au-dessus de son tablier; et l'on voit, aux deux bouts, des nuées de piétons circuler comme des légions de fourmis autour de la dernière arcade, grimper et descendre le long des contre-forts pour gagner les rues basses, les rues supérieures, ou les embarcadères.

En opérant cette conversion, comme disait l'homme aux sentiments militaires, nous laissâmes à notre droite une colonne en pierre surmontée d'une espèce de gros chardon doré; on nous apprit que ce chardon est une gerbe enflammée, et que le pilier qui la porte a été érige en mémoire de l'incendie de 1666. A cette époque, la moitié de la ville fut consumée, et les ravages du feu se sont arrêtés là.

Quatre omnibus à vapeur étaient en panne au pied du pont, serrés les uns contre les autres, regorgeant de monde; et pour arriver au plus éloigné, on traversait les trois autres. Chacun courait en grande confusion, choisissant son bateau, et le tout en silence. Que de bruit une pareille cohue aurait produit aux bords de la Seine! Le troisième waterman était destiné à nous conduire aux environs de l'hôtel où nous étions attendus. Nous nous vîmes avec plaisir mêlés pour la première fois à la foule; et, bien que signalés comme Français par les moustaches, et par le fracas de notre irruption, nous n'excitâmes ni étonnement ni curiosité. Ceux de ces *étrangers* (comme les dénommait plaisamment, dans leur propre pays, notre plus naïf compagnon), qui parlaient le français, vinrent obligeamment causer avec les moins barbus de notre société.

A la station de Southwark, pont construit en fonte et soutenu par quatre piles de pierre, il survint un gentleman avec deux dames qu'il précédait d'une façon seigneuriale. Une seule place était vacante sur un des bancs; il s'y campa sans se soucier de ses compagnes, restées debout entre les grandes jambes d'une douzaine d'hommes. Sur-le-champ, quatre Français se levèrent et offrirent gracieusement leur siége; et ces dames, étonnées d'abord, s'assirent en remerciant d'un sourire, tandis que les hommes nous regardaient d'un air assez mécontent.

— Est-il surprenant, s'écria un de nos jeunes compatriotes en se caressant la moustache, que les Anglaises nous accordent leurs préférences? la galanterie leur est toute nouvelle, et la plus légère prévenance suffit pour les toucher. Nous y gagnons à la vérité peu de sympathie auprès de leurs seigneurs et maîtres.

Je ne sais s'il eut l'occasion de se confirmer dans sa première supposition; quant à la seconde, les Anglais m'ont paru fort bienveillants.

A la hauteur de Blackfriars'-Bridge, en face de Saint-Paul, point d'où l'on découvre encore la tour, et déjà Somerset-House, vaste palais d'architecture classique à l'italienne, la Tamise tourne sur la gauche, et les édifices du rivage prennent des dimensions plus monumentales; on passe devant Temple-Bar, remarquable par son frais jardin et son joli pavillon gothique en briques rouges, et l'on est frappé de la majesté du pont de Waterloo, tout en granit d'Aberdeen avec deux colonnes saillantes à chaque pile. Ce pont, dont la chaussée est à 50 pieds du niveau de l'eau, est parfaitement plat; il a neuf arches de 120 pieds de long sur 35 de hauteur; sa longueur est de 2,426 pieds anglais. La Tamise mesure là 1,329 pieds de largeur. Le pont de Waterloo est d'un très-beau style, d'une solidité romaine, et d'une admirable proportion. C'est au bureau de péage de ce pont que se trouve le fameux tourniquet de fer qui n'admet qu'une personne à la fois, et qui communique, en tournant, une impulsion à l'aiguille d'un cadran situé dans la loge où il constate le nombre des passants. Invention tout anglaise, que ce contrôle mécanique !

Le long de la ville, la Tamise est non-seulement une grande rue, mais encore une espèce de parc et de lieu de plaisir. Car, parmi les innombrables bateaux à vapeur qui courent en tous sens, on voit filer sur quatre rames des myriades de batelets et de yoles, minces comme des lames de couteau ; c'est ainsi que dans les promenades les cavaliers voltigent autour des calèches. L'Anglais aime à courir et à se sentir en selle, sur un cheval ou sur le banc d'un batelet. Des régates s'éparpillaient sur la rivière bordée de spectateurs passionnés, attendant avec impatience l'éclat bruyant du marron d'artifice qui signale le succès du vainqueur. Ces embarcations, sveltes comme des poissons, portent des rameurs coiffés et vêtus comme des jockeys, et distingués également entre eux par les nuances vives et diversifiées de leurs chemises de soie. « A voir ces centaines de petites barques, écrit avec sa pittoresque originalité mon ami Minimus Lavater, conduites par de hardis rameurs élégamment vêtus de soie rouge ou bleue, verte ou rose, on dirait que tous les coquelicots et les bluets s'ennuyant avec leurs voisins les blés, sont venus se baigner dans la Tamise. »

C'est à regret que nous quittâmes, au pont suspendu d'Hungerford, ce théâtre silencieux et animé des affaires et des divertissements. On nous fit traverser un marché couvert où, sur des tables de marbre constellées de morceaux de glace aux facettes cristallines, sont empilées des centaines de crabes, de crevettes, de homards écarlates, d'esturgeons gris de fer et de saumons argentés. Un instant plus tard, nous traversions Leicester-square, et nous entrions triomphalement à l'hôtel du prince de Galles, encombré déjà d'une nuée de polissons attirés par l'espoir de débiter des images, des canifs, des couteaux, des rasoirs.

Et l'Observateur de s'écrier :

— Voilà des rasoirs anglais!

Après distribution faite des appartements entre les touristes, opération difficile et tumultueuse, la plupart des voyageurs brûlent de courir les rues et d'envahir Londres, comme s'ils devaient repartir le lendemain. Les plus empressés sont ceux qui se lasseront le plus vite. La foule entraîne les guides et fait irruption dans Leicester-place. Ils marchent en gesticulant, en parlant haut, et les passants étonnés de tout ce bruit les regardent avec un sourire paterne. Je déserte lâchement le drapeau de la patrie, et je précède à la Galerie nationale ces tapageurs que je retrouverai trop tôt.

La place Trafalgar est grande, montueuse, irrégulière, avec des prétentions à la régularité et à l'ordonnance de notre place de la Concorde. Du péristyle de National-Gallery, affreux monument dont nous parlerons ailleurs, Trafalgar-square produit un certain effet, bien qu'il soit de forme trapézoïde, et encombré de terrassements dont les lignes sont dures à la vue. Au centre est une pièce d'eau derrière laquelle se dresse la colonne de Nelson, masquant la statue de Charles Ier, placée elle-même au bas de Charing-Cross, qui conduit à White-Hall où ce roi eut la tête tranchée.

Cette rue se nommait prophétiquement, bien avant le règne de Charles Stuart, *le Chemin de la Croix*.

La colonne de Nelson donne une idée anticipée du goût anglais par rapport aux beaux-arts. Elle est, dit-on, en granit, mais m'a paru peinte en blanc. Ce fût cannelé, couronné d'un vaste chapiteau corinthien, sert de piédestal à la statue du célèbre amiral, coiffée d'un chapeau qui, vu de profil, et parce qu'on a trop creusé les deux bords, simule deux cornes; et comme le buste anguleux et carré ne suit point le mouvement de la tête, cette figure, vue du côté de la rivière, ressemble à la statue du diable. Derrière le héros, l'artiste a filé et contourné en spirale un énorme câble qui éveille les idées les moins convenables. Enfin, Nelson a, tout le long du dos, un paratonnerre en saillie qui lui sort par l'oreille. Les Napolitains en auraient eu plus grand besoin que lui lorsque cet amiral tonnait sur leurs têtes. Nelson est certes un grand capitaine; toutefois, sa gloire ne touchera jamais quiconque a lu l'histoire moderne de l'Italie. Le soleil même, à la vérité, est moucheté de quelques taches ; mais ce ne sont point des taches de sang.

Ce paratonnerre me rappelle celui qui, à l'entrée de Saint-James'-park, protége, au sommet d'une autre colonne, la statue héroï-comique du duc d'York. On lui a fiché dans le crâne la pointe de ce paratonnerre qui mesure tout le corps du haut en bas, comme le ruban métrique d'un tailleur d'habits.

N'oublions pas que ces piliers, au sommet desquels on monte par un escalier intérieur, sont garnis de parapets en fer, et d'un grillage supérieur plafonnant au-dessus des curieux enfermés là comme dans une cage ; précaution nécessitée par la bizarrerie des citoyens qui avaient pris goût à s'élancer sur le pavé du haut de ces glorieux monuments.

En Angleterre, nous passons pour écervelés et fantasques ; mais, grâce à Dieu, l'on n'a pas encore eu besoin de nous river des garde-fous par-dessus la tête.

A ce propos, je ne sais si dans cette île les chapiteaux sont atteints des tentations du spleen ; mais j'ai vu à Belgrave-square d'énormes choux corinthiens emprisonnés comme des volatiles dans des treillis de fer. S'agit-il de les défendre contre les hirondelles? Quoi qu'il en soit, rien de moins monumental que des colonnes coiffées d'un panier à salade.

Cependant, quand les Anglais ne songent point à

créer un monument, ils élèvent des maisons admirables et d'un style souvent magistral. On les voit, préoccupés du soin d'embellir les rues et les squares, chercher la symétrie et mettre leurs plans en harmonie de style avec les constructions antérieures. Un capitaliste ou une compagnie achètent un terrain d'une dimension à contenir six à sept maisons. On trace alors le devis pour un seul édifice ayant façade, péristyle, galeries, ailes; puis quand il s'agit d'occuper, au lieu de distribuer à des locataires, on partage l'immeuble en plusieurs lots acquis par plusieurs propriétaires : la propriété individuelle revit de la sorte dans l'association. C'est ainsi que certains quartiers splendides, tels que Portland-place et Belgrave-Square, dévolus à des particuliers, offrent à l'admiration une succession de magnifiques palais. Les monuments construits pour une destination publique sont en général moins bien appropriés, l'Anglais ne comprenant bien que le comfort de la vie intérieure.

Rien de plus marqué que cette insuffisance à la Galerie nationale, édifice maigre, disproportionné, mal éclairé, étriqué, et coiffé d'un petit dôme qui fait l'effet d'une casquette de jockey oubliée sur la plate-forme. C'est un monument à rebâtir : il n'est pas même assez spacieux pour héberger la sculpture, et les 214 tableaux qu'il renferme sont à l'étroit et mal exposés. Cette galerie, commencée seulement en 1824 par l'acquisition de la collection Angerstein comprenant 38 tableaux, et enrichie deux ans après par les dons de sir Georges Beaumont, puis successivement par diverses munificences, est certainement destinée à s'agrandir. Or, elle est pleine, et les bâtiments actuels n'ont été achevés qu'en 1838.

Dans ce pays où la propreté est traditionnelle, les seuls monuments négligemment entretenus sont ceux des arts. Les écuries sont nettoyées et brillantes comme des musées ; les musées sont sales comme des écuries provençales. Tandis que les chefs-d'œuvre des maîtres croupissent dans la poussière et dans la solitude, la foule élégante se presse à Zoological Gardens, autour de l'hippopotame, choyé et soigné comme une petite-maîtresse. Ce monstre est le bijou de la bonne compagnie. Quoi de plus galant, de plus minutieux que les prévenances dont il est l'objet? Quoi de plus sombre, de plus poudreux que le péristyle de National-Gallery, de plus pauvrement décoré que les salles de peinture et de plus mal parqueté ? Une seule chose est bien entendue ; c'est la profusion des bancs et des fauteuils disposés devant chaque pan de mur ; on est mis à même de contempler bien assis toutes ces peintures.

Toutes réserves faites, cette collection est d'une richesse admirable. Il semble que, pour la former, on ait pris à chacun des grands maîtres qui y sont représentés les plus beaux fleurons de leur couronne. La France a fourni de bons tableaux du Poussin, et les plus beaux paysages connus du Guaspre et de Claude Lorrain. L'Italie a contribué largement. Nous citerons le magnifique portrait de Jules II par Raphaël, tiré du palais Falconieri, à Rome, répétition de celui que l'on admire à Florence au palais Pitti; et surtout le carton, plus grand que nature, du *Massacre des Innocents*, chef-d'œuvre de vigueur, de mouvement et d'énergie. L'artiste atteint, chose rare, à la sublime et savante sauvagerie de Michel-Ange.

La *Résurrection de Lazare*, par Sébastien del Piombo, est le tableau le plus important de ce maître, qui nous soit venu de l'Italie.

Le *Songe de la vie humaine*, composition étrange et curieuse de Michel-Ange ; cinq tableaux du Titien, parmi lesquels la *Leçon de Musique*, fort belle acquisition de Charles Ier ; six tableaux du Corrége, dont trois, à la vérité, nous ont paru apocryphes : le meilleur est *Cupidon instruit par Mercure ;* Charles Ier l'avait acquis du duc de Mantoue. Un très-beau portrait de femme, par le Bronzin, et un plus remarquable encore de J. Bellin, représentant le doge Lorédan, etc... Pérugin, le Giorgion, P. Véronèse, Canaletto, Francia, Garofolo et divers autres Italiens, ornent cette galerie, où figure aussi Salvator Rosa, pour un paysage excellent de couleur et d'effet.

La Galerie de Londres emprunte plus d'éclat encore aux écoles flamandes. Mentionnons neuf tableaux de Rubens, parmi lesquels le *Serpent d'ai-*

rain, ainsi que deux paysages, peints avec une largeur qui n'étonne guère, et avec une franche bonhomie qui surprend davantage; trois portraits, un tableau, et surtout une vigoureuse étude de chevaux, par Van Dyck. Un portrait de Jean Van Eyck, une *sainte Famille* de Jordaens, présent du duc de Northumberland. La phalange des Hollandais est là tout entière, dominée de haut par Rembrandt : quatre tableaux, un paysage à figures fort curieux, et trois portraits montrent le génie de ce grand artiste sous toutes les formes. Les trois portraits sont très-beaux, surtout le capucin avec son capuchon rabattu, et le marchand juif. Les Espagnols sont rares, et d'une valeur plus rare encore. Ce sont : un *Paysan* de Murillo, ravissant portrait; et, du même peintre, le *Saint Jean à l'agneau,* et surtout la *sainte Famille,* une des plus belles toiles de ce maître; enfin, la plus étrange peinture de Velasquez : une *Joute guerrière* sur l'herbe, au pied d'un coteau vert qui monte jusqu'au sommet de la toile. Les petites figures du premier plan représentent Philippe IV et sa cour, largement brossés sur ce fond de verdure.

Vernet, Greuze, Lancret, Sébastien Bourdon, donnent une idée bien incomplète de la France aux Anglais qui, trouvant Le Guaspre, Claude Lorrain et Poussin trop grands pour nous, les ont classés dans l'École romaine.

Quant à l'Angleterre, elle offre des peintures d'Angelica Kaufmann, assez vilainement académiques ; les portraits de miss Siddons et de Kemble, par Lawrence, trop bouffis de la sentimentale emphase du vieux mélodrame ; des toiles de chevalet de Wilkie, fines et un peu trop minutieuses dans leur fini ; des ébauches vigoureuses de Reynolds, l'éclectique de la couleur, qui a peint comme tous les Flamands dont il s'est tour à tour inspiré ; enfin de beaux paysages de Wilson, le Salvator de l'Angleterre. Ce sont des gens de talent : le seul maître, et le génie original du pays, c'est William Hogarth, trop peu connu chez nous. Voilà un grand artiste, ayant sa manière propre, et un art incomparable pour la composition. Sa touche est hardie, significative et franche ; sa couleur est ardente, et son pinceau aussi souple que son esprit est délié. Hogarth est le premier des peintres penseurs et moralistes. Il n'a d'autre maître que Shakspeare. Wilkie n'est que le clair de lune de William Hogarth. Le goût inepte des Anglais pour la peinture pointillée, *blaireautée*, et pour la vignette égratignée à la pointe de l'aiguille, les rend indifférents au génie si frappant de cet humoriste, la seule gloire incontestable d'une école qui n'existe pas. Nous reparlerons de ces deux artistes.

Si l'on tient à apprécier dignement l'indigence picturale du pays, que l'on descende sous l'escalier de National-Gallery, dans une espèce de cave qui aurait pu être un rez-de-chaussée, si l'architecte l'avait voulu, on y trouvera le musée Vernon, collection vraiment inquiétante pour les yeux délicats. Il me semble que la plupart des Anglais peignent avec des glacis, sans rien établir en dessous. Une robe rouge a l'air d'une framboise écrasée, et leur amour désordonné pour les teintes claires les induit à supprimer la demi-teinte, à amincir les ombres, et par conséquent à aplatir l'effet. Il est assurément des exceptions pour confirmer la règle ; mais ces sauvageons de peintres greffent sur leur tige une bouture de grand maître, qu'ils font refleurir sans cérémonie. C'est ainsi que l'églantier nourrit des roses.

Il fallut revenir plusieurs fois à National-Gallery ; car la première visite fut rapide : l'expédition française qui m'avait rejoint voulait déjà partir. Ces moineaux francs ne pouvaient tenir en place.

— Nous ne sommes pas venus à Londres pour voir des tableaux, s'écriait un robin de la Bourgogne ; il y en a au Louvre.

— Connu ! ajoutait un Marseillais ! c'est toujours *de même article...*

— Et encore les salles ne sont pas parquetées !

En se retirant en tumulte, ils disaient entre eux :

— Ces Anglais ne comprennent rien aux arts ; c'est pitié ! quelle différence avec la France ! Il n'y a pas là une toile dont on donnerait quatre sous...

Or, la Galerie nationale de Londres est un vrai joyau de prix, monté sur cuivre.

Si cette collection est restreinte, si cette contrée riche et florissante ne possède un musée que depuis douze ans, il faut l'attribuer entièrement à la froide austérité du culte anglican. La révolution de 1648 a coupé les ailes à la muse qui commençait à prendre son élan sous l'impulsion de Charles Ier, ardent ami des arts. Henri VIII et Élisabeth avaient agi dans le même sens; l'opinion religieuse n'avait pas encore envahi les mœurs de ces souverains élevés aux pompes de la renaissance. Charles Ier, grand collectionneur, avait enrichi son palais d'une galerie, la plus belle de l'Europe. Cromwell la dispersa, fit tout vendre à vil prix, et les tableaux regagnèrent le continent au profit du Louvre, et de la galerie d'Orléans que la révolution française fit retourner à Londres dans les collections particulières. Dans sa sainte antipathie pour tout ce qui rappelle les pompes de l'Église romaine et les vanités profanes, le sombre Cromwell s'efforça de détruire ce qu'il ne put faire vendre. L'Angleterre reproche durement à sa mémoire ce pieux fanatisme.

L'opinion publique m'a plus d'une fois semblé passionnée jusqu'à l'injustice à l'égard de ce puissant génie qui a si fortement contribué à la prospérité matérielle du pays. Les mœurs anglaises, rigides et froides, et dominées par un rationalisme aride, sont son ouvrage. Ce bigotisme voisin de l'hypocrisie, cette austérité extérieure, ce formalisme étroit, conviennent à l'Anglais : il tient à son caractère et s'admire dans ses usages; mais il est sans pitié pour son modèle et son rénovateur; il ne pardonne pas à

Cromwell de l'avoir rendu tel qu'il est. Cette rancune est le dernier cri de la nature, et le vague regret d'une liberté d'imagination dont on n'a point connu les aspirations ni les joies.

Il est intéressant de juger par comparaison du sort qui attend, après deux siècles de postérité, les grands novateurs révolutionnaires. J'ai donc, avec persévérance, attiré des Anglais de diverses classes sur le chapitre de Cromwell. Son prestige s'est évanoui ; ce peuple, plus libre que nous, et si épris de son indépendance, ne voit dans le protecteur que le despote sans piédestal. Cromwell, tel que l'a peint Bossuet, est un portrait frappant aux yeux désenchantés de l'Angleterre.

Au surplus, cette société, toute aux intérêts du moment, est bien peu touchée des souvenirs du temps ancien. Là-bas, dix ans pèsent autant qu'un siècle. Il me fut donné d'acquérir la preuve de cette indifférence. Au bas de Trafalgar-square, Édouard Ier avait jadis fait dresser une croix de pierre à la mémoire de la reine Éléonore ; de là le nom de *Charing-Cross* assigné à la rue et au carrefour. Depuis, substituant au Dieu martyr un roi destiné au martyre, on y plaça la statue équestre, en bronze, de Charles Ier, la première qu'on ait vue en Angleterre ; elle arrivait de France. Pendant la guerre civile, le Parlement la vendit à un chaudronnier, avec injonction de la fondre. Prévoyant comme un Auvergnat, ce chaudronnier la tint en réserve, dans l'éventualité d'un revirement, et il la rendit à Charles II. C'est au pied de ce monument restauré, et en vue de White-Hall, que les hérauts proclament l'avénement des rois d'Angleterre. Le choix du lieu contient une assez rude leçon.

Là commence la rue du Parlement, qui conduit à Westminster, tombeau des monarques qui, en allant recevoir la couronne dans la basilique où sera leur cercueil, rencontrent à mi-chemin la terre qui fut trempée du sang de leur prédécesseur. Il ne reste du vieux palais de White-Hall, dévoré par le feu en 1695, que la salle de festin bâtie par Jacques Ier, et dont le plafond est décoré d'une immense peinture de Rubens, représentant l'apothéose de ce prince. C'est à l'une des fenêtres de cette pièce, transformée en chapelle protestante, que l'on attacha les charpentes de l'échafaud du roi Charles. Ce bâtiment symétrique a sept fenêtres sur la rue, sept fenêtres sur le jardin, et les deux façades sont pareilles. Un des guides, en traversant la rue, nous montra la fenêtre historique; son compagnon la plaçait du côté opposé, et un troisième l'indiquait au revers du pignon; hypothèse évidemment improbable. — La croisée en question est la seconde, — à gauche, soutenait l'un; — à droite, répliquait l'autre.

Le peuple anglais ne sait plus où s'est accompli ce tragique événement. Ces souvenirs si émouvants pour les âmes romanesques et rêveuses, lui sont indifférents. J'ai souvent tourné autour du monument, cherchant quelque indice ou quelque raison probante. C'est une maison carrée, dont le rez-de-chaussée, élevé de dix à douze pieds au-dessus du niveau du sol, est surmonté d'un étage que couronne une corniche soutenant une galerie de pierre. Les fenêtres du premier sont revêtues d'un entablement; celles du rez-de-chaussée, coiffées de petits frontons alternativement arqués, et triangulaires. Les trois croisées centrales sont séparées par quatre colonnes doriques en saillie; les deux croisées de chaque extrémité côtoient seulement des pilastres du même style. Les étages sont séparés par un entablement orné d'un cordon, et les stylobates des piliers supérieurs posent sur les chapiteaux des colonnes du rez-de-chaussée. On constate encore que l'on pouvait pénétrer sous l'échafaud par de petites fenêtres carrées, percées à rase du sol pour éclairer les cuisines creusées au-dessous du niveau de la rue.

Tel est l'aspect, du côté de Parliament street, de cet édifice exécuté dans le goût du commencement du dix-septième siècle. Cette description conviendrait également à la façade qui regarde White-Hall-Garden, petite cour bordée d'arbres et d'hôtels. C'est là que j'ai vu mourir sir Robert Peel. Au milieu de ce jardinet, à quinze pas du palais, on passe devant une statue en pied de Jacques II, représenté en César, et regardant, avec une expression triste, une place que son bras abaissé et son doigt étendu semblent indiquer sur le sol.

De là une troisième version : Jacques II montre du doigt l'endroit où son père a péri. Mais, outre que cet emplacement serait bien distant des croisées, on peut opposer à cette opinion très-répandue, que la main à demi fermée du roi Jacques a été creusée et intérieurement évidée, ainsi que le doigt indicateur. Cette main, dont la paume et le dedans des phalanges ont été entamés par la lime, a gardé, comme un moule, l'empreinte d'un objet cylindrique qu'elle tenait serré : une épée, un sceptre, ou un bâton de commandement. L'index aplati et fait pour appuyer sur l'un de ces objets n'était allongé que pour consolider l'attache. Ainsi, l'induction déduite du geste de Jacques II, est sans fondement. Nous voilà donc réduits à retrouver nous-mêmes l'emplacement véritable.

Une des versions accréditées sur ce sujet soutient que l'exécution eut lieu en vue de la Tamise, et par conséquent du côté du jardin, proche de la statue de Jacques II. Mais cet emplacement, les vieux plans en font foi, était alors une cour carrée parfaitement close, et une ligne épaisse de bâtiments masquait à la salle de banquet le rivage du fleuve. Une autre assertion, adoptée par le continuateur du baron de Roujoux, prétend qu'à l'extrémité de la salle des banquets on pratiqua une ouverture devant laquelle on dressa l'échafaud.

Or, des deux extrémités du bâtiment, l'une s'adossait à d'autres constructions attenantes à la porte gothique de la clôture de Westminster; la seconde n'était séparée que par un étroit espace des autres portions du vieux palais de White-Hall.

L'histoire rapporte que la foule était si nombreuse et si émue, qu'après l'exécution il fallut la faire disperser par des charges de cavalerie. Ces troupes n'auraient pu se mouvoir ni dans la cour, ni dans l'angle formé à l'extrémité de la salle par la poterne et le mur de White-Hall.

A ces hypothèses opposons deux historiens. Rapin-Thoiras dit que le supplice eut lieu sur un échafaud élevé *dans la rue,* contre la façade de la salle des banquets. L'autre témoignage est plus significatif encore; c'est celui de John Rushworth, au tome VII de ses *Historical collections of private passages in State, and remarkable proceedings in Parliament.* Rushworth écrit que ce drame s'est accompli *dans la rue,* et que Charles Ier est sorti *par une des fenêtres de White-Hall.* Or, John Rushworth, s'il n'était présent, a probablement vu dresser l'échafaud.

Si donc vous pénétrez dans la rue du Parlement en tournant le dos à Charing-Cross, au moment où vous trouverez à votre gauche la façade de la chapelle de White-Hall, arrêtez-vous devant la seconde fenêtre de cette ancienne salle de gala. C'est là qu'est tombée la tête de Charles Stuart.

La supposition d'une ouverture pratiquée dans le mur est inadmissible; les croisées sont si rapprochées, que l'on n'eût pas trouvé entre elles assez de place pour faire un trou d'une largeur suffisante.

Cette seconde croisée, plus accessible que celles du centre défendues par des colonnes en saillie, donnait plus de facilité pour y appuyer les charpentes. De ce côté la rue est plus libre, plus dégagée; enfin, cette fenêtre est désignée et par les probabilités, et par la tradition : un des guides et les desservants de la chapelle me l'ont indiquée sans hésitation.

Ce supplice fut précédé de si longues tortures, de si cruelles humiliations, et subi avec une si ferme résignation, qu'il rendit la république odieuse, et la flétrit dans son origine. Le peuple vénéra la mémoire du martyr; assimilant cette mort à celle du Christ, il la consacra sous le nom de *passion* de Charles Ier, et la honte en rejaillit sur la nation anglaise. Anne de Boleyn, Jeanne Gray, Marie Stuart, Strafford et Charles Ier, avaient laissé une sinistre marque sur ce pays, où l'on entend avec une si froide cruauté le métier de geôlier et de bourreau; ces impressions lointaines ont été pour longtemps réveillées par la captivité et la mort de Napoléon.

Pour être équitable, ajoutons qu'on trouverait difficilement dans toute l'Angleterre un apologiste de ces actes sanglants. L'opinion publique a vengé le prisonnier de Sainte-Hélène; mais s'ensuit-il qu'en 1815 elle ait protesté avec l'énergie qu'on lui prête? Non. L'Anglais est naturellement indifférent et doux à l'égard de ses voisins, tant que le patriotisme ou l'intérêt privé ne sont pas mis en jeu. Napoléon était le plus terrible de leurs ennemis; il avait mis l'Angleterre à dix pas de la banqueroute, et cruellement menacé l'industrie nationale. Peu militaire d'instinct, l'Anglais ne se pique point de générosité chevaleresque. A la chute de l'Empire, causée par la plus implacablement persistante des coalitions, cette nation se souvint que les Cent-Jours avaient coûté à son gouvernement un million par heure, et tant que les déficit ne furent pas comblés, son ressentiment ne s'adoucit pas. Célébrez devant eux votre gloire, ils n'y seront pas hostiles; mais ne touchez pas à la caisse de cette tribu de négociants dont le premier fonctionnaire, assis sur un fauteuil doré, a pour coussin un sac de laine.

En quittant White-Hall, on nous fit entrer dans la cour de l'Amirauté, pavée en caoutchouc, luxe vraiment digne d'un peuple ami du silence.

Un dîner confortable nous attendait à l'hôtel, et, pour utiliser la soirée, les moins fatigués des touristes visitèrent quelques tavernes. A Londres, il n'y a point de salut hors du giron de la famille, et les établissements publics ne contribuent guère à charmer l'indépendance du célibat. D'abord ils sont incommodes, et on y trouve rarement tout ce que l'on désire. Si vous allez dans un coffee-house, vous risquez de n'y trouver que du thé et du café, le débit de toute autre liqueur étant interdit au cafetier. Il est des lieux où l'on boit sans manger, d'autres où l'on mange sans boire. Dans quelques *oyster-rooms*, on trouve du poisson, mais non de la viande. Les grandes tavernes sont mieux approvisionnées : on y dîne, et surtout on y fait des soupers vers la mi-nuit, usage fort en honneur.

Les salons de la taverne sont communément situés au premier étage des maisons, et le droit d'entrée se paye un shelling, en retour duquel on reçoit quelque article de consommation. Par ce moyen, le tavernier possède la garantie de son bénéfice. Les tables, couvertes de marocain ou de toile cirée, sont alignées le long des murs, et séparées par des cloisons de cinq pieds de hauteur, formant une double rangée de boîtes (boxes). L'Anglais aime à s'isoler, à se sentir chez lui, même au cabaret. Chaque société, dans son compartiment, à l'abri des regards des curieux comme des préoccupations extérieures, boit avec un flegme taciturne. On va chercher là la solitude en compagnie.

On consomme du thé, des grogs bouillants, de l'ale, du porter couleur d'encre, et de la bière forte non moins foncée. L'eau-de-vie est recherchée, on l'absorbe souvent à plein verre. Du reste, la salle est peu ornée ; on n'est pas là pour se distraire ; boire est une grave occupation. Plus un homme se remplit, plus il est calme ; et l'on ne sait si cette morosité obstinée est une précaution contre l'ivresse, ou l'effet des spiritueux pris avec excès. On conçoit cependant que si ces outres gonflées perdaient leur équilibre, elles ne le retrouveraient pas. Quelquefois un de ces lurons, s'égayant tout seul, se met à jeter quelques clameurs pour son propre agrément; puis il se tait soudain, et personne n'y fait attention. Nul n'agit pour être remarqué.

Ainsi s'écoule la soirée des gens trop peu fortunés pour faire partie des clubs : à minuit, ils regagnent, en trébuchant, leur demeure. Au fond de ces tavernes on respire l'atmosphère de l'ennui. Il en est de plus animées où les *boxes* n'existent pas. A l'extrémité de la salle s'élève, sur une estrade, un bureau meublé de trois messieurs sérieux comme des changeurs, sévèrement vêtus d'habits noirs, et le cou cérémonieusement entouré d'une cravate blanche. Tout à coup, l'un d'eux frappe la table avec un petit marteau; tout se tait, un piano prélude, et ces trois gentlemen, sérieux comme des ministres anglicans, se mettent à chanter tour à tour, en se souriant avec aménité, des romances du pays, pastiches anglo-italiens, brodés sur des paroles piquantes, à en juger par la gaieté qui les accueille et d'après les applaudissements qu'elles excitent. Comme on sait là-bas se divertir longtemps d'une même chose, ces chants se succèdent rapidement et se prolongent trois ou quatre heures.

Telle est, sans nulle exagération, la physionomie des cabarets du *Strand*, et des entours de *Covent-Garden*. D'autres maisons possèdent un buffet d'orgue, et en abusent. Il en est où l'on trouve un théâtre et des bouffons du pays, jouant de grands ouvrages, et jusqu'à Shakspeare; car, à Londres, où le théâtre est libre, il y a des spectacles partout. Shakspeare est resté si fort en vogue parmi le peuple, que l'on a soin dans ces bouges d'annoncer la représentation de ses pièces, *conformément au texte original.*

On représente aussi les ouvrages de ce grand poëte à *Hay-Market*, à l'usage de la haute société; mais elle laisse tomber en faillite et se fermer son théâtre national, pour se porter en foule aux deux spectacles italiens, qui jouent le même jour l'un et l'autre, et font salle comble.

Shakspeare est trop ancien, trop connu pour le monde élégant, auquel le peuple se montre supérieur. Le propre des gens intelligents est d'aimer à revoir souvent les belles choses, comme à relire les bons livres. La médiocrité recherche le vulgaire attrait de la nouveauté. Si le théâtre était libre chez nous et accessible à la bourse des classes pauvres, assurément Molière ne serait point représenté devant les banquettes vides, comme au Théâtre-Français, et le goût, le jugement du peuple gagneraient beaucoup à être nourris des chefs-d'œuvre du génie national.

A minuit on quitte les tavernes, les jardins publics, les spectacles, les bals en plein air, et l'on remplit les salons de *Piccadilly*, assez mauvais lieux, les rues livrées aux plaisirs grossiers, et les oyster-rooms où l'on continue à manger jusqu'au matin. Quand l'aube apparaît, les policemen recueillent sur le pavé les ivrognes de tout sexe, hélas! et de toute condition.

J'ignore si les Anglais se reposent; mais Londres ne dort jamais. A toute heure du jour les ateliers sont pleins, et les repaires de fainéantise regorgent. On sait que la ville renferme 2 millions et 500,000 âmes, et l'on est surpris de voir tant de monde partout à la fois. Toutes les rues sont remplies, des populations entières vont errant sur la Tamise; les parcs sont jonchés de promeneurs, les monuments de curieux, les jardins, les châteaux des environs, de visiteurs nomades; et le mouvement ne s'arrête jamais tant que dure la semaine. On mange à toute heure, partout et sans cesse. La constitution de fer de ces estomacs complaisants leur permet de réparer la fatigue, au moyen d'un régime alimentaire qui satisferait l'appétit des loups et des lions. Le menu d'une blonde et rêveuse jeune fille ferait le bonheur de deux portefaix parisiens.

Contrebalancée par le sentiment profond de l'indépendance, la pruderie anglaise, rigide au sein des familles, ne se formalise de rien au milieu de la rue, où la licence marche le front levé, sans répression. Énergique et flegmatique, au plaisir comme au travail, l'Anglais accomplit ces deux sortes d'affaires avec une égale gravité. Cependant la population ouvrière se presse tout le jour dans les ateliers, la vie de famille est casanière et ne déborde point au dehors.

Quel est donc et d'où vient ce flot populaire qui envahit incessamment toutes les rues de tous les quartiers, qui déborde sur les campagnes, surcharge jusqu'au sommet des milliers d'omnibus et d'autres voitures publiques, et qui entretient une foule compacte sur les trottoirs d'une cité cinq fois plus vaste que Paris, durant les vingt-quatre heures du jour et de la nuit?

CHAPITRE II

Les écuyers à pied; de l'égalité. — Physionomie des clubs. — Les cuisines de Riquet-à-la-Houppe. — Comment on dîne. — De quoi l'on cause. — Pourquoi Londres manque de cafés et de restaurateurs. — Monotonie de la vie anglaise. — Du culte de Wellington : anecdote. — Les omnibus. — Un peu de fantaisie à propos de Saint-Paul, qui en est dépourvu. — Anecdote sur le peintre Thornhill. — Des sculptures faites *au tour*. — Le charnier Saint-Paul. — Un cimetière dans la rue, ou du respect des morts. — Les chanoines de la cité du dieu Plutus. — Harpagon bonhomme. — La Banque et la Bourse. — Gog et Magog. — Visite à la Tour de Londres. — Barbe-Bleue s'est fait portier. — Les docks et leurs trésors. — Haillons et loques : monographie d'une capote de velours. — Ce qu'on voit sous la Tamise.

Un de mes amis m'avait donné une lettre d'introduction pour un négociant anglais, sir William P***, *esquire*, à qui je la laissai avec ma carte de visite, au bureau de *Reform-Club*, dans Pall-Mall. Deux heures après, sir William se présentait à ma demeure d'où j'étais absent. Il y revint le soir même, et comme je n'étais pas rentré, il m'écrivit un billet dans la suscription flatteuse duquel je me trouvais fait *écuyer*. Toutes les lettres que j'ai reçues depuis portaient ce titre, dont on gratifie tout le monde.

L'Angleterre est le pays de l'égalité légale; mais ce genre d'équilibre n'atteint pas jusqu'aux mœurs; et bien que notre penchant pour les distinctions semble puéril aux Anglais, il est aisé de démontrer qu'ils n'en sont pas exempts. Ils n'ont pas, comme nous, l'amour des uniformes, des épaulettes, des habits brodés ou des décorations; leurs boutonnières, souvent ornées d'une fleur, ne sont jamais parées de rosettes ni de nœuds de ruban : mais chacun prétend au titre de *sir*, jadis réservé aux membres de la Chambre des communes, aux baronnets et à quelques fonctionnaires; puis, le titre de *sir* devenant trop vulgaire, chacun est écuyer pour se distinguer de tout le monde. Ces réflexions, bien entendu, ne concernent point sir William, qui est dûment écuyer; elles ne concernent que moi, qui suis très-certain de ne l'être pas.

Chez nous, en matière d'égalité, on est plus rigide sur la forme; on l'est moins quant à la réalité. M. Caussidière est sans doute écuyer à Londres, où il se livre au commerce des vins; mais si le roi d'Angleterre manquait à faire honneur à ses échéances, M. Caussidière ferait saisir les équipages ou toute autre portion des meubles ou immeubles du roi d'Angleterre, plus aisément peut-être que ne l'eût fait, en France, un créancier de M. Caussidière, quand ce dernier régnait rue de Jérusalem, en la cité de Paris.

Le roi Guillaume éprouva, dit-on, certains désagréments de ce genre. Là, point de priviléges personnels; et c'est bien vainement qu'un lord délinquant irait chercher dans sa poche une médaille officielle, pour se tirer d'affaire à la façon du comte Almaviva. Je me souviens d'avoir vu *empoigner* sans façon, au Vauxhall, un jeune membre de la Chambre haute qui faisait tapage, contusionnait les têtes à coups de pièces d'or, et forçait les passants à boire du champagne. Les policemen le jetèrent à la porte après l'avoir colleté, secoué, rossé comme un valet des vieilles comédies. La foule regardait sans passion; cette répression ne vengeait personne.

Voilà l'égalité : mais on est écuyer dès qu'on peut aspirer à être bourgeois; mais ces ennemis de l'ostentation se font honneur de posséder les insignes de trois ordres gothiques, le Bain, Saint-George et la Jarretière; mais ils ont la manie des armoiries; et pour peu qu'une famille ait le droit de plaquer trois merlettes sur un carrosse ou sur le plat des cuillers, elle fait porter à la maison qu'elle habite le deuil de son chef. Elles sont fort nombreuses, ces façades où l'on voit briller, au premier étage, un blason encadré dans une planche noire, taillée en losange, et la pointe en bas. Ce deuil d'apparat dure l'espace d'une année.

Le contenu de la lettre de sir William répondait à la civilité de l'enveloppe, et à l'aimable empressement dont il m'avait honoré. Rien de plus courtois, de plus obligeant et de plus sûr que le commerce intime des Anglais. Leur manière est simple, franche, prévenante, sans obséquiosité, serviable sans appareil, et amicale sans protestations. Sir William m'indiquait les jours où il lui était possible de se mettre à ma disposition, et me priait à dîner pour le lendemain à Reform-Club.

Inabordable pour tout étranger non présenté, le club occupe une place importante dans la vie anglaise; il est donc essentiel d'en donner une juste idée.

On dénomme ainsi, chacun le sait, toute assemblée libre, extra-officielle et permanente, exclusivement composée d'hommes; mais les clubs dont il est ici question correspondent à ce que l'on qualifie chez nous de *Cercles* ou de *Casinos*. En général, la pensée qui préside à la fondation d'un club est celle de faciliter des relations entre gens de la même opinion, du même état, ou de la même profession. Il y a des clubs militaires, des clubs savants, des clubs commerciaux, des clubs littéraires, des clubs whigs et des clubs torys. Mais ces distinctions n'ont rien d'absolu.

On compte actuellement à Londres plus de soixante clubs. Le nombre des abonnés de chacun d'eux s'échelonne de quatre cents à dix-huit cents. Ces établissements rivalisent de luxe, et Reform-Club est l'un des trois plus splendides. La construction de l'édifice, sans y comprendre le mobilier, a coûté trois millions; Pall-Mall, qui contient une douzaine de monuments de ce genre, est une rue bordée de palais.

Reform-Club est un édifice presque carré, à deux étages, avec neuf fenêtres de front et huit sur les faces latérales; il reçoit le jour par un dôme et par cent croisées. La salle d'entrée, précédée d'un bureau avec un préposé chargé de recevoir les demandes des visiteurs, est entourée de colonnes supportant une large galerie, et parquetée en marqueterie imitant la mosaïque romaine. Les piliers sont en stuc couleur de marbre siennois; le dôme, où le jour descend par un vitrail bleu taillé à facettes, est porté sur vingt colonnes ioniques, dont les soubassements, en porphyre rouge, côtoyant une balustrade de pierre, reposent sur la galerie, à laquelle on monte par un large escalier de marbre blanc. Cette galerie, où l'on se promène comme dans un cloître couvert, est ornée de siéges, d'un bon tapis, de glaces, de peintures. C'est une espèce de salon commun, élevé d'un étage au-dessus du salon d'attente où l'on reçoit les étrangers. Salles de jeu, salles de lecture, salles d'étude ou de bal, petits salons pour une seule société, ont leurs portes sur la galerie, ainsi que les deux bibliothèques, très-volumineuses, l'une consacrée aux lettres, l'autre au droit et à la politique. Le club entretient deux bibliothécaires. L'étage inférieur contient, en nombre assez considérable, des chambres à coucher. Londres est si vaste, le temps y est de si grand prix, que l'on dépense de fortes sommes pour le ménager. Qu'un abonné ait affaire dès le matin dans le quartier du club, ou qu'il se propose de rentrer trop tard pour courir jusqu'à son domicile, il apporte ou envoie son bagage au club, et vient y coucher. Toute chambre est munie d'un cabinet de toilette avec des aiguières en marbre blanc, où deux robinets versent l'eau chaude et l'eau froide à toute heure. Savons, pâtes, parfums, essences, ustensiles de toilette, on trouve là tout au complet, ainsi que des valets de chambre, si l'on veut être habillé ou rasé. Si on se borne à vouloir changer de costume après dîner, on a les mêmes facilités au rez-de-chaussée, et on évite la fatigue des étages. Là sont aussi de jolies salles de bains : les cuisines souterraines rappellent celles de Riquet-à-la-Houppe.

C'est là qu'on voit rôtir devant des grilles étagées, de cinq pieds de haut, formant une muraille de feu, des quartiers de bœuf, des moitiés d'agneaux et des chapelets de volailles. Une porte à deux battants, écran gigantesque, permet aux cuisiniers qui l'entr'ouvrent de lorgner le rôti sans être grillés vifs au passage. Une autre pièce, munie d'un four, sert d'officine à la pâtisserie. Plus loin est la laiterie; ailleurs le garde-manger, où les quartiers de viande tout taillés, arrangés dans des commodes énormes, sur plusieurs tiroirs à cuve de zinc, reposent sur des lits de glace. La poissonnerie offre des dispositions analogues. Tout est propre avec luxe, et la batterie de cuisine resplendit.

Ces merveilles explorées, à la satisfaction du bon

sir William, tout réjoui de mon admiration, on passa dans la salle à manger, très-vaste, très-élevée, et éclairée par neuf fenêtres donnant sur un joli jardin. Vingt domestiques en habit noir y desservent une foule de petites tables avec promptitude et sans bruit. Ils glissent sur le tapis de haute lisse, et leurs souliers ont des semelles de molleton. Le cliquetis de la vaisselle, le fracas des assiettes sont des déplaisirs inconnus des mortels fortunés qui dînent aux clubs. Et l'on s'étonnerait de la complaisance de leurs estomacs!

L'usage veut qu'un abonné ne puisse traiter un étranger sans convier un collègue. Ce jour-là, mon hôte avait deux convives, et par conséquent deux confrères : l'un était un officier des gardes de la reine. Dans ce pays on devinerait les militaires à la douceur de leur voix, à la modestie de leur allure, à certaine recherche de la grâce, et au soin qu'ils prennent de s'abstenir de toute brusquerie de nature à rappeler les casernes. Comme, en outre, ces officiers passent leurs congés en voyage, et ont tenu garnison dans les cinq parties du monde, ils savent parler d'autres chose que du fourniment, de la promotion, du harnais et des fourrages. De ma vie je n'ai rencontré homme mieux élevé, plus attentif, plus prévenant. L'autre convive, un peu sur la réserve, et beaucoup plus jeune, est un écrivain distingué : il fallut deviner sa vaste érudition, son jugement fin et son esprit; car il fait abnégation de lui-même, à moins d'être questionné. Écossais, résidant à Édimbourg, et plus lettré que les Anglais n'ont coutume de l'être, M. Patton est l'auteur des *Lettres sur la Hongrie*, publiées par le *Times* pendant la guerre, et qui ont fait sensation dans le monde diplomatique.

Au début des événements, le journal envoya cet écrivain, qui n'est point un journaliste, mais qui connaissait ces contrées, sur le théâtre de la lutte, muni de lettres et de moyens d'accès près des deux partis, sans autres recommandations que de tout voir, de tout pénétrer, à quelque prix que ce fût, et de livrer en toute liberté ses impressions, qui régleraient l'opinion du *Times*. M. Patton vécut dans les camps, courut le pays, traversa les villes, assista aux siéges, et vit des champs de bataille durant huit mois. La lutte terminée, il revint, satisfait, non d'avoir tant de choses à conter, mais d'avoir tant de souvenirs à garder.

On entrevoit, aux moindres détails, et là surtout, les distances énormes qui séparent, quant aux mœurs, la Grande-Bretagne de la France. Si, chose invraisemblable, un journal français était assez riche pour encourir de si grandes dépenses, il dirait à son rédacteur : « Allez, examinez, et *éreintez* les Hongrois; » ou bien : « Observez tout, et célébrez l'héroïsme de la Hongrie. » Mais, de faire quatre à cinq cents lieues, pour puiser dans l'expérience une opinion indépendante et supérieure à l'esprit de parti..., il n'en sera jamais question chez nous. Et pourquoi?

Parce que si l'opinion contrariait l'abonné, il se désabonnerait au lieu de modifier ses idées. L'Anglais prétend savoir, nous préférons discuter; la vérité le sert, et la passion nous flatte. Qu'est-ce pourtant en Angleterre qu'un journaliste de profession? moins qu'un chien. Ces intelligents amis de la liberté payent des journaux, mais ne s'exposent point, en en accroissant l'importance, à subir la tyrannie des journalistes.

Pendant le repas, mes hôtes parlèrent, comme d'un préjugé antique et bizarre, des vieilles animosités de la France et de l'Angleterre, antagonisme bien éteint parmi le peuple. « Le continent occidental, disaient-ils, a de jour en jour une influence moins directe sur les intérêts commerciaux de notre nation, et tout ce qui ne touche pas à ce point-là l'intéresse peu. Nos deux pays s'observent, se copient mutuellement, se défient l'un de l'autre à la moindre occasion, s'examinent, et ne peuvent ni s'aimer franchement, ni se haïr tout de bon. Ils médisent l'un de l'autre, et s'estiment, sans pouvoir être unis jamais, ni séparés.

— C'est donc, répondis-je en riant, un véritable ménage?

— Un ménage... parisien, objecta finement l'officier.

J'en demande pardon à mes lectrices; mais je bus un grand coup pour me dispenser de la réplique.

Tant de personnes m'ont demandé comment on

dîne à Londres, que je dois considérer ce sujet-là comme assez important pour être mentionné. La méthode la plus nouvelle, pour les repas intimes et peu nombreux, est celle-ci : les mets sont placés sur table, l'amphitryon découpe lui-même et en offre à ses convives. Le fonds invariable d'un dîner anglais consiste en un poisson et un rôti ; le surplus est accessoire. Ce qui caractérise la cérémonie, c'est bien plus les dimensions de ces deux pièces, que la multiplicité des plats. Le poisson se présente le premier. A un convive de marque, on sert un saumon ou un esturgeon d'un mètre de longueur, avec des sauces diverses et des piments fort goûtés des Anglais. Leur saveur nous paraît celle d'un feu d'artifice qu'on avalerait après avoir eu la précaution d'y mettre le feu. Puis, succèdent des entrées à la française, en gibier, en volaille ou en pâtisserie. Le rôti, proportionné à la qualité des invités et à leur nombre, est digne, par sa prépondérance, des époques homériques. Le luxe consiste à servir plusieurs poissons ensemble et plusieurs rôtis. Les hors-d'œuvre sont nombreux et les entremets singuliers ; l'un des plus communs est un gâteau, illustré de confitures aigrelettes, faites avec des tiges de rhubarbe, ou bien, avec des groseilles à maquereau cueillies vertes et qui sont l'objet d'un débit considérable. Souvent on offre la salade sur un plat, sous la forme d'un cœur de laitue partagé en deux. Quelques personnes la mangent ainsi à la main, se bornant à tremper dans le sel l'extrémité des feuilles. Les légumes sont en général cuits à l'eau et offerts sans assaisonnement; on les livre à la circulation de la table en même temps que le rôti. Au dessert surviennent des pains énormes de Chester, de Stilton, et des bateaux de beurre frais. Les fruits, le melon, leur succèdent; après quoi l'on enlève tout, jusqu'à la nappe, et on rapporte des verres et du vin.

Le vin seul a le privilége d'être placé sur la table pendant le repas. Quant à la bière ou à l'ale d'Écosse, on les apporte dans de grands verres à chaque convive. On boit le vin au Reform-Club à la manière antique, c'est-à-dire mêlé de certaines épices. Le sherry, le porto et le claret, ou vin de Bordeaux, précèdent le champagne et se succèdent le long du dîner. Voici quelle en est la préparation : à un litre de sherry, précipité dans une cruche qui baigne au fond d'un seau glacé, on mêle un peu de capillaire, une tasse de thé vert, un verre d'eau de Seltz, du cinnamome, de la cannelle en poudre et des zestes de citron. Souvent aussi l'on y ajoute quelques morceaux d'une glace plus pure, plus diaphane que le cristal, et que Reform-Club fait venir d'une lointaine contrée d'Amérique, la seule au monde où l'on trouve de la glace d'une si belle eau. Cette mixture, très-énergique encore, est d'une saveur fine, très-apéritive, et le bordeaux, manipulé de la sorte, se décore d'un joli bouquet.

Pour avoir une idée achevée du luxe de ces grands

clubs, il est utile d'observer que les tapis foulés par les abonnés, et tout le linge de table en toile de Saxe exécuté sur des métiers à la Jacquard, ont été fabriqués d'après des dessins appartenant à l'établissement, dont ces étoffes portent le nom tissé en toutes lettres parmi les rosaces, les arabesques et les fleurs. De même, on a ciselé les cristaux et travaillé la porcelaine pour l'usage exclusif du club, propriétaire et signataire de ses modèles. Les gens experts en matière de fabrication apprécieront l'énorme dépense occasionnée par ce genre de comfort.

Après le dîner nous traversâmes le grand salon, étincelant de peintures et d'or, pour chercher un refuge dans un des boudoirs. On n'a garde de négliger ces petites pièces, car l'Anglais aime le petit comité; il veut, jusqu'au sein du club, garder l'indépendance et trouver la solitude, s'il lui plaît. Lorsque trois ou quatre hommes sont dans une salle, chacun évite de la traverser; l'indiscrétion, la curiosité sont inconnues, deux défauts attentatoires à la liberté.

Les heures passent vite, en compagnie de gens qui ont beaucoup appris par le monde et très-peu dans les livres; qui ont tout vu, tout étudié; qui n'ont pas le goût d'éblouir par l'exagération, et qui même écoutent mieux qu'ils ne parlent. M. Patton nous entretint de ses voyages; il me parla de notre littérature, et parut prendre intérêt à mes impressions relatives à Londres ainsi qu'à sa population. Cette curiosité est partagée par tous les Anglais que j'ai rencontrés; ils tiennent à l'opinion de la France, et se jugent eux-mêmes avec une bonne foi d'autant plus méritoire, qu'ils sont visiblement heureux de tout jugement qui les flatte. Leur naturel, enclin à la timidité, déguise l'inflexible persévérance de leur volonté. Tout est sérieux et logique dans leur pensée comme dans leur entretien; ils pensent ainsi faire honneur aux autres et se respecter eux-mêmes. Ce qui diffère le plus d'un Anglais dans sa patrie, c'est un Anglais en voyage. De ce contraste sont issus des préjugés que l'on perd au delà du détroit. Chez eux la conversation est moins diverse que parmi nous, car ils ne s'aventurent pas dans l'inconnu, ne traitent aucun sujet par ouï-dire, et sont, comme on dit, *spéciaux* jusque dans les relations de société. On est satisfait de leur plaire, parce que l'on se sent prendre pied dans leur estime, et plus la liaison se cimente, plus ils ont d'égards pour vous; or, ils ne se gênent qu'auprès des gens qu'ils respectent, et ils ne respectent jamais ce qu'ils ne connaissent pas. Nous agissons tout au rebours.

Il est peu de voyageurs français qui n'aient déploré le peu d'agrément de la vie extérieure de Londres pour les étrangers. Point de ces cafés brillants où l'on se donne rendez-vous, où l'on vienne lire les journaux, jouer, échanger les nouvelles du jour et passer la soirée. Point de ces beaux restaurateurs, si splendides à Paris, et si fréquentés par la jeunesse à la mode. Ce que voyant, on s'en revient dépité et trouvant que les Anglais sont des ours. Ne serait-il pas plus expédient de rechercher le motif de cette différence entre Londres et Paris?

Soixante clubs, analogues à celui que nous venons de décrire, et recueillant à peu près toute la population élégante, dans ces palais où le luxe rivalise avec le confortable le mieux entendu, laisseraient peu de pratiques aux cafés et aux restaurants de premier ordre. Les clubs remplacent tout avec avantage, et réalisent à merveille le café, le cabinet de lecture et le restaurateur. Loin donc qu'il soit privé, par la rigidité de ses mœurs, des agréments de la vie française, l'Anglais les possède à un degré plus élevé; il les concentre, il en charme sa vie sans la disperser. C'est pourquoi le luxe boutiquier de nos établissements le frappe médiocrement; il le trouve mesquin, et le mouvement ne remplace à ses yeux ni le calme, ni le bien-être, ni l'abondante recherche, ni l'ampleur magistrale qui caractérisent l'existence des clubs.

Mais ne deviendrai-je pas suspect d'anglomanie en continuant sur ce ton; n'est-ce pas risquer de rendre chacun incrédule, par excès de sincérité? J'entrevois une juste objection; il y faut répondre, après l'avoir présentée.

Pourquoi l'Anglais, qui sait si bien vivre, a-t-il tant d'empressement à quitter son pays? Pourquoi son goût prononcé pour Paris et la France, et quel est le mobile de cet exil volontaire à travers le monde?

D'un autre côté, tout Français revient enthousiaste

d'une première excursion à Londres, se calme à la seconde, et tombe dans le désenchantement à la troisième.

Telles sont les conséquences de la monotonie et de l'uniformité. Tous les Anglais se ressemblent, vivent de même, sont pliés aux lois de la même logique, et condamnés aux mêmes distractions. A Londres, le plaisir n'a qu'une saison, l'été, après quoi chacun s'enfuit, et la ville devient insupportable. — Et toujours de la pluie! Quelque étendues que soient les relations d'un Anglais, il est condamné à la solitude, car il se voit dans les autres comme dans une série de miroirs. La preuve qu'il n'existe là qu'un caractère, et par conséquent qu'une manière de vivre, c'est qu'il est impossible, à l'aspect des gens, de deviner leur profession. Un lord, un ministre, un domestique, un chanteur des rues, un négociant, un amiral, un soldat et un capitaine, un artiste ou un magistrat, un boxeur ou un prêtre, ont la même physionomie, le même langage, le même costume et la même tenue. Chacun a l'air anglais et rien de plus. Ils vivent de même, travaillant aux mêmes heures, mangeant à la même heure les mêmes mets, et séquestrés, en dehors du ménage, de la société des femmes.

Un Anglais est un acteur condamné à jouer tous les jours, avec tous ses compatriotes, la scène du Sosie d'Amphitryon. Ils ont beau faire, ils ne peuvent changer de compagnie, et quand enfin la monotonie les navre et les hébète, quand la fantaisie qui résulte de la variété, principe naturel du mouvement, les recherche d'une manière trop impérieuse, — alors, s'ils sont pauvres ils expirent dans le spleen, sinon ils prennent la fuite et vont chercher par tout l'univers un refuge contre l'ennui qui les étouffe. Ils éparpillent, parmi la poussière des chemins, les étroits préjugés dont une religion sèche et dogmatique a cuirassé leur âme, et grâce à la manie des pérégrinations, l'Anglais qui, s'il était casanier, courrait risque d'être plus niaisement gourmé et plus sottement fanfaron de rigidité qu'un Suisse de Genève, l'Anglais s'en revient, aimant le repos de guerre lasse, et résigné par habitude à un continuel isolement.

Cette façon d'exister, quasi-claustrale, a nivelé les caractères, les esprits : de même que chacun, du pâtre au pair du royaume, porte un habit et un chapeau pareils, de même aussi, chacun a le même naturel; les êtres d'exception n'existent pas; les trop grands sont rognés à mesure qu'ils s'allongent, et voilà pourquoi l'art n'a jamais pu fleurir sur le sol de l'Angleterre, cette grande classe de vieux écoliers qui concourent pour le prix de bonne conduite.

Une cause permanente de malaise et de mélancolie sur cette terre trop peuplée et trop exactement régie, c'est le néant complet de l'individu; c'est la sensation du *non-être*, le déboire de se trouver grain de sable au milieu du désert, et de voir combien le sentiment humain de la mutualité tient peu de place dans cette immense ville. Elle se meut, et l'on ne s'y sent pas vivre autrement que vit la dent d'un engrenage dans les entrailles animées d'une machine. Alors, il se faut replier sur soi-même, et l'on souffre, tant qu'on n'est pas résigné à se plonger dans le néant.

Londres, tout à l'intérêt privé, n'offre rien au cœur, rien à l'esprit. Cette cité est trop grande; on s'y perd les uns les autres; on y coudoie des milliers de gens, sans espoir de rencontrer *quelqu'un*. La grande fortune même ne vous procure qu'une riche existence ignorée. L'originalité y serait sans effet, la vanité sans but, le désir de briller chimérique; autres motifs qui rendent ce peuple le moins artiste de la terre.

Le génie n'a donc qu'un débouché, la politique; l'orgueil qu'un objet, le sentiment national; et comme il faut bien se passionner pour quelque chose, on adore les chevaux. Et comme il faut bien admirer quelqu'un, on a fait fumer l'encens patriotique sous le nez de lord Wellington, tant qu'il a vécu; culte bizarre dont les manifestations sont si loin de nos mœurs, qu'elles étonnent nos compatriotes, et arrachent les hauts cris au chauvinisme français.

Dans notre pays, où la crainte du ridicule est poussée à l'excès, aucune gloire n'eût résisté à un pareil régime, ni impunément affronté de si déplorables manifestations. Sans parler de la quantité de rues qui portent le nom de Waterloo, ou celui de

Wellington, observons que le buste du héros est dans tous les musées, dans toutes les bibliothèques. Je l'ai trouvé jusque dans les salles vénérables et gothiques de la *Bibliotheca Bodleiana*, à Oxford... Sur la place de la Banque, à Londres, Wellington est représenté à cheval, ni plus ni moins qu'un souverain. Mais ce n'est rien encore : à l'entrée de Hyde-Park, au bout d'une pelouse située en face des croisées de lord Wellington, lord Wellington est représenté nu, en Achille, sous des proportions colossales. Achille a les jambes écartées ; de son bras gauche, il soulève un bouclier rond ; prêt à lancer le trait, il jette un regard formidable et donne une expression terrible à sa tête anglo-lacédémonienne, encadrée de favoris taillés en côtelettes. Cette emphatique nudité de bronze a été, je le répète, placée sous les fenêtres et pour le plaisir des yeux de Wellington, à qui ce cadeau a été offert par une souscription des dames de Londres...

Tant de flatteries parurent insuffisantes. Une statue équestre à la Banque, une statue allégorique à Hyde-Park, des bustes partout ; c'était bien quelque chose. Le vainqueur de Waterloo pouvait se voir en Achille du fond de sa chambre à coucher ; mais il lui était impossible de se contempler du salon et de la salle à manger qui ouvrent sur la rue. Frappés de ce grand inconvénient, quelques hommes d'importance, protecteurs d'un statuaire qui cherchait aventure, imaginèrent d'ouvrir une souscription pour un nouveau monument au vieux duc. Une pluie d'or répondit à cet appel, et comme on avait cédé à l'artiste l'adjudication de l'entreprise, comme on voulut mêler au bronze des canons conquis, comme en outre, au lieu de construire un piédestal, on percha tout bonnement cette statue équestre sur l'arc triomphal situé devant Apsley (l'hôtel Wellington), il se trouva que, tous frais déboursés, il resta au sculpteur un bénéfice net de quarante-deux mille livres, — un million et cinquante mille francs de notre monnaie...

On se prend d'une tristesse involontaire, quand on songe à tant d'hommes de talent qui vivent chez nous dans la gêne, et qu'on voit l'absence du talent, la nullité la plus honteuse ainsi rétribuées. Cette statue est si ridicule que les Anglais eux-mêmes ne la peuvent regarder sans rire. La plus mauvaise statue que, de nos jours, on ait vue en France, celle du feu-duc d'Orléans dans la cour du Louvre, était un chef-d'œuvre auprès de cette caricature indécente du vieux duc de Wellington. Ce petit cheval de vignette énervé et sans vie, portant un torse étroitement emprisonné dans un petit manteau collant, sans nul pli; cette tête mince, coiffée d'un énorme chapeau à trois cornes qui n'est pas fait pour elle; ces pauvres jambes qui dévalent en maigres lianes le long des flancs du coursier, tout cela forme un ensemble indescriptible. Vous avez vu parfois de ces bons-hommes à cheval que les petits écoliers charbonnent sur les murs... Eh bien! l'on a exécuté en bronze une de ces charmantes fantaisies.

Un vieil officier français se rendait à Hyde-Park avec le groupe dont je faisais partie; il examina le monument en fronçant le sourcil; Waterloo lui tient au cœur. Enfin, il murmura d'un air content: « Nous sommes vengés! »

Or, le duc de Wellington ne pouvait se mettre à la fenêtre, d'un côté ou de l'autre de son palais, sans se voir nu sous le masque d'Achille, ou bien à cheval accoutré comme nous l'avons dit.

En dépit de l'exagération de ces honneurs maladroitement rendus à un homme vivant, cette tête sacrée n'a pas même été effleurée par le ridicule. Combien ces mœurs diffèrent des nôtres!

Waterloo, qui sauva l'Angleterre, est à trente-huit années de distance, et l'anniversaire de notre défaite est célébré avec autant d'enthousiasme qu'en 1816. J'ai vu passer le vieux duc se rendant au lever de la reine; on ne peut se faire une idée des *hurras* de la foule, d'ordinaire silencieuse. Quant au héros lui-même, sa tête, si souvent modelée, convenait mal à la sculpture. Longue, étirée, maigre, sans saillies vigoureuses, étroite avec un nez busqué et un menton proéminent, elle présentait les rides et la pâleur d'une sénilité féminine. Wellington paraissait indifférent aux apothéoses dont il était l'objet, et il a toujours accueilli la popularité d'un front assez austère.

On raconte que, lors de sa chute du ministère, la populace de Londres vint briser les vitres de son hôtel. Wellington se garda bien de réparer le dommage, et au suivant anniversaire de Waterloo, quand ce même peuple, accouru sous le balcon pour fêter son héros, réclama, comme de coutume, à grands cris sa présence, Wellington, après s'être fait désirer, apparut froid et sévère; il jeta sur la foule un coup d'œil dédaigneux, lui montra d'un geste ses fenêtres en lambeaux, et se retira.

La fanfare de Waterloo, sonnée dans Londres, partout, sans relâche, et sur tous les tons, depuis trente-huit années, diminue la grandeur de la nation anglaise. Cet enivrement semblerait plutôt le partage d'un peuple qui, n'ayant jamais gagné qu'une bataille, ne peut revenir de sa surprise, ni prendre en patience une gloire désespérée.

— Nous allons enfin connaître, me dit un matin mon confrère l'observateur, ces fameux omnibus de Londres, tout tapissés de velours et plaqués en bois des îles. Ah! Paris, Paris, Monsieur! Que Paris est en arrière!

On se rendait à Saint-Paul, et on devait parcourir la Cité. A l'entrée du Strand, la rue Saint-Honoré de l'endroit (aucun Parisien ne faillit jamais à saisir cette analogie), les omnibus circulent à foison. Nous montons. Quelle est notre surprise! Les omnibus de Londres sont étriqués, mal joints, disloqués, poudreux et d'une saleté remarquable. Seulement, ils sont clos par une portière, et le conducteur se tient en dehors, sur une planchette d'où il hèle incessamment les passants. Jamais, au surplus, quand même il pleuvrait, on ne pénètre dans un omnibus tant qu'il reste sur la plate-forme de la carriole le moindre espace vide; femmes, enfants, vieillards même, chacun aspire à grimper sur la banquette, munie d'un siége transversal, formant le T avec un banc qui partage la voiture dans toute sa longueur. Toutes ces places occupées, les survenants se casent entre les jambes des premiers. Je me souviens de m'être trouvé seizième sur une de ces machines ambulantes dont l'intérieur n'était pas complétement garni. Parvenus en face de la grille de Saint-Paul, nous payâmes, ce qui fut très-long; mais les Anglais sont d'une patience dont les administrations, absolues maîtresses, abusent royalement.

Plus vaste, plus élevé que le Panthéon, Saint-Paul est moins dénudé, plus fleuri et d'un aspect moins froid. C'est un de ces monuments que l'on élève à l'usage des cours d'architecture et pour l'honneur de la science. Il faut admirer sérieusement, en conscience, avec méthode, et se dire : Nous ne sommes pas ici pour nous amuser.

Saint-Paul plaît aux Anglais parce qu'on y compte beaucoup de colonnes cotrinthiennes. La manie des frontons sur pilastres, de péristyles, des galeries hypostyles, enfin des constructions gréco-romaines à colonnes classiques, est poussée jusqu'à l'absurde. On rendra incommode un magnifique hôtel, on perdra plusieurs mètres de terrain, dans le but de faire une maison qui rappelle les temples de Pœstum, ou la Banque, ou la Bourse, ou le Colisée, ou la Poste, ou le British-Museum, ou la Douane... Tous ces monuments sont dans le goût antique, comme les décors des tragédies de Racine au Théâtre-Français. Cette fureur de pureté architecturale est éclose sous le premier des Stuarts; elle durerait encore si, depuis Walter Scott et l'école romantique, l'art ogival et sarrasin, qui ne fut jamais abandonné en Angleterre, n'avait repris sa vogue séculaire.

Saint-Paul est un de ces monuments, à propos desquels l'admiration se calcule en pieds, pouces et lignes. Il a 100 pieds de plus en hauteur que le Panthéon de Paris, et 60 à 80 pieds de moins que le dôme de Saint-Pierre. Mais aux yeux des vrais patriotes, Saint-Paul l'emporte de beaucoup sur la basilique romaine, et voici pourquoi : Saint-Pierre a coûté cent quarante-cinq années de travail, et nécessité la collaboration de plus de vingt architectes, tandis qu'en l'espace de trente-cinq ans, de 1675 à 1710, avec un seul architecte, Christophe Wren, et sous le gouvernement épiscopal d'un seul prélat, le docteur Compton, on a édifié Saint-Paul, des fondations à la lanterne. L'homme d'affaires se manifeste à l'instant dans toutes les idées du pays. Celle-ci est dans toutes les bouches, et en la déduisant à chacun depuis un siècle et demi, jamais Anglais n'a senti qu'elle fait naître des réflexions plaisantes. Du reste, les gens savent, jusqu'à un penny, ce que le monument a coûté, le nombre des charrettes employées au transport des terrains, etc., etc...

Excusez-moi de vous esquisser des Anglais à propos de Saint-Paul, avec plus de prédilection que je n'en mettrais à décrire l'église même. Il faudrait bien des pages, et la moindre lithographie serait plus explicite. Rien, au surplus, ne me serait plus facile. J'ai sous les yeux une *notice et description raisonnée* de l'église de Saint-Paul, exécutée avec une conscience qui donne mal aux nerfs. Je n'aurais qu'à glaner pour être précis et complet. Ma justification est là. Copier des guides, c'est le métier d'un cuistre, non le libre travail d'un *gentleman* cheminant pour son instruction, et pour le délassement futur de ses amis.

Observée du dehors, cette église est moins morne que sa petite sœur des rives de la Seine. D'abord, Saint-Paul est situé au centre du quartier le plus remuant, le plus animé ; entre London-Bridge et la porte de la Cité. Puis, le style de l'œuvre étant admis, il faut reconnaître à ce Christophe Wren un grand mérite. Il a meublé sa façade de deux campaniles très-ouvragés, assez volumineux pour arrêter, pour caresser l'œil en passant, et le préparer à subir la majesté plus froide de la coupole. Si Soufflot eût agi de même, son monument aurait plus de front, plus de vie, et Victor Hugo ne se fût peut-être pas avisé de son *gâteau de Savoie*. Ensuite, il y a une énorme horloge avec de beaux cadrans, qui, conformément à toutes les horloges du Nord, est la plus merveilleuse du monde. Partout où vous verrez les passions publiques tourner aux horloges phénomènes, avancez avec confiance; vous êtes chez un peuple doux, pacifique, obligeant, et, s'il adore les carillons, jovial en son humeur : Strasbourg et Bruges fourniraient des preuves à l'appui. Saint-Paul ne marie pas l'agréable à l'utile; il ne carillonne point. Enfin, les hautes et longues murailles de Saint-Paul, loin d'être nues comme celles du Panthéon, roches à pic attristées de liasses de foin accommodées en festons, les murailles de Saint-Paul fourmillent de fenêtres, de colonnes, d'entablements, de moulures, de guirlandes, de niches à figures, de corniches, de modillons saillants, et autres détails d'ornement.

A l'intérieur, la coupole si élevée est un chef-d'œuvre de hardiesse et de science. On comprend à peine sur quoi s'appuient ces masses superposées; l'économique artifice des charpentes n'est pas moins admirable. Je me rappelle un escalier qui m'a paru, comme l'échelle de Jacob, avoir pour point d'appui la foi. Mais je ne saurais le décrire avec lucidité, bien que je ne sois point architecte.

Penché sur la balustrade en fer de la galerie *des Échos*, qui d'en bas m'avait fait l'effet d'une couronne à coiffer un roi de Chypre, je jetai un coup d'œil sur les peintures de la coupole, exécutées par

James Thornhill, et représentant diverses scènes de la vie de saint Paul. L'Angleterre considère Thornhill comme son meilleur peintre d'histoire ; elle n'en possède pas d'autre, ce qui suffirait pour justifier ce choix. Mais cet habile artiste serait de force à appeler des rivaux et à lutter avec avantage. Il a laissé, à l'hospice de Greenwich, une des plus vastes peintures murales que l'on puisse voir ; composition qui n'est pas d'un homme vulgaire. Il s'agit d'un plafond et d'un pan de mur. Ce sont de ces apothéoses royales, dans le plan de Rubens, qui rappellent, avec moins de transparence, la couleur de ce maître, et surtout l'harmonie un peu assombrie du plafond de White-Hall. Thornhill, qui entasse un peu trop les figures, peint avec éclat et profondeur. C'est un peintre imbu des traditions nobles de la France de Louis XIV ; un Lebrun, moins savant, dont Rubens a chauffé la palette et à qui Mignard a appris à sourire.

Il m'a fallu parler de ses travaux de Greenwich pour donner l'idée de son talent, car ceux de Saint-Paul ne m'ont pas laissé d'impression. Tandis que je les contemplais, perché au bord de cette galerie, à plus de deux cents pieds au-dessus du pavé, on me raconta une anecdote dont je restai troublé.

Thornhill peignait dans les airs sur un échafaudage sans parapet. Comme il venait d'achever, en compagnie d'un de ses amis, la tête de Saint-Paul, par un mouvement naturel aux artistes, il se recula pour juger de l'effet à distance. Il reculait donc, il reculait, tout à sa pensée, et soudain, son compagnon le voit prêt à perdre pied au bord de la dernière planche. Sans hésiter, sans jeter un cri, l'ami qui tenait un pinceau chargé, s'élance prompt comme l'éclair et barbouille le visage du saint.

— Que faites-vous? s'écria Thornhill en accourant pour lui arrêter la main.

— Je vous sauve la vie..., répond l'Anglais avec tranquillité.

J'ignore si c'est parce que la même distraction m'advint un jour sur un des échafaudages de Versailles, où j'examinais la belle procession des États généraux dont mon ami Louis Boulanger enrichissait la frise élevée d'un salon; je ne sais, dis-je, si c'est à raison de ce souvenir que ce récit me remua si fort; mais, en l'écoutant au haut de cet observatoire aérien, je sentis mes yeux attirés par les dalles, tandis que mon cœur s'en allait voltigeant. Néanmoins, je regardai avec fixité les peintures de Thornhill, qui paraissaient onduler et planer contre la coupole, et j'étreignais avec amour les barreaux du garde-fou. Une fois sorti, je m'aperçus que j'avais oublié les peintures de Thornhill. Quant à l'anecdote, je m'en souviendrai longtemps.

La chronique se tait sur le nom de l'ingénieux ami de l'artiste. Ce qu'il y a d'assuré, c'est qu'il était Anglais. Quel sang-froid exige, en un pareil moment, la soudaine combinaison d'un moyen si délicat! Cet ami est la synthèse du caractère national.

L'intérieur de Saint-Paul a la forme d'une croix, et la coupole est placée, comme de coutume, à l'intersection des deux branches. Les voûtes sont très-hautes, d'une glaciale majesté, et l'immense édifice ne s'anime guère que les jours de meeting. Ce monument passe à juste titre pour la plus remarquable des églises protestantes. On a pratiqué le long des murs une multitude de niches, et disposé des chapelles peu profondes, meublées de monuments funèbres, à la gloire des trépassés illustres. C'est là qu'on peut apprécier la sculpture du pays, et en passant en revue plus de cent tombeaux, se familiariser aux ambiguïtés de l'allégorie. La description de ces sujets fournit le plan d'une foule de petits poëmes mortuaires, et donne des touches littéraires dans le genre suivant : « Le génie de l'Ibérie pleure le guerrier et dépose sur sa tombe les trophées de la victoire : Minerve, assise, l'indique à un aspirant militaire pour lui inspirer l'amour de la gloire. »

En général, cette sculpture est gourmée de prétentions antiques. Elle recherche la rondeur, le potelé des formes ; les bras sont *faits au tour*. Les conceptions ne manquent pas d'originalité, les groupes sont dénués d'harmonie : le sentiment de la ligne ne va pas si avant dans le Nord. Par la fécondité et la fantaisie de ses inventions allégoriques, l'Anglais paraît plus propre qu'aucun peuple à perfectionner l'art si délicat du logogriphe et des rébus.

Autour de Saint-Paul il y a un terrain en friche, couvert d'une herbe fauve, et fermé par une grille, une fort belle grille. Au dehors, se pressent les maisons, et s'ouvrent les rues les plus populeuses de la Cité.

Dans ce terrain, au centre de la ville, sous les yeux des populations, on remue journellement la poussière des tombeaux pour l'engraisser de tombes nouvelles. La progressive Angleterre en est là. Avant 89, la voix éclatante de Voltaire avait déjà éloigné de nos villes les charniers insalubres; Londres est restée en arrière. Il existe sur chaque paroisse certaines dynasties bourgeoises, féodalité de la cassonade ou de la chandelle, investies, par d'anciens priviléges, du droit d'être enterrées à la barbe des passants et sous le nez de leurs enfants. Rien n'a pu les décider à abdiquer un si précieux avantage, et chacune des vieilles paroisses est enrichie d'une ceinture de cadavres.

Bien des innovations sont impraticables dans un pays où les mœurs aristocratiques ont pénétré toutes les classes; car il ne faut pas attribuer à un excessif respect des morts et des volontés dernières le maintien de ces coutumes barbares. Mais dans une contrée où, par amour-propre, et pour l'attrait des distinctions, si puissant dans les pays d'égalité légale, chacun a ses idoles à défendre, ses préjugés à faire passer, ses priviléges à maintenir, tous sont intéressés à protéger autour d'eux certains abus; et c'est ainsi que le Parlement n'ose toucher à l'aristocratie des marchands de la Cité.

Pour ce qui est de la vénération des morts, nous la croyons poussée très-loin, parce que la dissection des corps a été interdite aux écoles de chirurgie jusqu'à ces dernières années, ce qui contraignait les docteurs des Facultés anglaises à ignorer l'anatomie ou à l'étudier sur le continent. Eh bien! ne voyez là qu'une de ces anomalies qui se rencontrent dans la législation des vieux peuples. La vérité, c'est qu'en aucune terre chrétienne l'irrévérence à l'égard des morts n'est portée plus loin. Je le prouverai par un seul exemple.

Je traversais, un dimanche, vers trois heures, la place publique irrégulière et fréquentée qui, du côté nord, isole la longue nef de l'abbaye de Westminster. Cette place, ouverte à tous venants, et où passent même des voitures, offre quelques vestiges d'anciennes clôtures, mais elle est si fréquentée que le sol en est lisse et battu comme celui de nos Champs-Élysées. Çà et là sont, à demi enfouies, quelques grandes pierres usées par les pieds de la foule; ces pierres sont d'anciennes tombes sur lesquelles on marche sans scrupule.

En ce moment-là, cette place était fort animée. Tout autour et à l'extrémité couraient des *cabs*, des calèches, des omnibus, chargés de bourgeois qui allaient à la campagne; au milieu, circulaient des familles nombreuses, des femmes, des jeunes filles, endimanchées et pimpantes, se rendant à l'office.

En m'approchant de la porte latérale de l'abbaye qui n'était pas encore ouverte, je vis un ouvrier qui creusait dans la terre une de ces fosses comme on en pratique chez nous dans les rues pour rechercher une fuite de gaz, et je restai un peu surpris qu'une réparation de ce genre s'accomplît un jour férié. Cela se passait dans l'endroit le plus fréquenté, et les gens allaient et venaient, tassant, aux abords de la fosse, la terre fraîche à mesure qu'on la lançait de côté. Trois ou quatre personnes regardaient faire ; le reste circulait sans s'arrrêter. Un des assistants s'écarta comme j'approchais, et je vis avec stupeur, au bord du trou, et à demi déshabillé d'un drap mortuaire, un cercueil, placé là comme une caisse qui attend un porteur. Cet ouvrier, le seul qui travaille le dimanche, c'était le fossoyeur.

Il y avait là des parents coudoyés par les passants ; des jeunes filles souriantes se dérangeaient un peu, de crainte de trébucher sur le mort ; les pieds entraînaient çà et là les plus gros morceaux de la terre soulevée, et le mien se foula contre l'attache arrondie d'un tibia d'ancêtre, errant parmi les jambes de la postérité. Çà et là, jouaient et criaient des enfants, et, au milieu d'une ville en fête, sans appareil comme sans recueillement, dans un sol jonché d'oisifs, et ébranlé par les roues des omnibus d'où partaient les cris des conducteurs appelant la pratique, on enterrait un mort, absolument comme on s'y prendrait chez nous pour *encrotter* un chien sur le terre-plein de la place du Carrousel, si la police tolérait à Paris, sur la voie publique, d'aussi outrageantes malpropretés.

Quand le trou fut fini, le fossoyeur y jeta sa boîte, et les parents s'en allèrent lentement, de l'air de gens qui continuent leur promenade. Pour peu qu'en sa vie l'on ait aimé quelqu'un ou vénéré quelque chose, on concevra l'impression que j'ai ressentie; je m'éloignai les larmes aux yeux, poursuivi par un carillon qui chantait dans les airs une musique flamande, comme pour me rendre plus sensible encore par ce souvenir de la patrie catholique, la distance qui sépare notre âme de leur philosophie.

Peu de jours après, causant avec un petit-neveu de l'illustre Pitt, je lui exprimais mon étonnement du peu de vogue des idées socialistes dans un pays comme l'Angleterre. — C'est, me dit-il avec conviction, c'est qu'en France, le peuple, sceptique jusqu'à l'athéisme, ne recherche plus que le bien-être matériel. Chez nous, au contraire, il est préservé par la foi : le peuple anglais est très-religieux...

Je souris sans répondre : j'étais édifié suffisamment sur la religion des Anglais.

Laissons là Westminster où nous reviendrons, et n'oublions pas que des compagnons nous attendent à la grille de Saint-Paul, impatients de voir du nou-.

veau, et contemplant toutefois avec admiration ce vaste monument romain déshonoré par la suie et la poussière du charbon, qui le salissent sans lui donner ce sombre aspect de vétusté qu'apprécient les âmes romanesques. Ici, la teinte est d'un noir vitreux, froid, faisant tache et se répandant par longues traînées parmi des détails qui perdent la vivacité de leur relief. Rien ne convient plus mal à cet horizon brumeux, à cette atmosphère d'usine, qu'une architecture qui fait penser au ciel bleu du Parthénon et aux marbres éclatants de l'Archipel.

De Saint-Paul à la Tour de Londres, on traverse un labyrinthe de petites rues étroites, proprettes, dallées comme des églises et bordées de petites maisons de brique hermétiquement closes. C'est là que sont établis les comptoirs, les agences d'affaires, les dépôts de marchandises, les bureaux du commerce, les banques particulières, etc... Ce quartier, d'un aspect monacal, dévolu aux chanoines de la Bourse et de la Banque, fermente et travaille comme l'intérieur d'une ruche d'abeilles. Chaque porte, peinte en bois de îles, est ornée d'un marteau de cuivre luisant, d'un judas et d'une plaque de métal portant le nom du chef de la maison. Là rien d'extérieur, point d'amorces pour les yeux. Ces petits comptoirs de la Cité, où l'on escompte des millions, ont leur clientèle assurée depuis des siècles ; les fils millionnaires succèdent à des pères plus riches que des nababs ; les héritiers de ces dynasties n'abandonnent pas plus leur commerce, que les fils ainés des lords ne renoncent à la pairie. Ce quartier fourmille jusqu'à cinq heures du soir, après quoi il reste désert, car on n'y fixe point sa demeure.

La journée finie, les négociants regagnent d'un air modeste et paterne leurs splendides hôtels de Portland-Place, de Regent-Street, de Pall-Mall, de Burlington ou de Grosvenor-Square; il en est qui vont se reposer aux environs de Londres dans de magnifiques villas, pour reparaître le lendemain avec leur humble extérieur de petit marchand de la Cité. Autant, chez nous, l'on s'adonne à l'affectation *de paraître,* autant, là-bas, on s'ingénie à disparaître dans la médiocrité commune. Ce genre d'hypocrisie, même, a ses maniaques. On cite de gros banquiers qui, chaque matin, vont en personne acheter à la boucherie des côtelettes, qu'ils portent ostensiblement dans quelque taverne de Cheapside ou de Fleet-Street, où ils tiendront à les faire griller eux-mêmes. Puis ils achètent pour trois pence de pain de seigle, et grignotent en public un déjeuner de Spartiates, tout en recevant là leurs premières audiences. Et le bon peuple boutiquier d'admirer en eux la simplicité des antiques mœurs. Quels braves gens!

Il en est de cette médiocrité comme du sac de laine sur lequel siége le chancelier. On a mis *du d'or* dessus, et la balle a disparu sous les plis du velours. Le bonhomme a déjeuné avant cette austère communion, et un souper de Lucullus l'attend à son palais,

C'est un de ces sycophantes du dieu Mercure, qui me parlant un jour d'une baignoire antique en marbre de Paros, illustrée de bas-reliefs érotiques et posée sur quatre lions accroupis, me disait : — L'empereur de Russie la faisait monter, contre moi, à la vente de ..., il y tenait et il a fait ce qu'il a pu; mais sa bourse ne pesait pas assez, il a dû me céder la main.

Telle est, en affaires, la méthode de ces hommes habiles : ils s'efforcent de conclure à des prix exorbitants s'ils vendent, dérisoires s'ils acquièrent ; dans cette intention, ils emploient tous les piéges, et abusent des circonstances : vous risquez donc d'être fourvoyé sur les prix ; — mais sur la qualité des articles, jamais. Attendez-vous à toutes les subtilités de l'agio; mais convenez avec soin de la nature, de la valeur d'une marchandise, et recevez-la les yeux fermés. C'est tout l'opposé chez nous.

En flânant dans ces quartiers, on est frappé de la confiance qui préside aux transactions. A la Banque, point de sentinelles, pas de corps-de-garde; tout est ouvert, on pénètre partout; plus de ces cages où l'on emprisonne, en nos comptoirs, les caissiers avec leurs écus. Là, des tables basses, accessibles à tout venant, sans treillis ni grillages, et l'on y pèse l'or que l'on manie avec de petites pelles de confiseur, absolument comme chez nous on pèse du sel ou des clous de girofle chez un épicier. Dans une salle où se trouvaient des lingots d'or, on en offrit un de huit livres à ma curiosité. C'était à l'issue d'un corridor. Un voisin prit le lingot après moi, le fit passer à quelque autre, et de main en main l'objet disparut au fond du corridor qui débouchait dans la rue. L'employé n'y fit nulle attention, parla d'autre chose, et quand le lingot revint, ce commis le reçut, non-seulement sans satisfaction marquée, mais comme un objet auquel on avait cessé de penser.

Sur une frise de cette banque, j'ai lu une inscription qui résume fort bien la doctrine religieuse du pays; en voici la traduction : « Seigneur, dirigez nos opérations. La fortune pour moi, l'honneur à Dieu. »

La Bourse, comme de raison, a l'air d'un temple grec; Mercure est le seul dieu de l'Olympe dont le culte n'ait pas vieilli. Ne négligeons pas les petits détails de mœurs. En Angleterre, le commerce est le principe de toute l'organisation sociale, et la couronne même se dépose sur le comptoir. La *Bourse* a la statue de la reine au front, et prend le titre de *royale, New-Royal-Exchange.* En France, dira-t-on jamais la Bourse *impériale ?...*

Ainsi la royauté a, dans la Cité, pour sceptre une demi-aune; des deux grands fonctionnaires de l'Etat, l'un, le chancelier, fut dans l'origine une sorte de prévôt des marchands; l'autre, le lord-maire, est le vrai souverain de la cité marchande.

Tout en suivant la ligne des trottoirs de la Cité,

entre *Mansion-House,* où le premier fonctionnaire municipal est logé peu commodément dans un temple grec, et King-Street, où se cache *Guild-Hall,* disons quelques mots de cette magistrature célèbre et peu définie.

Le lord-maire concentre les attributions d'un maire, d'un préfet et d'un juge de paix. Ses fonctions durent l'espace d'une année. Il est élu le 29 septembre par les *free-citizens,* ou citoyens libres de la Cité. Ces francs-bourgeois sont les propriétaires les plus considérables; ils ont mission d'élire aussi les aldermen, parmi lesquels on choisit le lord-maire. La Cité est divisée en vingt-six quartiers qui élisent chacun un représentant, et ces vingt-six mandataires, réunis aux aldermen, assistés de deux shériffs, et présidés par le lord-maire, constituent le Conseil de ville. Ce Conseil administre, dispose des fonds de la commune, rend des arrêts, et nomme à divers emplois.

Le principal officier du lord-maire est le juge assesseur (the recorder); il est nommé à vie par le lord-maire, et il rend la justice à Guild-Hall, assisté des shériffs. Rien de plus gothique et de plus respecté que les priviléges du lord-maire, ce représentant séculaire de la souveraineté du peuple. Sa place est marquée dans les solennités publiques; son installation est l'objet d'un cérémonial étrange; il possède une suite nombreuse d'officiers d'honneur; sa livrée efface en splendeur celle du marquis de Carabas;

son grand costume, doré sur toutes les tranches, comme l'uniforme de nos grands maréchaux, et d'une coupe surannée, est rehaussé par un grand manteau en fourrure de vair. Le pouvoir du lord-maire est très-étendu, et quand le trône est vacant, c'est lui qui préside le conseil d'État, jusqu'à la proclamation du nouveau souverain.

En temps ordinaire, le lord-maire rend la justice sous le portique de son palais; mais c'est dans la salle gothique de Guild-Hall qu'il est mis en possession des insignes de sa charge. Il reçoit, pour frais de représentation, huit mille livres du Conseil municipal (200,000 francs); il dépense de son épargne une somme à peu près égale, et consent rarement à être réélu, à moins qu'il ne soit formidablement riche.

Autrefois, la vaste enceinte de la Cité était fermée par des barrières, des portes, des grilles et des chaînes; de ces clôtures, il n'est resté que la porte de Temple-Bar, élevée en 1670, à l'extrémité du Strand, par Christophe Wren. C'est un cintre surbaissé, de la largeur de la rue, accosté de deux portes rondes de la largeur des trottoirs; le tout surmonté d'un petit logis suspendu, coiffé d'un attique et orné de quatre niches, contenant, du côté de la Cité, les statues d'Élisabeth et de Jacques VI d'Écosse; et de l'autre, celles de Charles Ier et de Charles II, accoutrés à l'antique et fort laids : le tout noir comme la gueule d'un four. Cette porte, aussi fréquentée que la porte Saint-Denis, perpétue un des plus singuliers priviléges de la municipalité de Londres.

Les deux battants, constamment ouverts, ne se ferment que devant un seul personnage, devant le roi. Quand Sa Majesté prétend traverser la Cité, son courrier heurte à la porte, et requiert le passage de la bonne grâce du lord-maire ; la permission octroyée, les battants s'écartent, et le souverain pénètre dans la Cité. En général, dans ce cas particulier, ce dignitaire se présente à la portière du prince, et remet son épée qui lui est aussitôt rendue avec une belle salutation. Autrefois, on accrochait à cette porte de Temple-Bar les têtes coupées des suppliciés politiques ; on en préparait beaucoup. Au fait, cette porte-là ne laisse pas que d'avoir une mine sinistre.

Je la préfère néanmoins à l'étroite façade de Guid-Hall (l'hôtel-de-ville). On la croit gothique en l'apercevant, puis on reconnaît que ce n'est qu'une immense monture de pendule ; surprise désagréable à qui n'est point horloger, et très-fréquente, hélas ! dans le Royaume-Uni.

A l'intérieur, une portion de l'édifice paraît remonter au quinzième siècle ; c'est celle où est située la Grande-Salle, où se font les élections, et où se passent les grandes solennités municipales. Elle a cent cinquante pieds de long. La porte en est curieusement historiée ; les fenêtres, larges ogives, sont ornées de vitraux ; enfin, c'est là qu'on voit les statues bouffonnes et colossales de *Gog* et de *Magog*, ces burlesques *Gayant* de la vieille Cité de Londres, dont le peuple commerçant provient d'origine flamande. On ne manque pas, à la cérémenie de réception des lords-maires, de joindre au cortége deux mannequins habillés comme Gog et Magog; la foule les accueille avec ivresse. Gog et Magog, au dire des Anglais, représentent un Breton et un Saxon. Personne n'en sait rien. Ce qu'ils m'ont offert de plus curieux, c'est l'attitude de nos compagnons les Parisiens, qui, prenant au sérieux ces monstres informes, remarquaient avec la plus imperturbable stupidité de logique, que nos sculpteurs de Paris travaillent beaucoup mieux. Voilà leur gravité devant Gog et Magog; mais qu'ils avaient d'enjouement et d'esprit facétieux sous les voûtes sombres et devant les antiques tombeaux de Westminster!...

Leur visite à la Tour de Londres excita d'autres impressions, non moins imprévues. J'étais fort impatient de pénétrer dans ce donjon, investi, depuis tant de siècles, d'une si belle renommée de mélodrame. Du reste, les monuments historiques de ce pays en sont tous là; leur légende se compose de quelques assassinats, surtout les anciens manoirs des maisons illustres. La vie d'intérieur, les pures joies de la famille, ont de tout temps tenu une grande place dans les mœurs anglaises; au fond des châteaux, les proches parents s'égorgeaient entre eux, ne voulant pas même, pour ces sortes de relations, se livrer à des fréquentations étrangères. Vers les derniers jours de l'excursion parisienne, un des touristes, quand on sortait de quelque monument, demandait au gardien avec une tranquillité confiante :

— Quels sont ceux qui furent assassinés ici?

Vous rappelez-vous le costume de Tyrrhel, dans le drame des *Enfants d'Édouard?* ainsi sont encore travestis les gardiens de la Tour de Londres : chapeau carré, orné d'une plume; dague au flanc; cotte et jaquette écarlates, agrafant dans le dos, avec les armes d'Angleterre et la devise d'Henri VIII, passementées en or, au milieu de la poitrine. Ils ont à la main la hallebarde gothique, et ne tiennent au siècle actuel que par le faux-col. — Barbe-Bleue s'est fait portier, dit en les voyant mon bon compagnon d'aventures, M. Pichon Prémêlé.

On les rencontre dans une cantine, placée à l'entrée du fossé qui isole ce monument, accroupi sur un tertre élevé d'où il domine de loin la Tamise. Ce fossé emprisonne une épaisse muraille, bâtie par Guillaume le Roux, en 1097, tout autour du donjon, fondé en 1078 par Guillaume le Conquérant. Ce donjon, qui constitue la Tour proprement dite, est massif, trapu, à deux étages, surmonté de quatre tourelles, et les murs ont quatorze pieds d'épaisseur. Le revêtement extérieur de cette construction a été plaqué à neuf, comme une terrasse; ce qui empêche de deviner tout d'abord la vétusté de l'ensemble, connu sous le nom de la *Tour Blanche*.

L'enceinte de la Tour contient plusieurs donjons,

deux chapelles, une caserne, un dépôt d'artillerie, les vieilles archives d'Angleterre, un musée d'armures, de curiosités guerrières, et le trésor des joyaux de la couronne. On pénètre dans l'enceinte par quatre poternes successives, à l'ouest de la tour; elles s'ouvrent chaque matin à la pointe du jour, avec autant de cérémonies et de précautions que si l'ennemi, embusqué dans les environs, se préparait à saisir l'occasion d'une attaque. Ces fortifications furent augmentées à diverses reprises : par l'évêque Longchamps, en 1190; par Henri III, par Édouard Ier, etc... La Tour de Londres, comme notre Conciergerie, est l'ancienne habitation féodale des rois d'Angleterre.

On y pénètre par une sorte de ruelle étroite et basse, pratiquée à l'intérieur du rempart. La première tour à gauche est ronde; c'est celle du beffroi. Elle servit de prison à la reine Élisabeth, qui, également poursuivie par le souvenir de sa mère, Anne de Boleyn, et par celui de Jeanne Gray, décapitée récemment pour avoir alarmé la reine Marie, dut y passer des heures cruelles. En continuant, on voit dans le mur, à droite, une ogive à demi enfouie, qui encadre une lourde porte; c'est *traitors' gate*, par où l'on amenait jadis les prisonniers d'État.

En face est une poterne noire, trapue, surmontée d'une tour percée de petites croisées grillées en fer, et dont l'aspect est lugubre. C'est la *Tour sanglante* où furent égorgés les enfants d'Édouard par le farouche Glocester. Dans l'épaisseur de cette poterne, sous les dalles d'un galetas qui la surmonte, on a retrouvé les squelettes des deux jeunes princes. Dans la tour cylindrique qui joint celle-là (*Wakefield-tower*), on montre une grande salle octogone où fut assassiné Henri IV; Shakespeare a immortalisé cette tragique histoire. La tour *Beauchamp*, située au nord-ouest, a servi de prison à Anne de Boleyn, aux comtes de Warwick, d'Arundel et de Leicester. J'en passe, et des plus innocents. Pour achever le pèlerinage de cette sinistre nécropole, traversons la cour inégale, montueuse et encloîtrée de toutes parts de murs de briques, ou de créneaux et de débris de forteresses; laissons, sur la droite, la caserne gothique qui remplace l'arsenal incendié en 1841, et jetons un coup d'œil sur la chapelle Saint-Pierre, basse, et trop restaurée, où sont, en foule, des tombes de gens qui ont leur tête à leurs pieds. Là reposent Anne de Boleyn, Catherine Howard, Jean Fischer, Thomas Morus, la comtesse de Salisbury, Seymour, duc de Sommerset, Norfolk, Dudley, le beau comte d'Essex, favori d'Élisabeth à qui la prison n'enseigna point la clémence; enfin, la jeune et infortunée Jeanne Gray, victime de l'ambition de ses parents. A quelques pas de leur sépulture, au milieu de la cour, est un carré pavé de noir; c'est là que leur sang a coulé. On voit de là les débris de Brick-tower, prison de Jeanne Gray, et de Bowyer-tower, où Clarence fut noyé dans un tonneau de malvoisie.

Il ne nous reste plus qu'à pénétrer dans *White-*

tower, où nous trouverons, dans le cachot de Raleigh, un joli muséum de poignards, de haches de bourreaux, et de billots ornés d'entailles qui marquent, comme sur la taille d'un boulanger, le nombre de têtes qui les ont illustrés.

Voilà, certes, un monument bien complet, et une résidence enrichie de poétiques souvenirs, à l'usage du gouverneur de la Tour de Londres, qui occupe un logis construit sous Henri VIII, l'ogre de cette rouge légende de la monarchie britannique.

Observons qu'en France les révolutions s'attaquent d'abord aux cachots et les détruisent, quitte à en élever d'autres. En Angleterre, jamais les révolutions n'ont jeté hors des gonds la porte d'une seule geôle. C'est le pays de la prévoyance.

Le Musée des armures, collection de harnois royaux, du treizième au dix-septième siècle, contient des pièces importantes et authentiques, le tout mal présenté, trop à l'étroit, et arrangé avec un goût puéril : pour compléter l'effet, ils gonflent des mannequins, les couvrent d'oripeaux, de guenilles : on se croit dans le magasin d'un théâtre. On voit là des étendards conquis, des modèles d'armes et des trophées guerriers, parmi lesquels des cuirasses ramassées à Waterloo et percées par devant. C'est là qu'éclatèrent les susceptibilités de plusieurs de nos compatriotes, indignés que les chefs de l'expédition amenassent des Français devant un spectacle insultant pour eux. Westminster et Windsor virent se renouveler ces élans d'un patriotisme auquel je suis indigne de m'associer. Désespérant de m'exalter jusqu'à l'épopée du chauvinisme, je me bornais à remarquer la singularité de ces gardes vêtus comme sous Henri Tudor, et montrant les débris de Waterloo. Sous soupçonner de tels scrupules, ils nous indiquaient les armures françaises, et pensaient nous flatter en louant la finesse de la trempe et la solidité des plastrons. Un beau jour, il y a dix ans, la fashion mit ce musée au pillage, s'affubla des armures et alla jouter au tournoi d'Eglinton.

Si, chez nous, l'on s'avisait de vouloir ainsi changer en un costumier de parade le musée d'artillerie, mon ami de Saulcy, qui en est conservateur, pointerait probablement une pièce de huit contre les vandales épris de cette manie de carnaval historique.

Dans la salle supérieure, qui porte le nom d'Élisabeth, parce qu'elle y emprisonna nombre de malheureux, il y a des armes de sauvages, d'anciennes arquebuses, et des morceaux rares très-mal exposés. Trois épées, un casque, un ceinturon de Tippo-Saïb; le billot où furent décapités Lovat et Balmerino après Culloden, en 1745; la hache qui coupa la tête du comte d'Essex; une autre hache, compliquée d'un pistolet à trois canons, dont se servait Henri VIII quand il allait la nuit en aventure; enfin, une armure asiatique, que l'on dit avoir appartenu à Bajazet; elle est très-fine, et chaque maille du haubert porte gravé en creux un verset du Koran.

La salle qui contient les joyaux de la couronne est nue, pauvre, mal éclairée et située dans un bâtiment neuf. On y voit le diadème de Charles II, le sceptre de saint Édouard, et les ornements royaux de la reine Victoria. Comme pierres dignes de remarque, il n'y a guère qu'un saphir et un très-gros rubis. On nous refusa l'accès des archives, placées au second étage de la tour Blanche, dans la chapelle de Saint-Jean, qui passe pour un très-beau reste de l'architecture normande.

La tour de Londres est un monument curieux; mais les Anglais, avec leur manie de restaurations infidèles et de pastiches gothiques, en ont dénaturé le caractère, que les vieilles tours seules ont conservé : l'impression que l'on emporte en sortant n'est pas sans déceptions; la réalité amoindrit ce que l'on avait imaginé.

Point de ces mécomptes, en tout ce qui touche à la vie active du siècle.

La tour n'est plus comme jadis la sentinelle avancée de la Cité; à ses pieds règne une puissance nouvelle, plus pacifique et plus souveraine, qui arbore aux flèches aiguës de ses forteresses les pavillons des cinq parties du globe. Quelques pas séparent la tour des *docks* ou bassins, où sont amarrées les flottes opulentes de la moderne Tyr. La plus rapprochée de ces gares est le *dock de Sainte-Catherine*, que suit le *dock de Londres;* plus loin sont les bassins immenses de la Compagnie des Indes, dont la splendeur retrace nos ruines.

— La perte de vos colonies, me disait un Anglais, non sans hypocrisie, nous a fait dépenser bien de l'argent ici.

— Nous reprendrions volontiers l'entreprise au prix coûtant, répondis-je à ce bon apôtre.

Ces gigantesques ouvrages datent du commencement du siècle. Les docks de Sainte-Catherine ne sont ouverts que depuis 1828. Ce sont de beaux bassins carrés, navigables trois heures avant les marées hautes, et bordés de quais couverts de hangars, derrière lesquels se succèdent de spacieux magasins. Là se chargent et se déchargent les navires : sous les magasins sont percées des caves édifiées sur pilotis ; greniers souterrains, dont sont pourvus tous les chantiers, et qui forment un ensemble de galeries évaluées à une longueur de cinq à six milles. Les docks de Sainte-Catherine absorbent un espace de vingt-cinq arpents ; les docks de Londres, de même ; ceux des Indes en prennent environ cinquante, et ceux du Commerce, sur l'autre rive, tout autant. Le seul dock du tabac, partie intégrante des bassins de Londres, a un périmètre de plus d'une acre ; les magasins couvrent quatre arpents ; ils sont magnifiques, et placés sur des caveaux où l'on peut loger 70,000 pipes de rhum, de vin ou d'eau-de-vie. Le bassin des Indes Occidenlales a été élevé par souscription, au capital de 35 millions, et trois fois heureux les actionnaires !

Ces lieux étranges sont le théâtre d'un mouvement prodigieux. Il semble que, pour former de pareils amas de toutes les denrées, on ait dû épuiser la fécondité de la terre. Il y a des endroits où l'on marche dans le sucre des îles, et l'odeur miellée de la cassonade, à ce degré de concentration, vous prend à la gorge. Ailleurs, ce sont des fruits confits, des épices à réduire en coulis le lac de Genève, des bois de Campêche à le teindre en pourpre; des spiritueux et des cotons; des parfums et des drogues infectes. Le nez trouve enfin son spectacle et ses étonnements.

On contemple cette féerie commerciale, à l'ombre d'une forêt de mâts, en cheminant parmi les manœuvres, les commis, les tonneaux, les câbles, sur une voie pavée de plaques de fer, polies et parfois entaillées par les roues des camions. C'est là surtout que l'on se fait une opinion de la splendeur, de la prépondérance et de la richesse de cette nation, polype monstrueux dont les suçoirs absorbent la substance de toutes les contrées, et dont le corps est là.

Mais, presque aussitôt surviennent les contrastes : à deux pas de cette surabondance de tout, le dénûment de tout. Après les prodiges du luxe mercantile, la dure et obligatoire oisiveté de la misère. Tout ce quartier-Wapping, de *London-Dock* au *Tunnel*, est livré à une indigence affreuse. On entrevoit, dans des cours pleines d'immondices et de bouges fétides, des familles entières, hâves, déguenillées, malsaines, et d'une saleté dont on a le cœur soulevé.

Quand on a vu des haillons à Londres, Callot ne semble plus qu'un dessinateur du *journal des modes*. Un homme entre, la tête la première, par un trou quelconque dans un réseau de guenilles, cherche une issue pour ses quatre membres, et le voilà accommodé. Il ne reste parfois, de tout un pantalon, qu'une boutonnière ; on s'en revêt avec philosophie : la peau de ces misérables est si bronzée, si épaissie, si tannée, qu'elle les habille pour les yeux et fait illusion aux passants. Dieu, qui mit en ce pays-là un lingot d'or dans tant de poitrines, y a revêtu ses enfants d'une peau de bure. Tout mortel accoutré de la sorte, et montrant sa chair, croirait déroger s'il se coiffait d'une toque ou d'un bonnet. Ils sont couronnés d'un peu de chapeau. Il en est ainsi des femmes, des mendiantes même.

Admirez, sur les coussins de cet équipage à quatre chevaux attelés à la Daumont et conduits par un postillon de soie, admirez cette jeune duchesse, radieuse d'élégance ; un rapide coup d'œil sur cette capote de velours épinglé, chef-d'œuvre parisien... Dans quinze jours, la capote passera sur la tête de l'institutrice des enfants. Quatorze mois après, la cuisinière la conduira au marché : l'objet engraisse en devenant populaire. Une marchande en plein vent la retournera et la fera briller à l'envers. La voilà défleurie, cassée, dépenaillée, et les ailes pantelantes comme un oiseau blessé ; c'est alors qu'une mendiante la ramassera dans le ruisseau, et reviendra, en tendant les mains, la montrer à la duchesse, qui ne la reconnaîtra pas.

Mais la pauvresse a rapporté trois pence; voilà du pain : non, voilà du gin, et le soir on verra les enfants, nus et grouillant sur un tas d'ordures, grignoter des épluchures de légumes, des carottes crues, des tronçons de choux; puis, tout ira dormir en un monceau sur quelques brins de paille pulvérisée.

La délicatesse nationale relègue ces scènes faméliques à l'ombre des quartiers perdus. Remède insuffisant.

Avant de pénétrer dans le *Tunnel*, ce pont souterrain de la Tamise, nous entrâmes dans une taverne pour nous refroidir au dehors, et nous réchauffer à l'intérieur, de quelque cordial. On buvait debout autour du comptoir, et, çà et là, circulait une femme, offrant dans le même panier, en manière de rafraîchissements, de petites oranges de Malte, ainsi que des pieds de mouton froids, à demi crus, qu'elle présentait au bout d'une fourchette de fer, avec un peu de sel dans du papier. Ces légers passe-temps de l'estomac ont pour but de charmer l'intervalle des repas; jugez par là des souffrances que doit infliger la faim à de si magnanimes appétits!

Sous le Tunnel, où l'on descend par un trou rond de près de cent pieds, orné de peintures claires, et flanqué de deux escaliers, le besoin de vivre donne lieu à de douloureuses industries.

Dès qu'on pénètre dans la double galerie dont les voûtes décrivent les trois quarts d'un cercle, l'air s'épaissit et se glace ; une vapeur humide et froide, chargée de miasmes sépulcraux, borne à vingt pas l'horizon, éclairé vainement par 126 becs à gaz. Il semble qu'on mourrait si l'on passait deux heures dans ces hypogées, qui distillent goutte à goutte une eau qui s'amoncèle dans des flaques noires et glissantes.

Entre chaque pilieril y a des boutiques, tenues par de toutes jeunes filles ensevelies vivantes. Souriantes et pâles, elles offrent de la verroterie, des lunettes enchantées, des panoramas de Londres, et quantité de menue quincaillerie et de babioles foraines. On montre les marionnettes ; on joue de l'accordéon et de la serinette dans ce souterrain ; enfin l'on y vit dans le séjour de la mort. Quelles maladies inconnues sur la terre du soleil doivent germer là ! La bonne serre froide pour faire éclore des raretés morbifiques ! La liberté s'oppose à la clôture de ces échoppes, qui justifieraient la sollicitude du gouvernement à un double titre : dans l'intérêt de la santé publique et de la moralité ; car le commerce y déguise la prostitution.

Quand on aura pratiqué, aux issues du Tunnel inutile à cette heure, des chemins à voitures, il sera vraiment d'un service avantageux. Très-large à cet endroit, et couverte de navires, la Tamise ne peut porter un pont, et dans l'état actuel des choses, pour la traverser à cette hauteur, les attelages sont dans la nécessité de remonter jusqu'à *New-London-Bridge*; c'est un détour de cinq milles.

CHAPITRE III

Her Majesty's theatre : étiquette et pugilat. — Une révélation politique. — Proscription de l'ombre dans la peinture anglaise. — Mendicité : avantage des cités ouvrières. — Fifre et tambours : les jolis soldats. — Les tombeaux de Westminster : *Poet's corner*. — Anecdote sur Byron. — La chaise des rois d'Écosse : danger de la passion des reliques. — Le cloître de la chapelle royale. — Origine de l'ordre du Bain. — *Westminster hall*; souvenirs historiques. — Basoche et perruques. — La chambre des Lords et *New parliament*. — Inconséquences religieuses des Anglicans. — Humilité d'un boucher millionnaire. — Pourquoi les Anglais évitent de parler français, et comment chacun, dans Londres, est étranger. — Mésaventure d'un Parisien. — Physiologie des marchands; mœurs boutiquières, singularités. — Deux comédies sur toile au musée Soane. — Étrange destinée des cinq grands génies de l'Angleterre.

GRANDE NUIT EXTRAORDINAIRE!!! — *Great extra night!* C'est en ces termes que, *d'ordinaire*, on annonce le spectacle du jour, en tête des affiches et des programmes du théâtre de Sa Majesté. Le texte le plus léger suffit à un directeur anglais pour composer une affiche d'une aune. Ce soir-là, on donnait la seconde représentation de *la Tempête* de Shakspeare, découpée en ariettes par MM. Scribe et Halévy. Ces noms illustres séduisaient les curieux; la réclame avait battu la caisse; les badauds étaient affriandés. En conséquence, l'expédition française dîna de bonne heure et fut engagée à s'endimancher pour se rendre au Théâtre de la Reine. Comme il n'était point aisé ce jour-là de se procurer des places, je me décidai à me joindre à la caravane, en faveur de laquelle l'administration réservait un certain nombre de billets. Il suffisait de se faire inscrire dès le matin. J'arrivai de bonne heure au rendez-vous.

Au moment du départ, la plupart de nos compatriotes ayant brossé leur manche gauche avec la droite, et celle-ci avec la gauche, se déclarèrent satisfaits de leur toilette; ils jetèrent donc les hauts cris quand on leur fit entendre que la tenue du matin n'était pas admise et qu'il fallait être en habit noir. Parmi les Parisiens, il en est bon nombre qui sont convaincus qu'en dehors de Paris, l'univers est la campagne. Ces gens naïfs étaient venus en paletot léger, avec un feutre mou pour coiffure. Il ne leur manquait qu'un fusil de chasse ou une ligne à pêcher.

Il fallut improviser des pantalons noirs : les redingotes sombres furent repliées de chaque côté, et faufilées par derrière pour simuler des habits. L'hôtel se transformait en vestiaire.

— Conçoit-on, me dit un monsieur mieux avisé, des gens qui viennent à Londres en robe de chambre!

Pour moi, j'ai toujours de quoi me faire brave; on ne sait pas ce qui peut arriver.

Un quart d'heure après, il revint superbe, ganté, rasé, habillé, et la poitrine ornée d'un beau gilet de soie bleue sur lequel tranchait une cravate longue mouchetée de pois capucine.

— Ah mon Dieu ! s'écria le guide, monsieur sera arrêté au contrôle...

— Pourtant, à moins de me décolleter... répliqua dignement cet homme très-bien mis.

— Monsieur, on ne reçoit que le blanc et le noir. Votre gilet est bleu, votre cravate est... *shoking.*

Il fallut ôter le gilet, croiser l'habit et remplacer la cravate élégante par un mouchoir de toile plié en écharpe.

— Cela doit être affreux, répétait le patient.

— Vous avez l'air de quelqu'un à qui l'on a posé des sangsues autour du cou; mais vous êtes parfaitement convenable.

Or, la caravane ayant satisfait à l'étiquette, il se trouva qu'elle n'avait point sacrifié aux Grâces : l'aspect en était burlesque. On partit : les plus affublés se faisaient minces et piétinaient avec modestie.

Bien que les guides eussent remis à chacun son billet, objet précieux, car le parterre de ces grands théâtres coûte environ 13 francs, il fallut se ranger à la queue sous le péristyle qui fait l'angle de *Hay-Market.* Les abonnés des loges et des stalles sont seuls dispensés de cette formalité. Après une bonne heure, un mouvement soudain ressenti dans le corridor fut suivi d'une grêle de coups de poing, de coups de coude et d'une bousculade affreuse, sans égard ni à l'âge, ni au sexe des patients. Telle est la manière d'entrer, propre aux naturels de cette île. Le début de l'affaire ressembla à Waterloo; elle finit comme Austerlitz. Promptement initiés à cette méthode, nous nous groupâmes, et, sans cérémonie, avec un entrain tout français, nous opposâmes aux agresseurs une résistance qui ressemblait fort à ce que, dans son style pittoresque et populaire, Gavarni dénomme une *tripotée*. Il nous fut crié : *French-Dogs*, terme inutile à traduire, et nous fîmes irruption dans la salle, pêle-mêle avec nos éternels ennemis, comme disait jadis le *Constitutionnel*.

Mais voici venir une douane d'un genre particulier : le contrôle. Nous en subîmes un à un l'inspection. L'un avait sa cravate noire encadrée de vert; on lui en fit dissimuler les bouts. Quelques-uns avaient un chapeau gris; ce meuble fut saisi et déposé au bureau des cannes. Ceux qui portaient des gants de couleur durent les mettre dans leur poche, et rester la main nue : enfin, une pauvre dame, qui se faisait honneur d'une capote neuve en taffetas rose glacé de blanc, garnie de trois rangs de dentelle, se la vit enlever délicatement par le contrôleur, qui la remit à l'employé aux cannes et parapluies, avec une civilité flegmatique. L'infortunée, telle qu'une fleur dépouillée de ses petales, ne conserva, en guise de corolle, que son dessous de chapeau, maintenu derrière la tête par un brin de faveur blanche. Cela n'était pas joli du tout.

Le guide se trémoussait déjà au parterre, où il pratiquait avec zèle l'art de la défense des places : je le rejoignis, accompagné du grand Observateur, dont le chapeau bossué ne rappelait plus guère le cylindre, et qui avait le nœud de sa cravate noire retourné sur le dos, comme la rosette du cordon de Saint-Michel.

Il se rajusta, souffla, s'essuya le front, et tout en repoussant les cavités accidentelles de son castor, il nous dit d'un air soucieux :

— Depuis trois jours, j'ai beaucoup observé, et mes idées politiques se modifient. Plus j'étudie les mœurs, plus je me convaincs que l'alliance anglaise ne nous convient pas. Décidément, j'adopte l'alliance russe.

Cette boutade était comique, et j'allais en rire; mais notre compatriote parlait sérieusement.

— Monsieur, reprit-il, j'ai l'honneur d'être admis dans *les salons* du président de la république, et je compte lui faire part de mes observations.

— Ce sera bien fait, lui dis-je : le prince n'a guère passé que deux ans à Londres; mais c'est assez pour affaiblir ces aperçus délicats que l'on saisit si bien à première vue.

— Fortement raisonné!... le prince en conviendra lui-même...

— Ne craignez-vous pas que des idées si utiles ne glissent sur son esprit et que la conversation ne suffise pas à les graver dans ses souvenirs? A votre place, Monsieur, je rédigerais un mémoire pour le présenter au ministre des affaires étrangères.

— Justement, j'ai l'avantage d'être reçu dans *ses salons*. Monsieur, je vous remercie de ce bon conseil.

Ce personnage est, je le répète, d'un âge mûr; sa boutonnière est décorée d'une rosette écarlate, et jusque-là je n'avais recueilli près de lui que des propos trop lourds pour n'être pas sensés. Il est utile d'ajouter que cette petite scène est textuelle, et qu'on n'y a pas changé un mot. Quant aux brillantes relations dont se targuait ce monsieur, je les crois d'autant plus réelles, que toute sa conversation avait été imaginée pour faire naître l'occasion de s'en glorifier. Le désir de paraître important entraîne quelquefois jusqu'à ces sortes d'aberrations, surtout quand, dans un pays étranger, l'on souffre de se sentir ignoré et méconnu. Cet excès *d'individualisme*, — pardon du mot, — neutralise l'effet de nos opinions libérales, et nous fait souvent passer, dans les États voisins, pour un peuple de commis-voyageurs.

Un Anglais qui, modestement, posait le pied sur mon épaule et s'y trouvait bien, coupa court à ces réflexions, et je parcourus des yeux la salle qui jouit d'une certaine réputation. Elle est construite à l'italienne et décorée suivant le goût britannique. C'est une vaste nef très-profonde, fort élevée, et partagée en une multitude d'alvéoles superposées, petites, trop fermées et d'un aspect triste. Les femmes sont plongées jusqu'au cou dans ces deux cents loges carrées, toutes pareilles, dont l'ornementation est sans relief. La salle est couleur chamois, égayée à chaque étage, de médaillons chocolat, au milieu desquels ressortent de maigres figurines copiées à Pompéi : les loges sont tendues en perse bleue et encadrées de petits rideaux jaunes.

Signalons ici la manie de la lumière et l'abus des claires nuances, qui caractérisent le goût de ce pays. L'ombre est antipathique à ces gens qui vivent sous un ciel opaque et nébuleux. Leurs maisons sont percées d'énormes fenêtres, les toits sont vitrés pour faire pleuvoir le jour ; parfois même, les façades des habitations, bombées au centre, forment une saillie demi-cylindrique entièrement à jour, pour que la clarté pénètre de trois côtés à la fois : il y a des quartiers ainsi bâtis, qui, vus de profil, présentent à l'œil une longue file de tourelles en verre. Brighton est construit de la sorte. Cet amour de la lumière et des tons criards les dispose à goûter, de prédilection, la peinture à l'aquarelle, mais fait ressembler leur peinture à l'huile à de la peinture à l'eau. Les ouvrages de leurs artistes sont blafards, discordants, vitreux et confusément éclairés ; car, ce qui produit la lumière, ils l'ignorent, c'est le contraste, c'est la solidité de ombres. Ces défauts sont plus frappants encore dans les décorations des théâtres, qui sont lavées, éblouissantes et sans profondeur. Aussi l'on distingue très-mal les traits des acteurs et ceux des personnes assises dans les loges, à cause des fonds miroitants où les têtes sont à demi noyées.

Au moment où l'orchestre préluda, les *forte* me parurent faux : quand les chœurs se mirent à chanter, ils nous produisirent le même effet. Bientôt ils se doublèrent, et il me sembla qu'on chantait derrière nous, en même temps que sur la scène, avec une demi-mesure de distance. O prodige ! la salle de *her Majesty's theatre* possède un écho, et la nation est si peu musicienne, qu'elle ne s'en est jamais aperçue. Le phénomène est sensible pour le fond du parterre et les loges de face des deux étages inférieurs.

Les couloirs des loges sont obscurs et peu fréquentés durant les entr'actes ; le foyer n'est qu'un large péristyle avec des divans, où l'on entend clapoter des bouilloires à thé. Le besoin de se réunir et de causer n'existe pas comme chez nous. Tout se borne à quelques visites dans les loges, sur la porte desquelles sont noblement gravés les noms et les titres des abonnés.

Il est du bel air de se retirer avant la fin, et le sommeil me décida à me conformer au bel usage. En regagnant mon logis, je fus accosté, dans Trafalgar-square, par une mendiante qui portait des guenilles et un chapeau. Je lui donnai un demi-penny qu'elle empocha ; après quoi elle se reprit à tendre sa main où je plaçai un penny. Cela se passait à ma gauche. Soudain, voilà qu'à droite une voix gémit et supplie : c'était ma pauvresse qui avait changé de côté. En vain je tentais de modérer son zèle, elle me barrait le chemin et quêtait avec une ardeur nouvelle. Trouvant curieux de savoir jusqu'où elle pousserait l'importunité, j'accordai un troisième sou, en faisant signe que c'était assez. Mais les instances ne furent ensuite que plus vives. Il me restait une piécette de trois pence : je m'arrêtai, et dans un baragouin quelconque, je fis entendre que ce serait tout. Cette monnaie fut prise avec avidité : on s'arrêta deux secondes, pour la serrer sans doute, et la poursuite recommença de plus belle. Ce n'était plus une femme, c'était une mouche qui a goûté du miel. Il fallut, pour l'éloigner, simuler une grande colère, jurer, crier, et se donner des attitudes menaçantes.

C'est ainsi que l'on éteint la compassion dans les cœurs. Cette persévérance me prouva aussi que les passants charitables sont rares : cette pauvresse en rencontrait un, elle ne le lâchait pas. Au reste, la mendicité s'exerce à Londres sous d'effrayantes proportions. On est sollicité à chaque pas, et par des êtres si déguenillés, si effrayants dans l'appareil de leur misère, que le cœur est à la fois ému et soulevé. En général, la population ouvrière est d'une saleté incroyable. Le canevas des étoffes est littéralement enduit d'une couche de graisse, de crasse luisante, épaisse et presque solide ; les visages, les mains, sont affreux à voir. Cette classe est évidemment démoralisée par l'infortune.

Cependant, la bienfaisance est établie sur de larges bases, et on fonde journellement des hospices. Que doit-on en conclure ? Que l'organisation sociale en Angleterre ne réalise la prospérité publique qu'au prix de cruelles compensations. Ce qui accroît encore l'aspect extérieur de cette misère, c'est qu'on a consacré aux seuls ouvriers, des maisons, des quartiers, des rues. Là, sans surveillance, et par la force de l'imitation, l'indolence engendre le laisser-aller ; la saleté s'amoncèle et devient contagieuse ; un peuple famélique se plonge avec émulation dans la fange, dans la débauche ; la solidarité de l'impudeur en exagère les signes : aucun exemple, nul voisinage imposant ne contraignant ces êtres à la gêne, on pratiquerait plutôt la rivalité du cynisme.

Veut-on créer l'idéal de la saleté, de la dégradation physique et de l'abrutissement moral, on n'a qu'à entasser la population des artisans dans ces bouges qu'on appelle des cités ouvrières.

Parmi nous se trouvaient nombre de gens désireux de voir des soldats. Un matin donc, avant d'aller visiter Westminster, je me rendis avec deux ou trois compagnons au parc de Saint-James, à l'heure où l'on renouvelle la garde du palais et celle des *Horse-guards*, caserne qui occupe le rez-de-chaussée des bureaux de la guerre. On ne saurait croire à quel point tout diffère de la France, dès qu'on passe le détroit. L'impression causée par ces changements s'étend à toutes choses ; et dans Londres, où l'on arrive en quelques heures, on se sent à une distance énorme de Paris. Les régiments anglais sont si dissemblables des nôtres, que cette opposition vous frappe avant même de les avoir vus.

Le bataillon de service était encore masqué par des touffes d'arbres, que déjà nous étions étonnés du bruit singulier qui en annonçait l'approche. Que l'on se figure une danse d'ours, monotone et sautillante, exécutée par une vingtaine de fifres aigus, tandis que, sur la grosse caisse, un homme qui bat la mesure de la main droite armée d'un tampon, de la gauche en décompose les temps en fouettant la peau avec un petit balai. Ce son aigre et cadencé met au pas des compagnies d'infanterie, dont les fracs écarlates ont la taille trop courte, et sont surmontés d'énormes épaulettes blanches.

Et l'on voit s'avancer, très-serrés l'un contre l'autre, ces fantassins minces, d'une stature énorme, se dandinant des épaules, avec une ondulation du corps qui suit périodiquement le cliquetis du balai sur la caisse. La jugulaire abaissée de leur shako est posée entre leur lèvre inférieure et le menton, ce qui les gêne, les rend immobiles, et paraît aussi singulier que s'ils marchaient avec une cuiller placée en équilibre sur le nez. Autour des pelotons se prélassent les officiers, les sous-officiers, tous ornés d'épaulettes à double graine d'épinards, et la canne à la main; longs sticks de jonc à pommes d'ivoire. L'arme se porte commodément appuyée contre le plastron gauche, et par conséquent un peu renversée en arrière. Et soldats de se balancer des reins, et fifres de siffler, et caisse de faire *pan-pan*, avec enjolivure de petit balai...

Après quelques minutes d'étonnement, la gaieté s'épanouit ; nos Français parlent des chasseurs d'Afrique, et l'Observateur, gagné à l'alliance russe, veut entrer en campagne à l'instant.... mais sur terre : il y tient. Ce moment fut doux au chauvinisme, variété de patriotisme inconnue des Anglais.

— Nos troupes sont fidèles, bien exercées, bien payées, me dit un bourgeois de mes amis, que nos rires n'avaient pas offensé. Cependant je crois votre infanterie meilleure : vos petits hommes tiendraient mieux la campagne, ils ont une grande énergie morale, et vivent de l'air du temps. Si le soldat anglais manque de viande et de spiritueux, le cœur et les jambes s'abattent à l'instant.

L'Observateur me dit à voix mystérieuse et d'un ton scélérat :

— C'est bon à savoir...

Cet homme-là jouera quelque méchant tour à l'Angleterre.

— Vous serez plus satisfait de notre cavalerie, reprit avec ingénuité notre cicerone bénévole. Et l'ennemi secret d'Albion fronça les sourcils. Puis, comme j'admirais la cavalerie, il me tourna le dos.

C'est une belle chose qu'un régiment de cuirassiers, d'une tenue très-riche, montés sur des chevaux de sang pur, tellement appareillés pour la nuance, qu'il serait difficile de les distinguer entre eux. Ceux-ci étaient noirs comme l'Erèbe, et si beaux, que la monture des chefs n'offrait rien de supérieur à celle des soldats : le tout est rehaussé par un véritable luxe de harnachement; brides noires, bien fraîches, relevées de boucles de cuivre, et d'écussons dorés mat. Les casques seuls et les cuirasses étincelaient, éclaboussés par les épluies du soleil perçant à travers la verdure. Il faut dire cependant que ces chevaux trop vifs, toujours frémissants, manœuvrent avec moins d'ensemble que ceux de notre grosse cavalerie. Il nous a paru aussi que messer Cupido est investi de la mission de choisir les officiers des gardes de la reine, tant il a passé devant nous de jeunes gens d'une beauté idéale.

Le bâtiment des horse-guards, où nous entrâmes en même temps que les troupes, a une sortie sur la rue du Parlement, qui conduit à Wesminster-abbey, dont la fondation se perd dans la nuit des temps.

C'est en 616, que Sebert, roi des Saxons, assista à la consécration de la première église, dédiée au prince des apôtres. Mélitus, évêque de Londres, devait officier à la cérémonie; mais la légende rapporte que, la nuit précédente, on vit les anges descendre des cieux et s'abattre sur le temple tout illuminé, où saint Pierre en personne célébra l'office divin. Sebert mort, ses fils revinrent au culte païen, et l'église abandonnée fut détruite par les Danois. Le monument actuel fut fondé par Edouard le Confesseur vers le milieu du onzième siècle, agrandi par Henri III, et embelli sous Henri VII d'une chapelle en style gothique très-fleuri, annexée à l'abside de la nef. Comme la pierre du pays est poreuse, friable et pulvérulente, le monument était fort dégradé à la fin du dix-septième siècle. C'est alors que l'on chargea l'architecte de Saint-Paul, Christophe Wren, d'une restauration si consciencieusement exécutée, que l'extérieur de cet édifice réduit à l'état de pastiche, présente l'aspect d'un très-grand modèle de pendule, en style *troubadour*. Tout fut modernisé, simplifié, et le portail a été exorné de deux tours carrées, franchement mauvaises. Vu du dehors, Westminster manque de caractère.

On y pénètre par le portail du sud, à demi masqué de bâtisses anciennes, qui ont appartenu au chapitre, et, dès le premier pas on se trouve au plus noble quartier de cette nécropole de la gloire; on est au *Poets' corner*, ou coin des poëtes, qui occupe le transept méridional.

A Paris, l'Athènes du nord, dans notre France, terre classique des arts et de l'égalité, s'aviserait-on jamais d'enterrer des peintres, des poëtes, des savants, des musiciens, jusqu'à des comédiens, dans l'auguste *Campo-Santo* des rois? Là-bas, le génie est peu encouragé, les grands hommes sont rares, l'importance de l'individu est réduite à néant, les arts sont incompris; mais ceux qui les cultivent reçoivent, après leur mort, des honneurs que l'on n'accorda chez nous qu'à deux héros, Du Guesclin et Turenne. A Westminster, on contemple l'image de grands hommes qui ont du marbre sur leur tombe, et qui n'eurent pas de pain. Des gens obscurs y coudoient les plus illustres, de même que ceux-ci sont couchés aux pieds des souverains qu'ils ont chantés, ou stigmatisés parfois. Monck et Charles II dorment en paix avec Milton; Shakspeare sommeille à quelques pas de Richard II. C'est vraiment une vallée de Josaphat de l'intelligence et de la grandeur. Le comédien Garrick, Camden l'antiquaire, l'orientaliste Grabe, Casaubon le bibliothécaire de Paris, Taylor l'architecte, Pringle le physicien, le poëtereau Triplett, le musicien Handel, Shéridan, Mme Pritchard la comédienne, sont rangés en cercle dans ce salon de la mort, où préside Shakspeare foulant à ses pieds les portraits de Henri V, de Richard III et de la fière Élisabeth, immortalisés par son génie et sculptés au front de son piédestal. Là brillent aussi Southey, Chaucer, Goldsmith, Dryden et Richardson.

Plusieurs de ces monuments ont été érigés par des particuliers, aux talents qu'ils aimaient; car l'accès de Westminster s'ouvre avec une clef d'or. Intéressé, despote, jaloux de ses priviléges, le clergé anglican trie les morts avec soin, et n'ouvre pas à tous indifféremment cet élysée glorieux. La médiocrité opulente trouve grâce aisément, mais ni la mort ni la gloire ne fléchissent les ressentiments de ces protestants rigides.

Citons un exemple étrange, mémorable et peu connu. Tous ceux qui, durant leur vie, ont jeté quelque éclat sont, disions-nous, alignés sous ces voûtes; l'hysope y sèche à l'ombre du cèdre. Cependant, le patriotisme éclairé des hommes les plus puissants a échoué à obtenir la faveur d'une pierre en l'honneur de lord Byron... Le voisinage de ce grand homme ferait affront aux cendres du poëte Triplett.

Ce n'est pas tout : dans l'espoir d'un sort meilleur, les admirateurs de Byron avaient demandé un monument à Thorwaldsen, qui se mit à l'œuvre, et expédia trois figures. Or, telle fut la puissance de cette haine cléricale, que l'envoi fut passé sous silence, et qu'on enfouit dans l'ombre, avec un double affront, l'œuvre de l'artiste et les traits qu'il avait immortalisés. Depuis vingt-quatre ans, à l'insu de tout le monde, cette volonté âcre et vindicative retient le monument de lord Byron, enfoui dans les caves de la Douane de Londres.

Écoutez les Anglais : ils se glorifieront de s'être soustraits, par le schisme qui leur fut si honteusement imposé, au joug intolérant de l'Église romaine. Rousseau, Voltaire, qui ont reposé en paix au Panthéon, sont-ils exilés de la paroisse de Sainte-Geneviève ?... Non ; mais les tombes de Westminster portent les cicatrices des mutilations presbytériennes; mais, ailleurs, le calvinisme a dispersé les os des anciens évêques de Genève.

Ces idées mêlent de l'amertume à la pensée tranquille et sereine de la mort. Au lieu de songer aux heureux de Westminster, j'écoutais l'ombre désolée de Byron qui gémit à la porte... je me réfugiai dans la nef pour y respirer en liberté.

C'est la plus belle portion de l'édifice : la pierre en est grise et nue, les piliers sont grandioses, le vaisseau très-élevé ; ce style simple et majestueux rend à l'âme quelques ressouvenirs de la religieuse im pression dont elle est saisie sous les grands arceaux de Saint-Ouen de Rouen. Il me paraît plus vraisemblable d'attribuer cette portion de l'édifice à l'époque de Henri III qu'à celle d'Edouard le Confesseur. Cette nef serait admirable, si le chœur n'était masqué par une chapelle et des constructions parasites, qui encombrent le centre de la croix et brisent les lignes de la perspective. A partir de ce point, tout est divisé en chapelles hérissées de monuments de tous les âges ; l'abside, le chœur et les contre-nefs en sont jonchés. On est forcé de se perdre dans le détail, de s'égarer dans une forêt de pierre et de marbre, où se résument les annales de huit siècles de l'histoire d'Angleterre.

Ici, la description devient impraticable, à moins de faire un ouvrage spécial. Autant cette nécropole est intéressante à parcourir, autant elle serait dépourvue d'intérêt le long d'un froid récit. On donnerait plus aisément idée des caveaux de Saint-Denis, disposés avec ordre et bien moins peuplés. Ici, tout est pêle-mêle ; la chronologie n'est pas observée, et l'on rencontre une confusion de tous les styles à travers les quatre cent soixante-quatre monuments de Westminster.

Là sont venues s'éteindre les querelles de la rose d'York et de la rose de Lancastre : ces princes qui s'entre-égorgèrent sont gisants côte à côte; Marie Stuart partage le dernier asile d'Élisabeth, les deux rivales règnent paisiblement dans l'empire des ombres, Élisabeth et Marie sont redevenues sœurs à Westminster. Les enfants d'Édouard IV ont reconquis leur place dans cet asile où l'on cherche en vain leur bourreau couronné, le sombre Richard III.

De ces chapelles, l'une des plus curieuses et la plus antique est celle qui renferme les restes de saint Édouard; elle est élevée au milieu du chœur. Ce mausolée, construit en 1269 par Henri III, pose sur de petites arches en ogive; le temps lui a donné un aspect vénérable. Près de là, se trouve la tombe de Henri III : les panneaux en sont de porphyre; elle est ornée d'une mosaïque d'or sur un fond rouge, et la statue, la première qu'on ait fondue en Angleterre, est en cuivre doré. Le monument d'Édouard III est surmonté d'un ciel dont l'azur est tombé en poussière; on entrevoit, au fond d'un plan sombre, derrière une haie de barreaux en fer, les statues couchées de ce prince et de sa femme, superposées; leurs formes indécises, estompées par les ténèbres, leur donnent l'apparence de deux corps morts. C'est là que repose Richard II. Il a quitté les cachots de la

Tour pour les voûtes de Westminster. Une voûte de feuillage, faisant pleuvoir sur un tertre de gazon des bouquets de lumière, conviendrait mieux à ce prince, qui vécut dans un tombeau.

Ils sont là tous, gardés par leurs grands vassaux, sous la protection d'une religion qui n'est plus la leur; l'encens a cessé de fumer, l'orgue est muet, les chants grégoriens ne réveillent plus les échos de la vieille cathédrale; mais le nouveau culte n'a point imprimé son caractère à cette basilique, où le catholicisme avait gravé sa marque d'une manière indélébile. On comprend que le pays légal a cessé de croire, mais qu'il n'a point changé de foi. Et que d'exceptions encore! Le tombeau de saint Édouard est écorné, rongé, écorché de tous côtés; car il passe pour opérer des miracles, et, dans la protestante Angleterre, ce fut longtemps à qui pourrait dérober un fragment du reliquaire, ou même quelques grains de sa poussière sacrée.

En ce siècle de transcendante raison, la tombe d'Édouard le Confesseur est l'objet d'une surveillance particulièrement minutieuse, ainsi que le vieux fauteuil, en bois de cèdre dit-on, qui servait jadis au sacre des rois d'Écosse, et sur lequel, depuis le règne d'Édouard II, s'assoient les rois d'Angleterre le jour de leur couronnement. C'est une chaise à bras, gothique, dont le dossier s'élève en cône, et sous le siége de laquelle est fixée la fameuse pierre sur laquelle étaient couronnés les souverains écossais.

C'était là leur principale consécration, et tout prétendant qui ne l'avait pas reçue n'était point considéré comme l'oint du Seigneur.

Qu'était-ce donc que cette pierre? Celle-là même, suivant la légende, qui, du temps des patriarches, a servi d'oreiller à Jacob, durant le songe où il vit monter et descendre les anges.

Édouard Ier, après avoir défait Baliol, transporta à Westminster les ornements royaux de l'Écosse, et se garda bien d'oublier la chaise et la pierre sainte. Mais son faible successeur rendit le tout à Bruce; Scone revit pour peu de temps ces trésors. Cette chaise-là ne s'est jamais *assise* nulle part, me disait un touriste français de beaucoup d'esprit. — Il est dans les finances.

Quoi qu'il en soit, ce meuble gothique, assez sale et peu élégant, mais qui remonte assurément au douzième siècle, belle longévité pour une chaise de bois, a contribué à la soumission de l'Écosse aux rois d'Angleterre. Le roi Kenneth avait, dit-on, tracé sur le bois la prophétie suivante :

« Where 'er this stone is found, — or Fat' es decree is vain,
« The scots the same shall hold, and there supremely reign. »

Ainsi partout où se trouvera cette pierre, l'Écossais régnera. Quand Jacques VI la transporta à Londres, les montagnards furent convaincus qu'ils réunissaient l'Angleterre à l'Ecosse.

Cette même chaise fut pour nous le sujet d'une

aventure désagréable. Dans nos rangs se trouvait une jeune dame d'un air doux, modeste et peu conquérant. Je ne sais s'il lui prit fantaisie d'appeler les clans à l'héritage de la France : toujours est-il qu'elle tira de sa poche un petit couteau de huit sous, vulgairement appelé *eustache*, et que d'un air très-innocent, elle se mit en devoir de couper un morceau du dossier du siége. Un des gardiens de Westminster lui arrêta la main, et saisit le couteau. Il y eut du bruit; nous fûmes traités de républicains, sans doute en mémoire des iconoclastes de l'école de Cromwell, et il fut question de nous mettre à la porte.

— Quel scandale! disaient les uns.

— Ce n'est que justice disaient les autres : les Anglais agissent ainsi sur le continent.

— Voilà, grommelait l'Observateur, bien du fracas pour une misère sans valeur, et que je ne voudrais pas voir dans ma cuisine! Cette fantaisie bien innocente est bizarre à la vérité; mais cette jeune femme est probablement dans une position intéressante.

La pauvre dame, rouge comme une cerise, n'osait plus lever les yeux sur ses compagnons, qui avaient pris un air sévère. Le meilleur fut, qu'en sortant de l'église elle redemanda son couteau, qui lui fut refusé et resta confisqué. Et la bonne dame, oubliant qu'elle avait essayé de dérober un des joyaux de la couronne, allait répétant :

— Garder mon couteau! Conçoit-on pareille chose! *Comme ils sont voleurs* dans ce pays-ci!...

On ne peut quitter Westminster sans mentionner le cloître, qu'on ne montre pas au public, mais dont l'accès est facile le dimanche, à l'heure des offices, attendu qu'il faut le traverser pour se rendre au prêche. Il est adossé à la nef de la cathédrale, et festonné d'arcades ogivales très-évasées (indice d'une grande ancienneté), portées sur des piliers trapus. Les quatre pans du cloître ne sont pas symétriques ; sur chaque face on a varié le dessin des arceaux. Au centre de la cour, verdoie un carré de gazon : çà et là les pieds du passant effacent quelques pierres tumulaires, où l'œil reconnaît encore des crosses et des mitres. Aux environs du cloître, j'ai cru reconnaître des constructions romaines ; mais en Angleterre, pays des pastiches, la pierre concourt avec les architectes à tromper la postérité sur l'âge des monuments : elle vieillit vite, ce qui est la coquetterie des pierres.

La merveille de Westminster, c'est la nef de la chapelle de Henri VII, broderie féerique, qui paraît enveloppée et garnie de bouillons de dentelle. La voûte est constellée de rosaces pendantes, aussi légères que des découpures en papier. Ce plafond, étrangement dessiné, a été fouillé par un ciseau fécond en caprices.

Suivant les intentions du fondateur, cette chapelle est consacrée aux sépultures royales ; les plus modernes sont réunies dans un caveau pratiqué au centre. On y remarque aussi le monument de Henri VII, dû au ciseau de Torrigiano, que les Anglais appellent le rival de Michel-Ange, sans doute parce qu'il a brisé, d'un coup de poing, le nez du grand Buonarroti. Une telle rivalité a son prix dans la patrie des boxeurs.

Cette chapelle, dont l'ornementation participe du goût oriental et du style de la renaissance, avait encore une autre destination. On y installait les chevaliers de l'ordre du Bain; c'est là qu'ils assistaient aux cérémonies, assis sur une double rangée de stalles en bois brun richement travaillées, et ornées de figurines, d'arabesques, de clochetons charmants. Ces stalles sont chargées d'écusssons armoriés, de bannières, de casques, d'épées, qui donnent à ce lieu splendide un aspect militaire et religieux à la fois.

L'ordre fut institué en 1399 par ce Bolingbroke illustré par Shakspeare, qui déposséda Richard II et monta sur le trône sous le nom de Henri IV. Deux partis divisaient l'Angleterre, et lorsque ce prince fut sacré, trente-six écuyers, ses fidèles amis, firent la veillée des armes avec lui; puis, au lever du jour, ils prirent en sa compagnie le bain où, suivant l'usage, le monarque devait se plonger avant de se rendre à Westminster. De là l'origine de l'ordre du Bain, dont les chevaliers furent portés plus tard au nombre de soixante-dix. Cette institution, réformée en 1725, par Georges 1er, fut, en 1815, convertie en distinction du mérite militaire. J'ignore sur quelle autorité quelques historiens ont faussement attribué cette fondation à Richard II.

A quelques pas de l'abbaye, on arrive au Palais de justice, en traversant Westminster-Hall, une des plus anciennes salles de l'Europe, et la plus vaste pièce qui subsiste sans être soutenue par des piliers. La façade de ce monument, sur *New-Palace-Yard*, est d'un gothique anglo-saxon très-remarquable, dont la construction remonte au onzième siècle. Westminter-Hall a 270 pieds de long, sur 74 de large et 90 de hauteur. La toiture est soutenue sur un réseau de charpentes qui ressemble à la carène renversée d'un navire, les solives en saillie, sculptées aux extrémités, et entremêlées suivant une disposition élégante et hardie, donnent à cette forêt suspendue un aspect merveilleux ; l'œil se perd parmi ces lignes étranges et dans les arcanes de ce capricieux dessin.

Cette salle célèbre a servi de théâtre à de grands événements. C'est là que fut déposé Richard II, qui, dix ans auparavant y avait traité dix mille convives. Les Chambres du Parlement étaient rassemblées, et Bolingbroke s'était assis tout proche du trône vacant. Au moment du vote, l'évêque de Carlisle osa soutenir les intérêts du jeune comte de March, issu du frère aîné de Jean de Guan, duc de Lancastre. On allait élire un roi; l'assemblée était silencieuse, et comme effrayée de sa mission, lorsque soudain l'audacieux Bolingbroke se lève, pose un pied ferme sur la première marche du trône, fait le signe de la croix, et s'écrie :

— Moi, Henri de Lancastre, je réclame le royaume

d'Angleterre, avec toutes ses dépendances, comme descendant en ligne directe du bon seigneur Henri III; et j'entends le recouvrer par la grâce de Dieu, et avec l'aide de mes parents et amis.

A ces mots, il montre l'anneau et le sceau royal, qu'il s'était fait délivrer par Richard; les archevêques d'York et de Cantorbéry le prennent par les bras, et l'aident dans la difficile action de s'asseoir sur le trône : Henri IV était proclamé.

Ce sceptre tant désiré lui fut une source de peines : son règne fut agité par des révoltes; son fils l'accabla de chagrins; à quarante-six ans, Henri expirait dans une vieillesse précoce, las du pouvoir et désenchanté du rang suprême. Comme il était à l'agonie, on le crut mort, et le prince de Galles porta la main sur la couronne placée près du lit royal.

— Ah! beau fils, dit-il en reprenant ses sens, quel droit as-tu à cette couronne, quand ton père n'en avait pas?

— Monseigneur, l'épée vous l'a conquise, et je la garderai par l'épée.

— Fais donc : Dieu nous jugera; puisse-t-il m'accorder merci!

Ce jeune prince ne la conserva que trop pour notre gloire. C'est Henri V, qui, pour la consolider, plaça sur elle la couronne de France.

Mais nous nous laissons, je pense, entraîner à la dérive : la digression n'est pas autre chose; ce terme, qui sent la rhétorique, trouvera grâce pour nos écarts.

Rentrons à Westminster-Hall : c'est là que Charles Ier fut jugé, et entendit prononcer sa sentence mortelle. Ils sont rarement gais, les souvenirs historiques de ce pays ; c'est pourquoi, sans doute, la postérité les oublie de si bon cœur. On se représente ce tribunal, groupé dans un coin de la salle immense où le peuple est entassé ; et, dans les ombres de la nuit, l'éclair de quelques épées ; un groupe de soldats qui entraînent, au milieu d'une foule ondoyante et passionnée, ce prince aux longs cheveux flottants, au regard placide, essuyant mille outrages, écoutant retentir les cris de mort, et se bornant à dire :

— Pauvres gens ! pour un schelling, ils en diraient autant de leurs chefs...

Charles Ier préoccupe souvent quand on visite Londres ; on le rencontre partout, son regard vous poursuit sans cesse. Comment rester indifférent au souvenir d'un infortuné dont Van-Dyck a retracé en soixante portraits la touchante élégie ! Van-Dyck a fait le plus doux et le plus navrant des fantômes, de cette tête qu'il aimait, qu'il a parée de toutes les grâces de la physionomie, et que le bourreau a coupée.

Autour de Westminster-Hall sont disséminés des tribunaux où l'on plaide, où l'on juge en grande perruque, comme on en portait en France durant la minorité de Louis XV. Rien de plus arriéré, de plus immuable que les usages d'un peuple si progressif en ce qui regarde les entreprises spéculatives. Ces tribunaux sont nombreux et divisés en spécialités plus marquées que chez nous. On signalerait même des restes de juridiction féodale ; la Cité possède des franchises ; son magistrat particulier, *Marshalsea-court*, institution judiciaire ressortissant de White-Hall, exerce ses attributions dans un cercle de quatre lieues autour de ce quartier, la Cité de Londres exceptée.

Un tribunal civil qui exciterait chez nous une juste et victorieuse opposition, c'est *Doctors' commons*, ou la Cour ecclésiastique : assemblée cléricale, qui reçoit le dépôt des testaments, préside à leur ouverture, et retient les causes relatives aux successions et à l'administration des héritages. Ce tribunal sacerdotal exerce aussi une action au criminel par rapport aux délits contre la religion. Voilà qui nous reporte aux us et coutumes du quatorzième siècle.

Là siége aussi la Chambre des communes, dans un taudis provisoire. Celle des lords est installée dans les nouveaux bâtiments du Parlement. Elle est petite, peu monumentale, d'un luxe écrasant, et, sauf les banquettes, rappelle de loin nos très-beaux magasins de thé : c'est un boudoir parlementaire. Les lords en séance se tiennent généralement assis sur le dos, ou plutôt sur la nuque, et les jambes plus haut que la tête. On parle de sa place, et il n'y a pas de tribune : les loges de baignoire destinées aux spectateurs sont commodes, découvertes, et presque au niveau des bancs de l'assemblée. Quant au trône de la reine, il symbolise à merveille la royauté constitutionnelle : il ressemble à une cage dorée.

Les nouveaux bâtiments du Parlement, destinés à concentrer les tribunaux et les deux chambres, sont encore en construction. Ils sont considérés en Angleterre comme la merveille architecturale du siècle, et destinés à remplacer l'ancien Parlement, incendié en 1834. Ce monument bizarre est en style gothique du temps de Henri VII; il présente, sur la rivière, une façade de mille pieds de longueur, couronnée de six maîtresses tours, dont la principale, celle de Victoria, a quatre cents pieds de hauteur. La susdite façade, à créneaux dentelés, est garnie, en outre, de clochetons grêles, sortes d'ifs en pierre. Chargé d'arabesques, de feuillages, de figurines, d'écussons qui rappellent trop les armoiries peintes sur les enveloppes du savon de Windsor, et de mirlitons enroulés de légendes, l'extérieur de ce monument manque de gravité et s'approprie mal à sa destination. C'est le plus immense joujou d'architecture que l'on puisse voir. A ce point de vue, il ne mérite que des éloges : la construction, très-animée, très-réjouissante, intéresse et séduit lorsqu'on la contemple de loin. On comprend qu'elle doit coûter des sommes folles, et voilà ce qu'il y a de plus glorieux pour les Anglais, qui vous accompagnent volontiers à Saint-Paul, dans le but de vous dire :

— Nous avons dépensé là trente-sept millions et demi.

Ne point admirer le *New palace of Parliament*, c'est leur faire beaucoup de peine. Ils ne veulent pas que ce soit un pastiche; car, disent-ils, jamais ils n'ont renoncé au style gothique, et l'Angleterre se l'est assimilé. Rien n'est plus vrai; mais ils ne l'ont point transformé ni modifié suivant leurs besoins; leurs temples mêmes sont servilement copiés sur les anciennes églises orthodoxes, sujet de douces illusions pour les catholiques disséminés dans le pays.

— N'est-il pas providentiel, s'écrient-ils, de voir les anglicans soumis à un ascendant mystérieux, préparer d'avance, à leur détriment (car ces édifices leur sont incommodes) de si belles églises au culte romain restauré !

Il est certain que le schisme anglican est une anomalie fondée sur des préjugés politiques : ils redoutent l'influence d'un clergé participant aux affaires, et le corps des évêques fournit vingt-quatre prélats à la Chambre des lords; ils trouvent une garantie contre l'esprit de corporation dans le mariage des prêtres, et l'esprit de corporation et de prosélytisme donne souvent, dans les Chambres, un ascendant invincible au clergé; la hiérarchie romaine leur paraît envahissante, et les biens de mainmorte, ainsi que les revenus de l'archevêché de Cantorbéry, s'élèvent à des proportions scandaleuses. L'influence de la famille n'est, dans la classe inférieure des desservants, qu'un instrument de misère et par conséquent de vénalité. Parmi les prélats, elle ajoute à l'étroit esprit de coterie l'instinct de la rapacité domestique, et, telle est la rigidité anglicane, que la loi, en leur accordant une compagne, ne leur donne en réalité qu'une servante. Leurs fils perpétuent des dynasties sacerdotales : leurs filles vont racoler, dans les familles où elles s'allient, des auxiliaires puissants et de nouveaux moyens d'influence.

Westminster et le Parlement m'avaient intéressé ; mais les écuries de la Reine, où l'on me conduisit ensuite, me procurèrent un spectacle ennuyeux. C'est un collége de chevaux, avec des palefreniers pédants pour professeurs. En guise de bibliothèque, on visite des salles remplies de harnais. Il y a cependant une dizaine de chevaux isabelle dont le poil ressemble à de la soie mêlée de fin duvet d'or, qui sont d'une nuance et d'un lustre presque invraisemblables. Ils servent, dans les grandes cérémonies, d'attelage au carrosse royal. Chaque bête a son nom écrit au-dessus de sa crèche ; il y en a une qui s'appelle Cromwell, une autre Voltaire, une troisième Orléans. Je pense qu'on a voulu honorer ces trois noms ; à Londres, on donnerait volontiers aux chevaux le nom de ses plus proches parents.

Fatigué de ces courses, et pris du désir de m'isoler dans cette ville, où chacun vit pour soi et se fait de la solitude une jouissance, je quittai mes compagnons, dans l'intention d'aller au *Strand* flâner et faire quelques emplettes.

Un omnibus qui venait de Pimlico, avait encore une place vacante sur l'impériale, et j'y grimpai lestement, remorqué par un monsieur qui, me reconnaissant pour étranger, me prodigua toutes les prévenances dont les dames ne sont pas l'objet dans ce singulier pays. Il se hâta de me dire qu'il parlait français, et de se mettre à ma disposition; mais, comme il vit que je savais me servir des monnaies du pays, et que je m'orientais dans la ville avec facilité, il en parut très-satisfait, n'étant pas de ces officieux qui vous feraient de bon cœur donner des coups de bâton pour le plaisir de vous défendre. Nous cessâmes de parler; la discrétion est le propre de tout Anglais, et, de ce qu'ils ne sont ni interrogants ni obséquieux, nous en concluons qu'ils ont peu d'obligeance. Rien n'est moins fondé.

Après cinq à six minutes, jugeant convenable de rendre à ce voisin la visite que sa parole m'avait faite, je lui adressai quelques mots, à mon tour, en prenant pour texte une voiture qui passait. C'était une calèche trop fastueuse pour être élégante, traînée par deux chevaux bais magnifiques. Sur le siége, enjolivé de belles franges, se prélassait un cocher en habit noir; sa cravate blanche ne faisait pas un pli; ses gants blancs étaient sans tache. Au fond, sur les coussins douillets de l'équipage, se tenait nonchalamment un homme sans habit, les bras nus, et la manche retroussée jusqu'au biceps : un tablier relevé des coins lui servait de ceinture. De sorte que le cocher avait l'air d'un gentleman qui promène un manœuvre en tenue de travail.

— Qu'est-ce que cela? demandai-je à mon voisin.

— C'est, me répondit-il, le plus riche boucher de Londres; il revient de l'abattoir, dans sa voiture, et retourne à son hôtel. Ses aïeux ont exercé le même état; son père l'a laissé pourvu de plus de deux millions de fortune, et lui, par modestie, il suit la profession de son père : un vieil usage très-honorable. Ce gentleman boucher possède quatre millions.

J'admirai cette modestie qui se résout, par piété filiale, à gagner humblement deux millions, et qui s'étale avec tant de faste plébéien.

— Chez vous, reprit l'Anglais, ces mœurs patriarcales sont inconnues, et les enfants prétendent à s'élever au-dessus de la condition paternelle.

— C'est qu'en France, l'expérience l'a prouvé, toutes les dynasties aboutissent à la ruine; tandis que, dans votre pays, elles conservent et accumulent. Mais, n'en doutez pas, nous cultiverions votre modestie, si la vertu devait trouver la même récompense. Un même état ne peut nourrir, à Paris, plusieurs générations, ou du moins le fait est très-rare. Les fortunes s'y font vite, et s'écroulent ensuite avec lenteur, si l'on se maintient dans l'immobilité.

— Le contraire a lieu ici : la persévérance est le plus sûr des moyens de succès, et la clientèle commerciale est proportionnée à l'ancienneté des maisons.

— Vous faites le commerce comme il s'exerçait partout sous l'ancien régime, et comme vous êtes d'une pruderie exagérée, vous érigez en vertu l'intérêt bien compris.

— Pruderie exagérée..., répéta-t-il en souriant ; j'entends bien votre idée ; le français est une langue où l'on peut tout dire poliment. Savez-vous, monsieur, qu'elle a eu beaucoup d'influence sur la littérature anglaise, pour le style seulement ? Shakspeare savait très-bien votre langue, et je crois qu'il en maniait plus habilement le mécanisme que vos propres poëtes. Pourquoi donc est-il si mal traduit chez vous?

— Parce que nos traducteurs ne connaissent que la langue anglaise...

— Le français est difficile, et, quand on le parle mal, on est ridicule. Tel est notre opinion ici, c'est pourquoi nous n'osons pas causer avec vous dans votre langue, et nous faisons semblant de ne pas vous comprendre, afin de n'avoir pas à répondre. Nous passons pour fiers ; nous ne sommes qu'intimidés.

Cette explication d'un fait qui m'avait frappé, comme il frappe tout le monde, me satisfit singulièrement. Risquer de faire rire à ses dépens est une idée qui répugne à la dignité britannique. Ajoutons que quand on écorche leur idiome, on n'entrevoit jamais sur leurs lèvres l'ombre d'une raillerie.

Mon homme descendait à Chancery-lane, et, soit distraction, soit ignorance des localités, il s'oubliait; je l'avertis qu'il était arrivé, ce dont il fut surpris. Il me donna la main avant de descendre, et eut soin de me recommander de veiller sur mes poches, de me défier des filous, nombreux et très-adextres à Londres. Chacun vous donne ce conseil-là, avec une sollicitude tout hospitalière.

Dès qu'il eut touché terre, je le vis regarder, à l'angle de la rue, s'il était réellement dans son chemin.

Je me rappelle qu'ayant à faire une longue course, je pris un *cab* (les Anglais font volontiers un mot avec la moitié des nôtres; cette manie, dit Voltaire, est le propre des barbares). Informé de ma destination, le cocher du *cab* me pria, avec bonhomie, de lui indiquer le chemin, et je dus lui servir de cicérone. Rien de plus naturel que de demander sa route à travers cette cité, quatre fois plus étendue que Paris. Rendre ce bon office est la principale occupation des policemen, serviteurs discrets et polis du public. La plupart du temps, le constable interpellé consulte un de ses confrères avant de vous renseigner.

Chacun sait se diriger, mais peu de gens distinguent les rues les unes des autres, et Londres, où l'on est comme étranger, n'est bien connu de personne. En général, on assigne des noms aux diverses voies publiques pour pouvoir s'y reconnaître : là-bas, le but est différent. Des rues homonymes se rencontrent dans tous les quartiers. Vingt rues, au moins, portent le titre de *Prince street*, de *Queen street*, de *York street*, etc... Puis de ces rues, les unes se nomment *lane*, les autres *road*, *place*, *terrace*, *hill*, *gate*, etc... Vous avez ainsi *Portland street*, *Portland place*, *Portland road*, *Portland square*, et de même pour les mots *Grosvenor*, *Hanover*, *Saint-James*, *Waterloo*, *Warwick*, *Westminster*, *Surrey*, et tant d'autres. Ces rues de même nom sont dispersées dans tous les quartiers de la ville. Comment deviner la situation de celle où l'on a affaire ? On est obligé de nommer la rue et le quartier, ou bien quelque autre rue notoire, avoisinante. Encore le même quartier a-t-il parfois deux rues de même nom qui se touchent. Souvent aussi les rues n'ont pas d'écriteaux, et portent des inscriptions propres à fourvoyer les étrangers.

Et c'est ce qui a égaré un Français, dont la mésaventure égaye volontiers les Anglais. Il faut savoir qu'à l'angle de nombre de rues ou de squares, l'autorité fait graver ces trois mots : « *Commit no nuisance,* » — ne commettez aucun délit. Cette inscription protectrice de la décence et de la salubrité s'énonce chez nous en termes moins couverts, et fort laids.

Un nouveau débarqué, voulant courir la ville et retrouver sa demeure, va copier sur son carnet, à l'angle de Leicester square, l'écriteau qui s'y trouve placé. Le voilà bien tranquille; il flâne tout le jour, s'égare à plaisir, et, le soir venu, s'élance dans un cab; puis, de cet air leste, capable, assuré d'un homme qui se sent comme chez lui, le Parisien jette du bout des lèvres son adresse au cocher: — *Commit no nuisance.*

Comme on le conçoit bien, le cocher se met à rire.

— Cette prononciation est terrible! se dit notre héros; on ne m'a pas compris.

Il tire donc son carnet, et avec confiance, montre l'adresse écrite au cocher, qui se pose les poings sur les hanches et se renverse en arrière à force de rire. Indignation de l'étranger; il prend à témoin les passants, qui, sérieux d'abord, se livrent à la même hilarité à l'aspect du document écrit, objet du différend. Le Français crie, s'emporte, menace; on s'attroupe, on veut s'interposer; chacun se montre sympathique, jusqu'au moment où, mis au courant, on se réjouit à qui mieux mieux. Surviennent les policemen, suprême espoir! Hélas! leur gaieté ranime celle de la foule. Enfin, un gentleman parlant français s'approche, se rend arbitre. — Voilà donc un homme raisonnable! Mais au dénoûment de l'histoire, il se désopile à son tour. Tout s'explique, non sans peine, et le Français, en partant lui-même d'un grand éclat de rire, indique la rentrée d'un chœur général.

On se met quelquefois en tête une puérilité, dont on se fait une affaire. A Londres, chacun marche armé d'une canne. Me voilà résolu d'en acheter une; mais aucune canne n'est à ma fantaisie. Je m'étais fait arrêter à Fleet street en la Cité, variété anglaise de la rue Saint-Denis, et je lorgnais les bâtons groupés en faisceaux à la porte des boutiques. A la fin, j'entre et me fais montrer un stick assez joli de loin. De près, il me déplut; j'articulai laconiquement : — *no*, et j'attendis qu'on m'en présentât d'autres.

A ma grande surprise, le marchand retourna à ses affaires; j'errais dans le magasin, il n'y fit aucune attention, et je sortis sans qu'il fît rien pour me retenir. A Londres, on ne fait pas *l'article*. Je voulus m'en assurer davantage et je franchis le seuil d'une autre maison, où je furetai dix minutes, touchant à tout sans rien demander. Pas un mot, point d'offres, ni de questions. Je m'éloignai sans desserrer les lèvres, ce qu'on parut trouver tout naturel.

Ailleurs, je me fis montrer vingt cannes, et à mesure que je les maniais, il me venait une grande envie d'aller acheter des aiguilles. Je remerciai donc le boutiquier d'un signe ; il me salua poliment, et je restai émerveillé.

Un coutelier était près de là, qui plaça devant moi des aiguilles, ce qui m'inspira le désir d'acheter un couteau. Il m'en offrit un, un seul. J'en voulus plusieurs, il les aligna, m'indiqua les prix et me laissa en repos. Alors je m'assis, et en regardant au plafond, je chantonnai, comme dit Méry, un petit air qui n'existe pas. L'artisan reprit sa lime et son ouvrage commencé. Au bout de quelques minutes, il me dit qu'il faisait bien chaud, et je répondis avec beaucoup d'à-propos : — Yes.

Tout en jouant avec les couteaux, j'en choisis un; le marchand l'examina, me dit : — Il n'est pas bon : le posa et se remit à l'œuvre

Présumant qu'il serait opportun de me relever d'un choix inhabile, j'en fis un autre avec discernement, et le coutelier, à son tour prononça : — Yes.

Il me fallait un canif, et je le demandai excellent. Le débitant chercha dans un rayon dont il tira un seul canif, qu'il mit devant moi. Et comme je demandais de quoi choisir, il me dit : — Cela est *very-good*, very-good !

Sans me refuser, il ne bougeait point et me claquemurait dans son éternel *very-good*, Ma foi, j'achetai le canif.

La monture en est soignée, et l'acier très-fin je le suppose; mais il ne coupe pas du tout.

En quittant cette boutique, je me vis accosté par une bouquetière en haillons, qui m'offrait moyennant deux pence, une touffe de roses mousseuses d'une fraîcheur admirable. Dans la belle saison, Londres est littéralement jonché de roses mousseuses. De petites pauvresses les colportent par brassées. Deux objets sont à très-bas prix dans cette contrée : les fleurs et les bonnets de coton.

Cette dernière observation, je la fis en achetant des gants dans un magasin où l'on ne vous en montre guère à la fois qu'un ou deux doigts. Il y avait là quantité d'objets de fantaisie. Il est inutile d'ajouter que les commis se gardèrent de m'achalander. Dans les maisons importantes, le patron reçoit votre argent comme ferait un commissaire du bureau de charité, et il vous remet l'objet vendu, avec un sourire digne et courtois, comme s'il vous faisait un petit cadeau.

Quelquefois ils sont si peu empressés d'étaler les babioles dont vous avez fantaisie, que l'on craint, par une sorte de discrétion, d'en priver le marchand. C'est ce qui m'advint chez un mercier parfaitement assorti en aiguilles, en petits portefeuilles, en boîtes à ouvrage. Il dissimulait tout cela de son mieux. Ce bonhomme avait une fille charmante, précieux auxiliaire chez nous, quand il s'agit d'entraîner la pratique. Dès que je parus, elle fit mine de se retirer, je la retins en lui adressant directement la parole.

Après avoir choisi quelques objets, et assorti environ quarante paquets d'aiguilles, je les indiquai au père, qui ajusta ses lunettes, et lut avec attention les adresses collées sur ces petits papiers; il en sépara quelques-uns et me fit observer qu'ils coûtaient le même prix que les autres, mais qu'ils étaient inférieurs en qualité. Il les remplaça donc et me remit le tout. Comme je m'éloignais, on me rappela; j'avais oublié mon bouquet de roses sur le comptoir. Je le pris donc et l'offris à la fille du marchand qui me remercia en français; le père me remercia aussi, et quand je fus sur le seuil, il se leva pour me saluer très-cordialement.

La connaissance était faite; ce magasin devint mon bureau de renseignements dans le quartier; j'y retournai deux ou trois fois sans rien acheter. Quand j'arrivais, le bonhomme appelait: Amely, Amely!... Et la jeune fille venait me recevoir.

Ces bonnes gens ne m'ont jamais adressé une seule question. Je m'enquérais souvent de bien des choses, en étranger qui veut s'instruire, et c'est toujours miss Amely qui répondait. Là-bas, parler est un gros ouvrage, et les jeunes filles soulagent leurs vieux parents. A ma dernière visite, miss Amely me dit : — Vous savez mon nom, et je voudrais connaître le vôtre pour causer de vous avec mon père, quand vous serez parti.

Voilà la seule fois qu'on m'ait questionné, et cette intention délicate fut exprimée d'un ton si naturel, qu'elle eut toute la grâce d'une aimable vérité. On me dit adieu, je leur serrai la main, et en me désignant par mon prénom, ils me souhaitèrent un bon voyage, après m'avoir obligeamment affirmé qu'il faut voir Londres plus d'une fois pour le bien connaître.

Telles sont les allures des honnêtes et francs bourgeois de la Cité, qui eurent jadis la douce Flandre pour berceau.

Dans ces diverses maisons, j'essayai, suivant notre habitude française, de marchander les prix. En pareil cas, le détaillant ne comprend pas tout d'abord, et croit que l'on se trompe sur le chiffre indiqué. Dès qu'il a saisi votre pensée, sa surprise est visible, et de l'air d'un galant homme que l'on humilie faute de le connaître, ou que l'on soupçonne par méprise d'une action peu honorable, il vous fait entendre avec netteté, mais d'une manière polie, que le commerce, étant trop loyal pour surfaire jamais, n'a rien à rabattre de ses prétentions. Tout cela est dans un geste, un sourire, une exclamation; mais si clairement énoncé, qu'un sot oserait seul insister.

Les marchands ambulants, ceux des marchés alimentaires, ceux qui se tiennent en caves ou dans des échoppes, les étalagistes de bimbelotteries et les cochers, sont les seuls gens que l'on puisse, que l'on doive même énergiquement marchander. La valeur de la plupart des objets que l'on rencontre chez nous dans les boutiques à prix fixe, est discutable à Londres. Tout ce qui se vend à Paris dans de grands magasins où l'on obtient des rabais, est, là-bas, tarifé à un taux immuable. En d'autres termes, chez eux, plus la hiérarchie commerciale s'élève, plus le trafic est digne et consciencieux. Le contraire a lieu ici; je préfère leur usage au nôtre.

Comme je tenais à préciser l'aspect extérieur de ces sortes de transactions particulières, sujet d'observation trop négligé et qui caractérise formellement un côté important des mœurs, je me rendis un jour dans un très-beau magasin de cachemires, de crêpes de la Chine et d'étoffes de soie, situé presque à l'angle de Ludgate-Hill. Il avait plu toute la matinée, et comme, à Londres, il pleut de la suie détrempée, et que d'ailleurs, grâce au *macadam*, on piétine jusqu'à la cheville dans une boue claire et sautillante, je m'étais affublé de mes habillements les plus vieux, les plus fanés. J'étais sans gants, avec un paletot râpé, déformé, crotté jusqu'à l'échine, et, qui pis est, coiffé d'un feutre gris très-mauvais, chapeau qui, fût-il neuf, est mal porté à Londres. Cette tenue, qui m'avait paru suffisante pour aller à la halle au charbon, en la Cité, convenait à mon expérience, dont elle m'inspira l'idée. Pour compléter la description, j'étais mouillé, et j'avais les mains noires, attendu qu'à Londres, par le beau temps, si l'on va déganté, au bout d'une heure on les a grises, et quand il pleut, la teinture du ciel vous les trempe en noir.

A la porte de ce temple de la mode, comme on disait au temps où la poésie procédait par charades, stationnait un bel équipage. J'entre en séparant deux laquais pimpants que j'aurais dû saluer. Comme j'errais, les mains derrière le dos, un commis s'avance, et se tient à ma disposition. Après avoir admiré silencieux d'admirables popelines d'Irlande, jugeant l'objet trop peu considérable, je cherche des yeux le commis qui accourt et attend avec réserve.

Je lui demande un cachemire de l'Inde vert-émeraude, en ajoutant que je tiens à la finesse de la nuance. C'était faire échec à un objet de deux à trois mille francs.

Point de surprise indiscrète, aucune observation; l'employé indique de la main le comptoir, et me suit civilement. Devant moi se trouvait une glace; mon audace m'effraya, j'étais à faire peur. Le cachemire déployé est mis sous ma main, je l'étudie et demande le prix : — 100 L. (2,500 fr.) Puis, je voulus en voir un bleu, puis un ponceau; j'avisai des crêpes de Chine, d'une valeur moindre, et les examinai. Ce que je demandais m'était présenté sans observations sur le mérite de l'étoffe, ni sur l'énormité des prix. A Paris on m'eût jugé sur la mine, et l'on m'eût offert du bon marché. Quand j'eus bien tout considéré, je dis, avec un flegme incomparable, que je réfléchirais...

Le commis inclina légèrement la tête, replia et remit en place le dernier châle, ce qui est l'habitude. On n'étale pas un nouvel article sans avoir enlevé le précédent, à moins d'ordre contraire de la part du chaland; usage indiquant à quel point on dédaigne de séduire. Donc, l'employé me reconduisit jusqu'à la porte, que je gagnai lentement, regardant à droite, regardant à gauche. Il ouvrit, me salua d'un visage placide et respectueux; puis il ferma la porte sur moi. Le marchand porte jusque-là le sentiment de sa dignité, de son devoir envers le public, et le respect *de la liberté.*

Toutefois ces épreuves ont leur péril : j'avais conçu

une passion secrète et coupable pour un joli crépon. Trois jours après, je revins, et il m'en coûta 22 liv.

Quelle différence avec nos obséquieux et impertinents courtauds, qui vous assomment de leur caquet, qui vous enseignent quel goût est le bon, et qui apprennent à une duchesse ce qui est convenable et *distingué!*

Du reste, en toutes choses, pour deviner ce qui se passe en Angleterre, rappelez-vous comment on procède en France, et prenez le contre-pied : vous toucherez juste inévitablement.

En quittant la Cité, je montai *Chancery-lane,* où recevant un coup dans le dos, je me vis assailli par dix paires de bottes... peintes sur une planche qui marchait toute seule. Un homme était derrière, servant à promener une affiche monstre. Je pris la fuite, et, traversant la Halle des avocats, monument gothique moderne, assez capricieux et d'un aspect un peu chinois, je me trouvai à *Lincols in fields,* l'un des plus grands squares et celui qui possède les plus grands arbres. Notre place Royale donne une idée de ces sortes de lieux. Là, je me souvins que j'étais muni d'une permission pour visiter le musée Soane, et laissant derrière moi le Collége des chirurgiens, j'allai frapper à la porte de cette bonbonnière consacrée aux arts.

M. John Soane, amateur distingué, légua à son pays cette collection d'antiquités, de curiosités et de tableaux, coquettement entassée dans une maison trop exiguë. Ce logis, singulièrement percé, ressemble à une série de châsses d'orfévrerie juchées les unes sur les autres. Il y a des marbres grecs et romains, et des fragments de l'école byzantine; des dessins originaux, des vases, des camées, des vitraux; quelques peintures intéressantes, parmi lesquelles on désignera une reproduction en petit, de *l'ex-voto* peint par Fra-Bartholomeo pour la famille Carondelet, et dont l'original appartient au chapitre de Besançon. Ce tableau est connu sous le nom de Saint-Sébastien. Seulement ici le donateur est remplacé par une femme à genoux.

Cette seconde version d'un tableau célèbre n'a jamais été signalée en France. Là, se trouvent aussi un Watteau splendide, honteusement perché dans un coin obscur; la *Ripa dei sciavoni*, à Venise, peinture de Canaletto, et l'une des plus admirables qui existent. Mais le principal intérêt de cette collection, que l'on recommande à l'attention des voyageurs, repose sur William Hogarth, ce maître si rare et si étrange. Ses dix toiles les plus importantes sont là formant deux séries : l'une, de quatre sujets, représente les phases d'une élection pour la Chambre des communes, dans un bourg-pourri. Ces toiles ont acquis une juste réputation. La gravure les a reproduites; il en est question dans toutes les biographies, et chacun revient de Londres sans les avoir vues, faute de savoir où les trouver.

Jamais la vie, le mouvement, l'*humour*, l'esprit

critique et la vérité ne furent poussés plus loin que dans ces ouvrages. Ils constituent une peinture de mœurs aussi attachante, aussi claire, aussi complète, que jamais écrivain satirique ait pu l'esquisser la plume à la main. Ce n'est plus une image, c'est la réalité ; on assiste à la scène, et le spectacle est si curieux, qu'on le contemplerait des heures. La lutte des deux candidats rivaux, l'animation de leurs partisans, les séductions au cabaret, les électeurs impotents ou moribonds que l'on traîne au scrutin, les *speech* en plein air, les tonneaux défoncés, les rixes, les hurras pour le vainqueur, les charivaris au vaincu, les embauchements secrets, les marchés honteux, tout cela se mêle, se démène ; chacun crie et se débat ; le drame est partout, les physionomies parlent. La nature seule peut distribuer avec clarté une série d'actions si diverses, à travers une cohue, à ce point fourmillante et agitée. Une description minutieuse et bien coordonnée de ces quatre sujets ferait un roman comique aussi complet que désopilant.

La seconde série de W. Hogarth au musée Soane, est intitulée *la Vie d'un libertin*. Le roman et le drame français intitulés *le Paysan perverti* sont issus de là. Mais l'histoire écrite par le peintre est plus dramatique, plus effrayante, et plus comique tout ensemble. On parcourt là six toiles, qui sont autant d'actes d'une pièce de théâtre philosophiquement nouée.

Près d'épouser une jolie fille de son village, un

jeune campagnard recueille une énorme succession. Le voilà aux prises avec les intendants et les gens de loi; il compte ébloui ses richesses, abandonne sa fiancée, et se rend à Londres pour mener grand train. Puis on le voit descendre, l'or à la main, tous les degrés de l'échelle sociale. Bougeoïs-gentilhomme roide et gourmé, il se jette dans la dissipation, et se dégourdit en se corrompant peu à peu. Entouré d'aigrefins, il court les brelans, s'enivre dans les mauvais lieux, se bat en duel, tombe aux mains des recors, se fait battre, voler. Sa physionomie devient ignoble; sa santé, ruinée par la débauche, le plonge dans une caducité précoce; il roule dans les prisons, tombe du vice dans le crime, et finit à l'hôpital des fous, où sa fiancée le revoit avec un mélange de chagrin et d'horreur.

Ce drame lugubre est rendu avec une énergie qui épouvante. L'action domine partout et toujours. On admire particulièrement une scène d'orgie, peuplée de femmes dégradées, repoussantes comme physionomie, et qui sont d'une beauté diabolique. On n'a jamais cloué l'infamie sur de plus jolis visages; et, quant à la valeur artiste de l'œuvre, Chardin seul peignait alors avec plus de solidité.

Les *Élections*, et *the Rake Progress*, ne peuvent se comparer qu'aux six autres toiles d'Hogarth, que nous avons admirées à National-Gallery, et qui représentent l'histoire satirique d'*un Mariage à la mode*, épopée également sinistre et burlesque, de la vie cupide et désordonnée.

Singuliers génies que ceux de ce pays, où l'art est sans traditions et sans écoles ! Shakspeare, Milton, Hogarth, Walter Scott, Byron, ont tour à tour ébloui leurs contemporains ; et ces maîtres si originaux, que rien n'avait précédés, qui n'ont rien appris de leurs devanciers, ont ouvert des voies refermées derrière eux, ont commencé, sans profit pour leur pays, des traditions qui ont soumis et régénéré l'art dans des contrées étrangères et lointaines. L'un enseigne le drame à l'Allemagne et à la France ; l'autre est le précurseur de Chardin, de Greuze, de Wilkie, et il engendre toute une classe de romanciers. Scott fonde le roman historique, et rallie une école sur les deux continents. Le chantre d'Harold inspire, au delà des mers, la muse mordante, amère, sceptique et désenchantée, qui symbolise un siècle de lassitude et d'incrédulité.

Et, chose étrange ! l'Angleterre seule n'a pas hérité de ses enfants : Shakspeare et Scott n'ont pas fait un élève ; Milton s'éteignit obscur, dédaigné ; le génie d'Hogarth est resté stérile, et la gloire exilée de Byron n'a pas même eu la puissance de lui conquérir un tombeau dans sa patrie !

CHAPITRE IV

Regent's Park. — Hyde-Park et ses escadrons d'amazones. — Promenade sentimentale à Kensington-Garden. — Usage singulier. — Effet bizarre de la civilisation anglaise. — Crémorn et ses plaisirs. — Thèse d'un théologien d'Oxford à qui la philosophie a peu profité. — Les femmes en Angleterre. — Comme quoi le sexe fort n'est pas celui qu'on pense. — Etudes de mœurs : La course aux maris. — Richmond. — Paysages. — Hampton-Court et le cardinal Wolsey. — Anecdote. — Raphaël, Holbein et la galerie de Hampton. — Souvenirs historiques. — *The great Hall*. On y représente *Henri VIII*, ou *la Chute de Wolsey*, de Shakspeare. — Rapprochements curieux ; impressions et réflexions.

Dans la plupart des villes, ce qu'on nomme vulgairement la société adopte un lieu de promenade où chacun est assuré de trouver tout le monde à une certaine heure. Paris eut tour à tour le Pont-Neuf, la Place-Royale, le Cours-la-Reine, le boulevard du Temple et le jardin des Tuileries. Aujourd'hui, l'on ne se cherche plus, on se rencontre dans les rues ; on ne sort guère sans un prétexte, et la promenade à pied n'est plus qu'un exercice hygiénique auquel on se livre irrégulièrement et çà et là. Rien ne dépeint plus nettement la dispersion de la société française, où chacun vit en pied à terre et n'est posé qu'en camp volant.

A Londres il en est autrement. Durant la belle saison quatre parcs sont ouverts à la foule des promeneurs : Green-Park et Saint-James sont dévolus à la petite bourgeoisie, qui allant à pied et ménagère du temps, ne peut affronter de longues distances. Les gens riches, possédant équipage, arpentent les vastes pelouses de Regent's Park, et surtout de Hyde-Park; dans chacun de ces grands pâturages, plantés d'arbres séculaires, il existe un lieu de rendez-vous général où l'on quitte sa voiture. Au parc du Régent, ce sont les jardins botanique et zoologique; à Hyde-Park, c'est le jardin de Kensington, séparé du parc par un large cours d'eau artificiel, connu sous le nom de *Serpentine-River*.

Ces grands espaces, qu'on met près d'une heure à traverser, semblent terminer la ville et commencer la campagne; ils absorbent des pentes, des vallons, des coteaux, et quand on arrive à l'extrémité, on voit avec stupeur les maisons reparaître, les rues étaler leurs longues perspectives, et l'on s'ébahit des proportions gigantesques d'une capitale qui, quatre fois plus étendue que Paris, s'accroît chaque année de plus de deux mille maisons.

Chez nous on se plaît à se grouper ; l'Anglais aime à se répandre et à parcourir de longues distances. Les quartiers élégants, percés de rues larges comme nos boulevards, et dépourvus de boutiques (car il est *improper* et peu confortable d'habiter sous le même toit qu'un marchand), les quartiers de luxe occupent plus du tiers de la ville. Là, chacun habite sa maison et possède un équipage. Toute voiture implique un revenu de 60,000 francs au moins : on compte quatre-vingt mille voitures. Et comme on ne les laisse guère se couvrir de la poussière des remises, chaque jour, de quatre à six heures, quarante mille équipages environ sillonnent les rues, les places et les allées des parcs.

Voici l'itinéraire des promenades les plus étendues : gagner, par Regent-street, par Devonshire et les artères adjacentes, New-road, Portland-place, et de là se précipiter dans les allées montueuses du parc du Régent, pour redescendre, soit à l'entrée du Jardin zoologique soit à Botanic-garden ; puis, vers cinq heures, deux fois la semaine surtout, remonter en voiture, gagner la rue d'Oxford, et se rabattre sur Hyde-Park, où l'on entre par *Cumberland-Gate*. On y rejoint la cohue vraiment surprenante des voitures et des calvacades, rassemblées par centaines, autour de Kensington où des nuées de femmes se promènent à pied, à travers les pelouses et sous les grands arbres, au son d'une musique militaire.

Ce spectacle est unique au monde. Il me fut donné d'y assister d'une manière originale et charmante. Un certain mardi, ayant été rendre une visite du matin dans une maison où j'avais été prié à dîner, il se trouva que j'arrivai fort à propos. Lady B*** était indisposée, et son mari, magistrat sérieusement occupé de ses devoirs, était dans l'impossibilité de conduire ses filles au jardin de Kensington. Ma présence arrangeait tout; je ne comprenais guère comment.

Mais au bout d'une demi-heure on vint me prévenir au salon que ces demoiselles étaient prêtes. M. B*** se leva, je quittai mon fauteuil et, saluant la maîtresse de la maison, je suivis son mari. On descend; la porte était ouverte, et je reconnais, dans la calèche attelée, les deux jeunes personnes. Tandis que leur père échangeait avec moi quelques mots sur le seuil, on appela la plus jeune des deux sœurs, et après dix minutes d'attente on revint prévenir qu'il survenait un empêchement et qu'elle me priait de l'excuser. M. B*** m'accompagne jusqu'à la portière, je monte, il la referme sur moi, et fouette cocher! Me voilà en route pour Hyde-Park, en tête-à-tête avec miss Mary.

Certes, les situations imprévues ont leur charme, mais leur embarras aussi. Plus ma compagne était jolie, et l'on en voit peu de si charmantes, plus la position était singulière; mais je compris qu'elle l'était pour moi seul, et dans mon for intérieur, je m'*anglaisai* de mon mieux pour me raffermir. Depuis, j'en causai avec un officier de mes amis, et comme il me voyait étonné, il crut comprendre que l'on m'avait fait l'honneur de me confier à la promenade la mère de ces demoiselles.

— Non, lui dis-je, il s'agit de la jeune miss...

— A la bonne heure, reprit-il ; eh bien que trouvez-vous là de singulier?

J'aurai souvent à le redire, tout se passe au rebours des coutumes françaises. Toutefois, il convient de l'avouer, cette liberté des anciennes mœurs, conservée par quelque anciennes familles, tend à se restreindre ; les usages français pénètrent peu à peu dans la vieille Angleterre. Quant à la confiance dont j'étais l'objet, elle est une marque d'estime, et l'homme qui tenterait d'en abuser se verrait mis au ban de la société.

Aussi, par une conséquence naturelle, ce tête-à-tête public avec une jeune fille ne pouvait en rien la compromettre, attendu qu'aux yeux de ses connaissances intimes il impliquait le caractère honorable de son compagnon. Cette belle enfant devenait pour moi un porte-respect.

Et gardez-vous de supposer que cette austérité couverte de roses implique la rigidité de la forme; point. La conversation entre nous s'établit sur un texte sentimental, sans mélange de galanterie directe. On navigua en touristes désintéressés le long du fleuve Tendre, examinant les méandres de l'onde, sans y tremper les doigts.

Tel est l'usage; on disserte volontiers sur ces jolies et redoutables questions avec les jeunes filles, en présence de leurs parents, sans que la mère de famille prenne une part active à des sujets qui ne la concernent plus et qui paraîtraient légers dans sa bouche. C'est le droit et le privilége des demoiselles, et il est bon qu'il en soit ainsi, puisque l'expérience et le discernement leur sont nécessaires. Arbitres de leur sort, elles choisissent leur époux; chez nous on marie les filles, là-bas elles se marient elles-mêmes. Cette distinction, comme on le verra, engendre des mœurs complétement différente des nôtres.

Ayant pénétré dans Hyde-Park, notre voiture prit la file et bientôt forma l'un des grains de ce double collier d'équipages qui embrasse la circonférence du parc. Au milieu de l'allée galopaient quelques cavaliers rendant visite aux attelages; car l'équitation a son champ sablé, large et aussi bien approprié que le turf d'un manége. D'ordinaire, ces écuyers se réunissent en groupes; on trotte avec sa société. On voit plus de femmes que de cavaliers; parfois, charmant spectacle! un escadron d'amazones, dont les jupes traînent jusqu'à terre, passe comme une vision sous vos yeux éblouis de tant de gracieux visages, de la souplesse, de l'aisance, de la hardiesse de ces belles personnes et de la finesse de leurs chevaux.

Tandis que nous nous rendions au petit pas à Kensington-Garden, un jeune homme nous accosta, salua miss B***, et prenant l'amble, se tint quelques minutes à côté de la portière. Après quoi, il nous quitta par discrétion, un peu à regret, si je ne m'abuse. Au profond respect qu'il témoignait à miss

Mary, à l'aisance de cette dernière, j'ai cru deviner un fiancé, et quelques indices m'ont confirmé dans cette supposition. Il s'éloigna pourtant, sans témoigner aucun déplaisir, et c'est à peine s'il regarda le compagnon de sa future.

On arrêta la voiture au pied du pont élevé sur la Serpentine que sillonnait une flottille de yoles et de batelets. Là nous descendîmes; Miss Mary accepta mon bras et nous nous perdîmes dans la foule.

J'ai entendu évaluer à quarante ou cinquante mille le nombre des personnes qui, les jours où l'on fait de la musique, peuplent Hyde-Park et le jardin de Kensington. Il serait difficile de trouver une meilleure occasion de passer en revue les éléments dont se compose la société élégante. Deux à trois mille femmes se pressaient sur la pelouse et circulaient sous ces larges tilleuls, sous ces hêtres et ces chênes dont les rameaux, vierges de la serpe, plafonnent très-bas sur la tête des passants. Çà et là des groupes étaient assis sur des chaises ou accroupis dans l'herbe. Un troupeau de moutons d'un embonpoint inconnu chez nous tondait la prairie, et des vaches ruminaient d'un air philosophe, mêlées à la foule des promeneurs. Les bouchers de Londres possèdent de nombreux troupeaux et afferment, jusque dans les jardins de la reine, des portions de pâturages où ces bêtes s'engraissent tout en améliorant le sol qui, constamment fumé, reverdit sans cesse. Rien de plus singulier que de se sentir au milieu d'une grande ville, de s'égarer parmi des prés-bois, et d'embrasser dans le même coup d'œil les équipages à la Daumont et le rustique bétail, les brebis, les chèvres, et les belles promeneuses chamarrées de soie et de dentelles.

De cinq à six heures, Kensington est très-brillant, et l'amour des nuances claires, qui s'étend à toutes choses, donne aux toilettes un air de fête. Beaucoup de robes blanches ; le blanc est un luxe recherché dans ce pays de fumée, où le linge roussit en trois heures. Du reste, le goût a fait des progrès sensibles. On rencontre des femmes parfaitement mises, en dépit des fantaisies audacieuses qu'elles se permettent à l'endroit des oppositions de nuances ; tendance dont les résultats ne sont pas toujours heureux. Ce qui donne aux Anglaises une démarche un peu bizarre, c'est l'usage où elles sont de renfler leurs jupes, du haut en bas, en les garnissant de cercles de baleine, parfois même de fil de fer. Ces robes se balancent comme des cloches en branle. On n'a rien dit d'exagéré à propos de la beauté des femmes ; une assemblée d'Anglaises réalise le paradis de Mahomet : je marchais d'admirations en surprises, très-fier de ma compagne qui rivalise avec les plus accomplies. Autant les Anglais ont l'air modeste et réservé, autant les jeunes filles ont le regard assuré, bien que l'expression en soit douce. Leurs beaux yeux se fixent avec aplomb sur les passants qui vont la paupière baissée, en apparence indifférents à tant d'attraits. — Qu'est-ce qui vous a le plus frappé à Londes? me demandait miss B***

— La froideur de vos compatriotes à l'égard du beau sexe, et la vivacité de leur passion pour les chevaux.

Autour des musiciens stationnaient, rangées en ordre de bataille, cinq à six cents amazones à cheval, et des jeunes gens papillonnaient auprès d'elles; la fanfare terminée, tout s'envolait, et tout revenait à son poste aux premières mesures du morceau suivant. Oncques ne vis cavalerie plus meurtrière. L'équitation est le plaisir de tous; on voit passer sur des chevaux de race, fringants et pleins d'ardeur, des octogénaires, des enfants de dix à douze ans, et des mères de famille suivies à distance de leur fille avec son prétendu.

Au détour de l'allée, miss B*** aborda une de ses tantes qui a de très-grandes dents; on échangea quelques propos : la bonne dame n'était pas seule, je lui fus nommé, et après avoir salué, nous continuâmes notre promenade en tête-à-tête, sans nous réunir à la famille de miss Mary. A six heures et demie, nous regagnâmes la voiture, qui toucha à l'hôtel de B*** et je pris congé.

A Londres, les Français sont atteints de deux préoccupations fréquentes, qui ont nos préjugés pour mobiles. Habitué à se considérer partout comme le premier peuple du monde, à éblouir les uns, à dédaigner les autres, à étaler en tous lieux le confiant orgueil de sa suprématie, le Français, en foulant le sol britannique, subit l'impression d'une grandeur qui ne lui est point empruntée ; il s'étonne à l'aspect d'un peuple aussi remarquable que notre peuple, aussi original que lui, et portant à un degré plus fier encore le sentiment de sa prééminence. Alors nos compatriotes deviennent inquiets ; l'intolérance de leur foi nationale se mitige, ils s'intimident, se trouvent mal à l'aise, et, pour la première fois, s'observent et se contraignent. Cessant de se croire chez des esclaves, comme en Italie ; chez des vassaux comme en Belgique, ou chez des aubergistes, comme en Suisse ou en Allemagne, ils s'assimilent à des souverains visitant d'autres souverains, et, par une déférence forcée, leur rendent un hommage involontaire.

On n'éprouve ailleurs rien de semblable. Bien que nous portions là l'indépendance de nos allures, nous y devenons circonspects. Ces hôtes, au surplus, nous honorent d'une attention significative, eux, systématiquement insoucieux du reste des humains. Nos opinions à leur sujet les préoccupent, et la pensée française les rend attentifs. Il me fut donné de trouver un autre sujet d'amour-propre dans l'attitude des étrangers appartenant à des nations autres que la nôtre : ils se font enthousiastes ou amèrement dénigrants ; mais, en réalité, leur manière d'être est flagorneuse et servile. Il est certain que, à examiner matériellement les choses, la France est le seul État qui puisse faire compte de ses splendeurs en présence de la grandeur britannique.

Un autre sujet de méditation qui nous trouble dans nos préjugés, et contribue à accroître les impressions assez délicates dont nous essayons de dépeindre la nature, c'est celui-ci : nous nous considérons à juste titre comme un peuple dont les idées sont très-avancées, dont la civilisation est fort accomplie. Dégagés de tout préjugé gothique, ayant soumis nos usages au raisonnement, logiques dans nos mœurs, enclins à considérer les us et coutumes de notre société comme le symbole achevé de la perfection des sociétés modernes, nous avons étayé nos opinions sur des principes qui nous paraissent enracinés dans la nature et fondés sur la vérité. Or, nous reconnaissons, en Angleterre, un pays aussi civilisé que le nôtre, aussi fort, pour le moins, sur les théories, plus habile peut-être dans la pratique; et ce peuple, étrange anomalie! pense en toutes choses autrement que nous, vit d'une autre manière, possède des mœurs différentes et arrive à sa perfection par des procédés tout contraires!... Les relations sociales n'ont pas les mêmes bases, la physionomie des villes est sans analogie avec celle de nos cités; la structure, la distribution des maisons implique des coutumes opposées : enfin, à Londres, on se sent à mille lieues du continent européen, et l'on s'y voit tout aussi près qu'en France, de l'apogée de la civilisation.

De là un bouleversement bizarre de nos idées reçues, une anxiété curieuse, obsédante, et un scepticisme soudain, qui se prenant à tout, se révèle à tout propos. — De quel côté du détroit doit-on chercher cette sagesse, que chacun a le tort de considérer comme une et absolue? De quel côté germent les préjugés, fatal objet de nos dédains? Quel sera le juge? où trouver la loi, et comment l'appliquer? Gonflés de l'utopie de leur infaillibilité, les esprits légers se raillent lourdement; ce sont eux qui ont daigné nous instruire, et sur leur foi, nous parodions sans comprendre. L'Angleterre en est au même point; elle possède aussi, depuis quelques années, cet instrument de routine et d'aveuglement que l'on appelle une brillante littérature; elle connaît à merveille ces Chinois de vaudeville que Byron, d'Israëli, Bulwer, Dickens, et quelques autres écrivains ont offerts, en guise de Français, au béotisme contemporain. Nos peintres de l'Angleterre ont enluminé pour nous des panneaux aussi sincères.

Il y a donc là-bas beaucoup à méditer et bien des préjugés à rabattre. Si le voyage de la Grande-Bretagne n'est pas le plus frappant comme spectacle extérieur, ni le plus curieux pour les natures sensitives, il est assurément le plus philosophique et le plus utile. Mais il faut s'adonner à la recherche des causes, et se donner carrière en partant de ce précepte : — Rien n'est absurde à plaisir, rien n'est faux dans une proportion absolue, et il n'est pas d'usage si bizarre, qui n'ait pour fondement une raison discutable et plausible.

Loin de moi la folie de me donner pour sage, en

avouant que ces sortes de réflexions me harcelaient, après que j'eus quitté miss B*** — Que ces Anglais sont singuliers! m'étais-je dit; a-t-on jamais vu jeter la bride sur le cou à des demoiselles!...

Or, miss Mary avait paru non moins surprise que, chez nous, les jeunes filles vécussent en tutelle, et que la liberté naquit du mariage, qui, dans leurs mœurs, y met fin. Où est la prudence? où est la raison? Les moyens sont divers, le but est le même, et qui plus est, les résultats se balancent. La France et l'Angleterre sont, par excellence, des pays d'honneur et de moralité. Cela soit dit à l'étonnement des deux nations, qui ont étudié nos mœurs dans les vaudevilles et les romans.

Revenu de mon étonnement au sujet de la manière de vivre des femmes, ce qui restait obscur à mes yeux, c'était ce qui concerne les hommes, leurs principes, leur éducation, et les moyens employés pour les investir de la responsabilité austère qui, de toute évidence, doit être leur partage. Cette transposition des rôles avait sans doute sa garantie, ses avantages, qui comportent un renversement radical de nos communes opinions. Tout en posant ces questions complexes, qui me tinrent compagnie pendant que je dînais, et me poursuivirent dans la rue, je gagnai Suffolk street, résolu d'aller demander la lumière à mon ami Lyonel Banks, théologien protestant d'Oxford, que j'avais connu flegmatique à Paris, morose en Allemagne, et que je retrouvai gai comme un roitelet, dans le pays du spleen. M. Banks a trente ans, et quelque fortune ; on le destinait au ministère ; mais, quand il eut soutenu ses thèses, il vit le monde, se dissipa quelque peu, puis s'éprit de la manie de voyager, et, à son retour, ne parla plus de rien.

Au premier mot, notre théologien effarouché entrevit mon dessein, et affecta de détourner la conversation. Comme j'y revenais par un sentier perdu, il la rompit en me proposant d'aller à Crémorn. — Venez, dit-il avec insistance ; il y a là des lampions, des arbres, du monde et des violons. Rien n'est plus commode pour causer sans s'écouter.

Crémorn est une institution analogue au Château-Rouge, sauf que les jardins, beaucoup plus vastes, égayés par une belle pièce d'eau, reçoivent des populations entières. Cet établissement, qui rivalise avec le Vaux-Hall, placé presque en face sur l'autre rive de la Tamise, est situé à l'extrémité occidentale de Londres.

On y voit affluer des gens de toute sorte, étudiants et commis, grisettes et bourgeoises, militaires et pasteurs évangéliques, jeunes dissipés, pères de famille flanqués de leur ménagère, écoliers et bonnes d'enfant ; Crémorn accepte tout. Au fond, c'est un lieu de distractions fort mélangées ; mais sainte est la liberté dans sa mère-patrie, et la pruderie des bonnes gens de Londres, si faussement vantée, ne s'effarouche de rien.

Ainsi que le Vaux-Hall et quelques autres jardins,

Crémorn réunit tous les genres d'amusements; on passe de l'un à l'autre méthodiquement, au son d'une grosse cloche, agitée par un quidam qui montre le chemin, et que chacun suit en courant.

Lyonel, obstiné à se taire, avait été fort adroit, le traître! A peine arrivé, comme je me dirigeais vers un bosquet : — Écoutons un peu la musique, me dit-il.

Quand ce filet de vinaigre eut tari : — Vite au théâtre, si nous tenons à trouver place!

Un vrai théâtre, ma foi! où l'on se précipitait à la suite du sonneur, et où nous vîmes jouer une farce au gros sel, entremêlée de pierrots, d'arlequins, de policemen et de soldats de l'autre siècle. Il y avait des cascades, des pics neigeux, voire des ours blancs... en pantalon de basin. C'était l'histoire cosmopolite d'une passion dédaignée, errante, et généreusement émaillée de coups de pieds... partout. L'amoureux mimait, Colombine était danseuse; le reste de la troupe chantait à tue-tête. Survint, pour conclure, le diable en maillot rose, avec des cornes dorées; il enfourcha, il fut enfourché; on le déguisa en cuisinier, on le fourra dans un tronc d'arbre, comme un couteau dans un étui; mais il ne se tint pas pour battu, et, sous la perruque d'un attorney, il apporta le dénoûment. Si vous y comprenez quelque chose, j'ai fort mal rendu compte de l'impression que la pièce m'a laissée.

En sortant de la salle, comme je cherchais un biais

pour rentrer en matière, la sonnerie maudite retentit à mon oreille, et Lyonel, prenant son élan, me cria : — Suivons, suivons la foule !

Quelques poteaux, disposés en rond au milieu d'une grande salle, et autour desquels on avait tendu un cordeau interceptant un cercle, improvisaient un autre théâtre, bordé d'un quadruple rang de curieux. La scène était occupée par un petit homme vif, maigre, hâlé, leste, roulant des yeux tour à tour blancs et noirs, et agitant des bras terminés par des manches retroussées, d'où sortaient de larges pattes velues, armées chacune d'un petit marteau. Devant ce drôle il y avait une table couverte de briques de divers formats, couchées sur des fils de laiton, espacées entre elles et distribuées suivant un certain ordre. On fit silence, et nous fûmes régalés du divertissement le plus anglo-saxon.

L'homme frappa deux ou trois coups de marteau sur la brique, qui rendit le son aigu, grêle et clair, que l'on tire d'une tuile en la taillant à petits coups. C'était un prélude : soudain les marteaux frappent en mesure avec volubilité, on reconnait le dessin d'un air de musique. Ce qu'on exécutait, c'était un solo de briques à l'usage des oreilles de ces insulaires. Il faut être Anglais pour imaginer et pour goûter un pareil instrument. Le concertant offre cette particularité d'être le seul *musicien* de la contrée que j'aie entendu jouer en mesure. Son travail peut se comparer à la fantaisie d'un tambour en goguette singeant l'harmonica. Un moment après, les briques furent remplacées par de petits cylindres en bois blanc, équilibrés sur champ, et pareillement taillés de façon à produire sous le marteau les notes de la gamme. Et l'aride mélodie recommença plus sèche encore et plus compliquée de trilles, de roulements et de fioritures de bûches. La sonorité était moindre, la vibration plus étranglée; cette nouvelle harmonie de sac de noix, digne de faire danser sur leurs queues des serpents à sonnettes, excita dans la foule un frénétique enthousiasme. Ernst, Heller ou Liszt, ces artistes admirables, ces belles âmes chantantes, n'auraient pas eu beau jeu, s'ils se fussent fourvoyés à la suite de ce roi des musiciens britanniques.

— Maintenant, dit Lyonel, sans me laisser respirer, allons nous rafraîchir avec du *gingerbeer*.

Au centre d'un espace bien battu et parfaitement aplani s'élevait un pavillon chinois rempli de musiciens, qui entamèrent un quadrille. L'aire se remplit de danseurs, et les tables, dont elle était encadrée, se garnirent de buveurs. Nous nous assîmes, on déboucha deux fioles ovales qui se posent sur le flanc; une mousse claire et pétillante jaillit, et je crus savourer une limonade assaisonnée de poivre ou de piment en guise de citron. La boisson à la mode est une combinaison du sucre, de l'eau de Seltz et du gingembre, épice des plus combustibles. Ce rafraîchissement agréable vous met le palais en feu.

Cependant, Lyonel Banks s'obstinait à m'échapper

comme Protée de décevante mémoire. Quand il me vit reprendre le texte qui me préoccupait, il s'élança, saisit la main d'une jeune fille, et se livra à une polka échevelée, qui me le rendit trop essoufflé pour articuler une syllabe. En Angleterre, on danse des reins, des épaules et à contre-mesure. La jeunesse frivole essaye des pas d'une correction douteuse au point de vue des convenances, ce qui n'empêche pas d'honnêtes boutiquiers de marier la danse orthodoxe des familles à la fantaisie des bacchantes. Honni soit qui mal y pense! Personne ne s'occupe des gestes de son voisin.

Un dernier coup de cloche nous envoya au feu d'artifice; puis tout s'éteignit et minuit sonna : l'heure des crimes et des confidences. Par bonheur, il nous fut impossible de trouver un cab, et il fallait une heure de marche pour regagner nos logis. La nuit était sombre, l'air étouffant, et tout en causant de la pluie et du beau temps avec mon théologien, je me disais :

— Il ne m'échappera pas !...

Il cheminait vite, et, ce qui chez un Anglais est le signe d'une certaine préoccupation, il chantonnait à demi-voix. Bientôt il se mit à sautiller; l'entrain de la danse commençait à le prendre une demi-heure après la fin du bal, symptôme alarmant; il était homme à s'égayer tout seul et à folâtrer dans les rues jusqu'à l'aurore. Pour le lester, je m'emparai de son bras. — Je suis ravi, lui dis-je, d'avoir vu

Crémorn, pour être certain de n'y plus retourner. J'ai déjà visité le Vaux-Hall, où l'on entend chanter des demoiselles fort grimacières, et des comiques hors d'âge, vêtus comme des magistrats; où l'on assiste à des exercices d'équitation, et où le feu d'artifice, grâce à une ville entière de monuments en carton, représente l'incendie de Moscou. En dépit de ces inventions, c'est dans les lieux de plaisir que l'ennui me navre, sous votre beau ciel d'entresol. Vous ne savez point vous divertir, et quand vous procédez méthodiquement à la récréation, vous me révoltez.

— Vous êtes un philosophe désenchanté.

— Et vous, comme tous vos compatriotes, un théologien perverti. De quel droit recourez-vous à des distractions qui ne vous conviennent pas, et dont votre sang-froid trahit le vide misérable? Chez nous, dans ces lieux de dissipation, la folle verve de la jeunesse apporte au moins l'étourderie pour excuse. Ici, vous êtes de glace, vicieux par calcul et enclins au mal de parti délibéré. Soyez donc naïvement ennuyés, c'est là ce qui vous plaît, et restez dans la dignité de votre froideur, puisque telle est votre nature.

— Notre seconde nature, tout au plus; et encore... Considérez que notre éducation, fondée sur un seul principe, l'indépendance, a pour but de nous isoler et de nous mettre à l'abri de toute espèce d'attachement. A sept ans, l'on nous met aux mains des instituteurs, et nous voilà sequestrés dans un appartement, vivant à part, mangeant à part, et ne saluant nos parents qu'une fois par jour dans leur salon. Notre mère surveille l'éducation, nos pères ne nous caressent jamais. S'ils sont occupés hors du logis, s'ils voyagent, ce qui est fréquent, nous les voyons à peine. Une grande faveur, c'est de dîner avec eux une fois par hasard ; ils viennent alors goûter avec nous, et il nous est enjoint de bien observer notre tenue et d'être réservés. Nous atteignons ainsi l'âge des études universitaires, où il faut quitter sans regret la famille que nous ignorons, et des parents que nous ne connaissons pas. Déjà nous vivons en nous-mêmes et pour nous seuls. Voilà pourquoi nous sommes des oiseaux de passage tout prêts aux émigrations lointaines, et comment il se fait que l'Angleterre s'éparpille si aisément à travers le monde. Mais puisque ces inclinations, puisque ce détachement sont les causes premières de la puissance anglaise, l'éducation a raison.

— En France, tout marche à l'opposé : le bonheur a les affections pour mobiles.

— Et parmi nous, il a pour condition leur absence. Chaque famille compte les enfants par douzaines ; d'où la nécessité de constituer dans chaque maison uue salle d'école. L'une des conséquences de la fécondité de nos mères, c'est la naissance d'une quantité considérable de filles. Leur nombre, pour la seule population de Londres, excède de deux cent mille le chiffre des garçons. Il en résulte qu'elles ont à chercher des maris, et que le rôle des jeunes gens consiste à défendre leur liberté. Ajoutez à cette cause matérielle l'effet des principes religieux, né des démêlés d'Henri VIII avec sa première femme, et allaité du sang de deux reines qu'il a fallu calomnier pour les perdre. Persécuté sous Marie Tudor, et depuis sous les derniers Stuarts par l'influence des femmes, retrempé d'ailleurs et endurci par les traditions de la Bible, le culte anglican est rude au beau sexe qu'il enchaîne, et contre les séductions duquel il met l'homme en garde avec une persévérante obstination. D'Ève à Dalila, les saints livres sont pleins d'exemples terribles. Pour nous, la femme est l'ennemie du genre humain ; elle tient l'âme affaiblie et la liberté en péril. Qu'un poëte, chez vous, s'écrie, à propos de poules : « Amour, tu perdis Troie ! » on rit de l'allusion et l'on n'y pense plus. Cette plaisanterie chez nous ferait le texte d'un bon sermon. Lorsqu'on me fit traduire cette fable de la Fontaine, j'avais douze ans ; ce vers arrêta mon précepteur, qui leva les yeux, soupira et dit avec conviction : — Hélas, il n'est que trop vrai !...

— Pauvre cher homme ! cela est fort touchant.

— Voilà bien nos Français rêvant des sentiments partout... Ce bon homme en parlait comme du diable que l'on craint sans l'avoir javais vu. L'honorable master Fortibus n'aima jamais que le porter et le bœuf rôti.

— Poursuivez, mon ami, vous m'intéressez vivement.

Il me semblait, non sans raison, que sous cette forme vague et générale, Lyonel esquissait le côté moral de sa propre histoire : il ne fallait pas s'en douter; un Anglais n'aime point à parler de lui.

— Comment se voir sans frémir, poursuivit-il, entouré d'un si prodigieux amas de filles à marier, comme nous élevées dans le principe de l'indépendance, comme nous isolées dans leur famille et habituées à considérer le célibat comme la pire des disgrâces ! Discrètes et peu confiantes, elles n'ouvrent pas volontiers leur cœur à leurs mères. Objets de la défiance des hommes, pourvues de l'instinct d'opposition et de lutte inné à leur sexe, elles doivent triompher de nos préjugés et s'efforcer à plaire, sous peine de rester filles; car nul n'ira choisir pour elles, et la concurrence est très-grande. Aussi, qu'arrive-t-il? Que nos mères et nos sœurs aînées, éprises pour nous d'un tendre intérêt, nous fortifient contre les séductions, nous endurcissent le cœur, et nous servent de mentors; tandis que les jeunes filles, pratiquent à peu près, mais à honnête fin, ce que chez vous les jeunes gens ont coutume de se réserver, l'art de séduire et de subjuguer les cœurs. Vous voyez combien cela est austère et moral !

Cette conclusion imprévue me causa un accès de gaieté.

— Comment ! reprit le théologien, vous ne rendez-

pas justice à la supériorité de nos usages ! vous qui mariez les filles sans les consulter, sans leur permettre de connaître l'homme dont leur destin doit dépendre ; vous, en un mot, qui entourez cette union de si peu de garanties, que vos mœurs, contraintes à sacrifier le cœur aux intérêts, rendent à la femme la liberté qu'elle a abdiquée au pied des autels ! Vous en êtes encore à la barbarie.

— Franchement, répondis-je, vous me faites l'effet d'une tribu de sauvages.

— Réfléchissez pourtant ! Parmi nous, le mariage librement consenti, et avec connaissance de cause, a l'inclination pour mobile et non l'intérêt, ce qui le rend véritablement évangélique, et en fait un instrument providentiel de nivellement et d'égalité. Puis, des unions ainsi contractées, entre époux qui ont pu s'étudier librement et s'assurer de leurs goûts, de leurs caractères mutuels, de telles unions sont bien assorties, exemptes de caprices, de mécomptes, et, je puis le certifier, les mauvais ménages sont très-rares parmi nous. Il n'en est pas de même sur le continent.

— Non, si vous croyez aux exagérations des romanciers ; mais la vertu est aussi commune en France que dans votre île.

— J'y consens ; toutefois, observez que chez nous la liberté des jeunes filles est sans inconvénient.

— Moyennant le soin qu'on se donne, ainsi que

dirait Madame de Sévigné, de passer vingt ans à vous fricasser le cœur dans la neige.

— Où est le mal? Nous sommes d'excellents maris. De plus (il n'est aucun usage sans sa raison suffisante), nos femmes, en se mariant, abdiquent une liberté que les vôtres acquièrent. Donc les vôtres ont besoin de distractions, tandis que les nôtres s'en passent à merveille. De quel côté est le bonheur?

— N'entrons pas dans un ordre d'idées si profond. Vous m'expliquez comment on m'a confié, ce matin, au Jardin de Kensington, une charmante jeune fille, et...

— Quoi! c'est pour si peu que vous m'induisez depuis une heure à ces dissertations? Vous n'avez pas compris que miss B*** doit fortifier sa raison par l'expérience, et qu'en fréquentant beaucoup de monde, elle acquiert assez de maturité pour se mettre à l'abri des erreurs de l'imagination, et de la séduction des caprices? Heureux l'homme qu'elle jugera digne de sa préférence! Riche ou pauvre, il obtiendra sa main; mais soyez assuré qu'il ne l'aura point éblouie.

— Vous me faites comprendre pourquoi les Anglais sont timides, un peu ombrageux, circonspects, peu galants; pourquoi ils vont les yeux baissés, indifférents à la beauté des femmes, et avec l'apparence d'une froideur prononcée. Vous êtes, messieurs, les demoiselles de l'Angleterre!

— Exercés à triompher de nos inclinations et à les prendre au sérieux, nous n'en faisons jamais un trophée ; notre jeunesse, nous la passons librement dans l'intime société des jeunes filles, invités à la défiance, et préparés à imposer silence à notre cœur.

— Mais la nature...

— Il faut la vaincre, et cela, partout. La religion enseigne-t-elle autre chose! Qu'est-ce qu'une âme élevée, sinon celle qui sait se maîtriser? Seulement, ici, le fardeau de la souffrance et des combats douloureux pèse de tout son poids sur le sexe fort. Notre calme est celui des convalescents ; notre froideur, le froid des ruines incendiées. Chacun de nous traverse ses épreuves, subit ses déceptions, et, revenu à la santé, garde ses cicatrices. Je vous citerais des hommes, et nombreux, qui ont plané tout à travers le monde, avec un coup de feu dans l'aile, dévorés par un besoin d'activité qui les a faits grands. D'autres, perdant à jamais le repos et renonçant à tout, se plongent dans une oisiveté inquiète, voient leur avenir fermé, et trouvent enfin l'oubli dans une vie placide et monotone. Les femmes ont le miel, pour nous est l'aiguillon ; et voilà notre seule galanterie.

— Seulement, ajouta-t-il, en exprimant de son cœur quelques gouttes d'amertume, dans ce breuvage noir dont il désaltérait ma curiosité, seulement on devient froid par rancune et par souvenir ; on ferme l'oreille à la sirène... et c'est bien. Or, sachez-le, rien ne surpasse au monde l'implacable coquetterie des jeunes Anglaises, si ce n'est la sincérité de leur affection conjugale et la solidité de leur raison, une fois qu'elle ont pris un mari. Voilà Westminster-Bridge : allez dormir en paix. Bonne nuit ! Mes frimas, ô Parisien ! s'inclinent devant la volcanique ardeur de tes frivolités...

Ces mots pompeux, je le suppose, étaient une citation. Au lieu de rentrer au logis, je me mis à errer dans les rues pour songer à tout ce que je venais d'entendre. Sans m'en apercevoir, je montai jusqu'à Lisle-street, et l'instinct de l'habitude m'ayant ramené vers Coventry, je redescendis par Hay-Market.

A l'angle de Jermyn-street, je faillis à me heurter contre un personnage distrait qui marchait lentement, les yeux cloués au trottoir. Il leva la tête, et je reconnus mon théologien Lyonel Banks. Sa figure était sombre, son attitude accablée. Je le croyais au lit depuis longtemps : lui, sans paraître surpris :

— Si nous mangions un homard ? me dit-il.

Les oyster-rooms étaient illuminés et remplis de monde. Lyonel choisit une langouste, désigna un box, s'assit tout d'une pièce, et demanda de l'eau-de-vie. L'entretien fut sans intérêt ; le sujet de la soirée ne fut point repris, et la grosse gaieté des gens qui soupaient autour de nous en mauvaise compagnie ne parvint pas à distraire ce garçon jovial. Il me vint comme un remords d'avoir peut-être troublé sa sérénité. Comme nous sortions, une luronne vêtue avec fracas et coiffée d'un chapeau à plumes, nous demanda la permission d'achever le homard, et la faveur d'un verre de brandy. Lyonel, se détournant, lui fit servir une demi-pinte d'eau-de-vie, et nous sortîmes.

Dans la rue, au moment de nous séparer, il me dit :

— Adieu, cher, je pense que je ne vous reverrai plus à Londres.

— Pourquoi donc?

— Demain je pars pour Calcutta.

— Vous ne m'en aviez rien dit l'autre jour, ni ce soir?

Excusez-moi, c'est tout à l'heure que je me suis ressouvenu de quelque chose...

— Qu'est-ce donc, grand Dieu! et quel grave motif?...

— J'ai oublié, voyez l'étourderie! de compter les embouchures du Gange...

On conçoit que des gens impressionnables à ce point se tiennent discrets et fermés. Je le quittai, le cœur gros; il s'en aperçut, sourit, me serra la main, et s'éloigna dans son courage et dans sa dignité.

Le lendemain, le soleil resta voilé; le temps était morne, les nuages floconnaient irisés sur de minces bandes d'azur. Las du bruit de la ville, la curiosité émoussée par les impressions de la veille, j'éprouvais le besoin de respirer un air plus pur : la campagne entrevue sous les ombrages des parcs m'inspirait le désir de courir les champs, de reposer ma vue parmi des touffes de verdure, silence des yeux. Je rejoignis donc l'excursion française qui consacrait cette journée au voyage d'Hampton-Court. A neuf heures et demie, nous montâmes en omnibus à Piccadilly que nous parcourûmes dans toute sa longueur, et je me vis avec plaisir hors des barrières de Londres.

Cependant les villages multipliés continuent la ville, destinée à les absorber dans son enceinte; les cottages se succèdent, frais et coquets, au fond de leurs petits jardins. Parfois on entrevoit la Tamise, que ses rives étreignent de plus en plus, et, au bout d'une heure et demie, l'on entre dans la grande rue montueuse de Richmond. La résidence des anciens rois d'Angleterre y avait fait naître un village; le voisinage du Parc en a fait une petite ville. A mesure que nous gravissions le coteau par une route large et animée, l'horizon gagnait en étendue. Parvenus en face de *the Star and Garter*, magnifique hôtel à la grille du Parc, où résida le roi Louis-Philippe, nous entrevîmes un beau point de vue, et nous le contemplâmes dans toute sa splendeur, au bord de la terrasse ombragée de très-gros arbres. Ce point de vue célèbre rappelle la situation de Saint-Cloud : un vaste horizon, borné de coteaux bas et plantureux; dans la vallée, la Tamise qui serpente dans l'herbe en réflétant le ciel, disparaît çà et là sous des massifs de tilleuls, d'ormes et de chênes. Partout de riches prairies, peuplées de nombreux troupeaux; sur la droite, Richmond se déroule en amphithéâtre jusqu'à la rivière, animée de constructions capricieuses et de coquettes embarcations. Ce petit Éden respire le calme champêtre, et la vie de la cité s'étend jusque-là.

On se coucha sur l'herbe, moins longtemps que je ne l'aurais souhaité, et l'on remonta dans les omnibus, qui furent dirigés sur Hampton-Court. En route, on passa devant la maison de Pope, hérissée de solives peintes à neuf en couleur de chêne; et plus loin, devant un petit cottage, un peu lourd, mais d'un style ancien et sévère, qui, dit-on, fut habité par Cromwell.

Rien de plus magique que le premier aspect de Hampton-Court, à l'extrémité d'une grande avenue de marronniers, de tilleuls et d'ormes, bruns de santé et tout ronds d'embonpoint. Sous les contre-allées, ténébreuses tant le feuillage est épais, des daims, des cerfs, des chevreuils en liberté, se groupent autour des énormes troncs, et viennent, jusqu'au bord de la route, regarder passer, d'un œil étonné et doux, les voitures qui circulent.

Ces animaux, qui n'ont jamais eu peur, ne sont pas sauvages; on sait qu'Alfred le Grand a détruit les loups jusqu'au dernier. Quant aux hommes, la liberté leur a si profondément inculqué sa religion, que le bénéfice du respect envers chacun s'étend jusqu'aux bêtes. L'Anglais, qui ne veut pas sembler subordonné aux événements, ne court jamais : se hâter, c'est se soumettre; faire du bruit, c'est attirer une gênante attention. On observe le silence et l'on chemine à pas comptés : où les animaux s'instruiraient-ils à craindre?

Rien n'égale donc leur sécurité, et même ils participent du caractère taciturne des hommes. Ceux-ci s'abstiennent de crier, de parler; imitant leur silence, les chiens de Londres n'aboient jamais; les oiseaux mêmes se groupent sur les arbres en clubs silencieux, et si parfois l'un d'eux risque un petit cri, il s'arrête étonné du son de sa voix. Les moineaux vont, sans babiller, à leurs affaires; ils piétinent, familiers, entre les voitures et les trottoirs, réservés à d'autres piétons. Rien ne ressemble à une plaisanterie comme cette vérité; chacun autour de moi fit pourtant la même observation. En la trouvant aussi fondée qu'elle est bizarre, j'ai cherché la cause du fait dans la nature triste, sombre, humide, épaisse et brumeuse du climat, dont l'influence agit à la fois sur les hommes et les animaux.

L'Angleterre produit trois objets qui se rencontrent partout, mais qui, dans cette île, sont remarquables entre tous par leur merveilleuse beauté : les femmes, les arbres, les chevaux. Au surplus, tout lieu qui nourrit une race de chevaux digne d'admiration est peuplé de jolies femmes. Pourquoi? je l'ignore; mais cette étrange corrélation n'en est pas moins réelle. La Géorgie élève les meilleurs chevaux de l'Orient; les plaines de la Camargue, voisins d'Arles aux belles filles, conservent à l'état sauvage le sang des coursiers mauresques; l'Andalouse grandit auprès des plus fins coursiers de la Péninsule; on admire au Mecklembourg le plus beau sang de l'Allemagne, et, quand une phalange d'amazones mesure au galop les avenues des parcs de Londres, l'œil ébloui ne peut se fixer sans distraction, ni sur l'écuyère, ni sur sa monture.

Qu'une jeune fille arrête son cheval sous la voûte verdoyante d'un grand arbre, et vous contemplerez, groupées dans un seul tableau, les trois merveilles de l'Angleterre.

Les marronniers, les tilleuls, les sycomores, les hêtres, et surtout les ormes de l'avenue de Hampton-Court, font songer aux contes de fées ; on s'attend à trouver au delà un château enchanté. L'aspect, du moins, en est enchanteur, et l'on y est heureusement préparé par ces arbres d'une vigueur antédiluvienne, et d'un feuillage si dru, si serré, si foncé, que les ténèbres tombent des rameaux sur l'herbe pâlie. L'orme surtout est surprenant ; il foisonne si généreusement, qu'il apparaît rond comme une boule, et qu'on ne le reconnaît pas tout d'abord.

A la suite de cette avenue, que bordent de chaque côté, sur quatre rangs, ces géants des forêts, on rencontre des parterres éblouissants, des murs, du haut en bas desquels se précipitent, sur des lits de verdure, des cascades de fleurs; on pénètre, ainsi qu'au royaume des féeries, dans ce château dont l'histoire débute comme un conte du temps de *Peau d'Ane.*

Il était une fois un roi puissant et redouté, dont

les volontés étaient absolues, le cœur de bronze, et la cruauté implacable. L'offenser ou lui déplaire étaient des crimes punis de mort. Il épousa plusieurs femmes, et quand elles cessaient de le charmer, il les livrait au bourreau.

Un seul homme avait réussi à apprivoiser ce tigre, à se créer un pouvoir rival du sien, et à régner sous le nom de ce despote ombrageux. Le prince se nommait Henri, le ministre fut le cardinal Wolsey, né dans une condition infime. L'unique ami de ce roi sanglant était fils d'un boucher.

Parvenu au faîte de la puissance, comblé d'honneurs et de richesses, objet d'adulations et d'effroi, ce satrape inquiet et voluptueux voulut un jour se procurer une demeure digne, non d'un monarque, mais d'un Dieu ; et si l'on en croit les poëtes, il y réussit ; car, en un temps où le culte était proscrit par les arrêts de Henri VIII, Grotius chantait encore à Londres la divinité de Wolsey.

Pour réaliser ses projets, le cardinal-ministre convoqua les plus fameux médecins de France, d'Angleterre et de l'Université de Padoue, auxquels il ordonna de s'enquérir, dans un espace de vingt milles autour de Londres, du climat le plus sain, de la terre la plus fertile, de celle où la brise était plus clémente et les hivers moins rigoureux. Voilà donc les docteurs en campagne et tenant conseil sur cette grave question. Après qu'on eut bien conféré, les suffrages du docte corps se portèrent sur le fief de Hampton, légué autrefois (en 1211) par lady Grey à la Commanderie des chevaliers de Saint-Jean-de-Jérusalem. A cette époque, la terre rendait un revenu de 40 liv.

Wolsey acheta, ou plutôt, selon l'usage du pays, amodia le domaine de Hampton pour quatre-vingt-dix-neuf ans, avec faculté à ses héritiers de renouveler le bail. Telle est encore la manière ordinaire d'acquérir, dans ce pays de main-morte, où le retrait-lignager s'exerce à perpétuité. Le sol de Londres même, par une convention implicite et fictive, appartient, dit-on, en nue-propriété, à quarante ou cinquante familles ; et c'est sous le bénéfice de cette législation conservatrice de l'aristocratie, que l'on a vu des familles, tour à tour ruinées et florissantes, rentrer, au bout d'un siècle, dans le domaine de leurs ancêtres ; car le contrat se rompt de deux manières, ou par l'expiration du terme, ou par l'insolvabilité des locataires.

Une telle coutume a dû singulièrement faciliter l'essor du commerce, en concentrant sur les grandes entreprises le placement et la circulation des capitaux. De là proviennent aussi le dédale inextricable des procédures, l'insolubilité des causes civiles, et la sempiternelle durée des débats dans ce pays classique de la basoche.

Cependant, le château de Wolsey s'élève : au défaut de l'unité et de la science architecturale qui permettent de résumer, dans un édifice unique et régulier, l'ensemble imposant d'un vaste palais, l'architecte multiplie les bâtisses, fait courir les corps de logis, fait jaillir les tourelles, brode des créneaux sur les donjons, intercepte des cours, prodigue l'ornement et la sculpture, et compose un grand amas de jolies constructions. Plan capricieux où le pittoresque, où le charme de la diversité remplacent la majesté des monuments modernes, inspirés d'une tradition plus élevée.

Vu du dehors, Hampton présente de tous côtés des profils imprévus. Au seizième siècle, ce château n'avait que deux grandes cours, d'un aspect vraiment féodal et charmant : depuis lors, l'inévitable Christophe Wren, sorte de maître Fontaine, plus la conscience et le talent, y a ajouté, par ordre de Guillaume III, quatre froides bâtisses, avec une colonnade ionique dont on se passerait sans peine.

Quand il eut bien caressé sa fantaisie, quand il eut épuisé le marbre et le talent des artistes, quand il eut enfoui dans les fleurs son palais de fées, quand il eut surveillé avec une tendre sollicitude l'accomplissement de tant de rêves aimés, le cardinal Wolsey, ce parvenu qui élevait jusqu'au génie le sentiment du bien-être et des voluptés délicates, Wolsey cet homme sans regrets jusque-là, et désormais sans désirs, se vit tout à coup, au faîte de la puissance, condamné à un désir impuissant et à un regret perpétuel.

n célébrait partout les splendeurs de Hampton. ·ès de cette merveille, le Louvre n'était qu'un donjon, Saint-James, œuvre d'Henri VIII, qu'une caserne, Windsor même, qu'un vieux créneau. Des Flandres, de l'Allemagne, de la Hollande, on venait admirer Hampton, et la fanfare devint si éclatante, que le roi en eut l'oreille blessée. Il complimenta son ministre, il rougit en lui parlant, dit-on; et dardant sur lui cet œil de faïence, à fleur de tête, inexpressif et clair, dont Holbein nous a transmis le froid rayonnement, Henri dit à son ministre :

— Vous avez conçu un noble dessein en élevant pour vous un palais dont la splendeur efface toutes nos résidences royales...

Effrayé du compliment, habile à lire dans l'âme de son protecteur, le favori répliqua :

— Mon but était de construire une demeure digne du plus grand roi de l'univers. Puisque Votre Majesté daigne trouver que j'ai réussi, il m'est permis de réaliser toute ma pensée en lui offrant un palais qui lui était destiné.

Ce petit cadeau entretint l'amitié, cinq années encore, entre le monarque et le favori qui, disgracié par l'influence d'Anne de Boleyn, à la fortune de laquelle il avait honteusement contribué, vit ses biens confisqués, et, plus heureux que son ennemie, expira misérablement sur le chemin de l'échafaud.

Un siècle et demi plus tard, le surintendant Fouquet, seigneur de Vaux, s'est mal trouvé d'avoir négligé de lire avec attention l'histoire du cardinal Wolsey.

Les successeurs de Henri VIII prirent plaisir à embellir Hampton-Court, qui en dépit de quelques ornements de mauvais goût, et de certaines décorations d'un style corrompu, conserve un très-bel aspect. On y reconnaît le goût gothique, tel qu'il se perpétuait en Angleterre au seizième siècle, modifié, sans être anéanti, par la lointaine action de la Renaissance. Le mobilier de ce palais n'est pas sans intérêt; la chambre à coucher de la reine Anne est ornée d'un lit curieux, dont les courtines sont en vieilles étoffes brodées de Spitafields; la salle à manger est tendue de tapisseries d'Arras, vraiment remarquables. On a conservé aussi le cabinet de travail de Wolsey, dont le plafond est orné de roses et de lis; mais on a restauré la fenêtre. Les Anglais restaurent tout, hormis les indigents.

C'est à Hampton-Court, dans une galerie longue et un peu obscure, que se trouvent les sept cartons de Raphaël qui ont servi de modèles aux tapisseries exécutées à Arras pour la chapelle de Léon X. Ces dessins coloriés, plus grands que nature, représentent des sujets tirés de l'Évangile et des Actes des apôtres : compositions larges et faciles, préférables à beaucoup de peintures à l'huile de ce maître, les cartons ont la franchise de la fresque. *La Pêche miraculeuse, le Christ portant saint Pierre*, et *la Prédication de saint Paul* sont les plus admirables de ces chefs-d'œuvre.

Là se trouve aussi une intéressante et unique collection de portraits d'Holbein, représentant les principaux personnages de la cour d'Henri VIII. Enfin, la galerie de Hampton-Court, la plus nombreuse du royaume, ne contient pas moins de 1,027 tableaux de toutes les écoles, parmi lesquels des compositions historiques d'Holbein, objets assez rares, bien plus gothiques comme arrangement, que ne le sont ses portraits comme exécution. On mentionnera aussi deux toiles célèbres : *le Rabbin juif* de Rembrandt et *Saint Ignace de Loyola*, par le Titien, deux admirables portraits. Il y aurait beaucoup à citer, si l'on avait le temps de prendre des notes. Mais, comme les Anglais n'aiment guère les beaux-arts, et qu'ils visitent les galeries par scrupule de conscience, non pour leur intime satisfaction, les gardiens ont pris l'habitude de presser les visiteurs. Il semble, en vérité, que l'étranger les paye pour se faire chasser plus vite. Leur zèle m'a souvent trouvé rétif, et opposant à leurs indiscrètes injonctions, le flegme britannique et la force d'inertie. Par bonheur, ils respectent la liberté individuelle et ne vous prennent pas au collet. Le mieux est d'abuser de leur déférence.

N'oublions pas la grande salle gothique (*the Great hall*), élevée, dit-on, d'après les indications de Wolsey, et terminée par Henri VIII, qui y fit ciseler partout son initiale accouplée à celle d'Anne de Boleyn ; chiffres entrelacés par une passion éphémère, et séparés d'un coup de hache. Cette pièce, de cent six pieds de long sur quarante de large et soixante de hauteur, est véritablement magnifique; son plafond ogival, en bois de chêne sculpté, formant deux longues files de clefs pendantes, rivalise avec celui de Westminster-Hall. Les murs sont décorés de huit tapisseries représentant des scènes de la vie d'Abraham.

Hampton-Court est un sanctuaire de souvenirs; c'est là que naquit Édouard VI, et que mourut Jeanne Seymour, pleurée de l'ogre royal qui, probablement, lui eût fait couper la tête, si elle eût vécu davantage; car il ne pardonnait rien à ce qu'il avait beaucoup aimé. Le successeur d'Henri VIII vint tenir, dans la grande salle de Wolsey, le chapitre général de l'ordre de la Jarretière. C'est dans cette charmante retraite que le sombre Philippe II, l'inquisiteur des Espagnes, ayant épousé Marie la Sanglante, vint passer auprès d'elle le cycle de la lune de miel. Ils n'eurent, pour le bonheur des Anglais, aucune postérité. Élisabeth aimait Hampton-Court, où elle donna de belles fêtes. Les chênes éternels de ces parcs ont vu passer le beau Leicester; mais ces vieux témoins sont discrets. C'est dans la grande halle, sous ce Jacques Ier, qualifié de *maître Jacques*, par notre Henri IV, que se tinrent les célèbres conférences des catholiques et des presbytériens.

Charles Ier y fit quatre sejours, et dans des conditions fatales : la mort y guettait ce malheureux prince. En 1625, il y trouva un refuge, ainsi que la reine Henriette sa femme, contre la peste qui ravageait Londres. Seize ans après, ils y cherchaient un asile contre le peuple révolté. Conduit comme prisonnier à Hampton-Court, en 1647, Charles Ier y fut abreuvé d'outrages, et parvint à s'évader; mais, repris bientôt, il fut gardé plus étroitement; enfin lorsqu'on l'amena de Windsor à Londres pour y être jugé, il passa, en route, une dernière nuit à Hampton-Court. Durant son procès, il habita Saint-James, tandis que Cromwell résidait dans les appartements des Stuarts, à White-Hall, palais confisqué jadis à Wolsey qui l'avait érigé. Lieu sinistre; triple monument de l'instabilité des grandeurs humaines.

Quant à Hampton-Court, vendu sous la république à John Phelps, il fut, en 1656, racheté par Cromwell, qui y maria sa fille Élisabeth, et y vit mourir son enfant de prédilection, mistress Claypole.

En dépit de ces souvenirs, Guillaume III fit, de ce palais, sa résidence favorite; il en ordonna le parc et les jardins. Georges II et Caroline ont, les derniers, habité Hampton-Court. Les rois suivants n'ont fait qu'y passer.

La plus singulière illustration de ce château remonte au temps de Georges Ier. Dans cette salle, qui garde encore les armoiries de Henri VIII et de Wolsey, on avait, sous Élisabeth, joué plusieurs des tragédies de Shakspeare. Le roi Georges s'en souvint en 1718, y manda ses comédiens, et les représentations s'ouvrirent par la tragédie de *Henri VIII, ou la chute de Wolsey*.

Évoquées par Shakspeare, ces ombres illustres reparurent dans ce lieu qu'elles avaient habité. C'était toujours le même théâtre, et c'était le même drame; seulement la vérité avait jeté ses rayons sur tous les rôles : où les flatteurs avaient adulé le défunt cardinal, elle secouait ses dédains sur la mémoire « de ce prêtre-roi, aveugle comme il sied au fils aîné de la fortune. » Ce n'était plus Holbein, le peintre des grandeurs épanouies, qui crayonnait les traits de cet orgueilleux dont les lettres, adressées aux princes étrangers, débutaient par : « *Ego et rex meus* » : c'était la postérité, par la bouche du génie, qui traçait en cacactères ineffaçables le portrait d'un ministre hypocrite et sensuel.

Et spectacle étrange! c'est dans ce lieu, débris de sa gloire et monument de sa chute, que l'on entendait Wolsey s'écrier une seconde fois, comme un écho de lui-même en retard de deux siècles : « Entre le sourire tant désiré d'un monarque et l'instant de notre ruine, il n'y a qu'un éclair; la foudre qui le suit nous abat comme Lucifer, sans espoir et pour jamais... »

La vérité a tant de force, Shakspeare est si grand, que cette pièce fut jouée sous la despotique fille d'Henri VIII, sous Élisabeth, en sa présence, et devant les anciens acteurs de ces drames récents. Depuis longtemps, le poëte, ce grand et audacieux juge des courtisans et des rois, dormait avec ses personnages sous les dalles de Westminster, lorsque la France, dont il était ignoré, s'émerveillait du courage de Racine, à cacher sous la pourpre romaine, et à versifier les amours de Louis XIV, dans la froide pastorale de *Bérénice*.

Quittez la cour de l'Horloge à Hampton-Court, théâtre digne de ces évocations du passé, et pénétrez dans les jardins; tout s'évanouit. La nature est jeune et coquette, les fleurs nouvelles vous encensent de leurs parfums; on se croit dans un Éden fait pour l'oubli des douleurs, et les grâces de la vie champêtre. Les murs sont revêtus de rosiers, de passiflores, de bignones et de jasmins. D'immenses glycines tendues en espaliers s'ouvrent sur les pignons, telles que des papillons géants déployant des ailes de quarante pieds d'envergure. Sous les vitraux d'une grande serre, on se promène à l'ombre d'une treille qui, sortie d'une souche unique d'un diamètre énorme, masque les châssis et forme un dôme en feuillage de cent dix pieds de longueur. Cette vigne exilée dans le Nord, était en fleurs quand nous la visitâmes, et répandait dans une tiède atmosphère son odeur enivrante. Elle fournit, chaque année, à la table royale, environ trois mille grappes de raisin.

Ailleurs, ce sont des orangers, puis des massifs de rhododendrons, des parterres éclatants, des labyrinthes, et des pièces d'eau reflétant des arbres séculaires. De tous côtés, la terre disparaît sous le tissu velouté de ces gazons fins et menus, dont elle est tapissée jusqu'aux bornes de l'horizon.

Cependant, ces merveilles laissent une impression triste : le silence y règne; les Anglais parcourent, comme des ombres, ces jardins fleuris auxquels le ciel assombri ne rend pas leurs sourires. Un vent toujours frais glace le cœur, affadit les senteurs des plantes, et fait gémir les rameaux dont il refroidit la verdure. Dans ces lieux, confidents d'aventures ignorées, nos compatriotes inquiets regrettent Fontainebleau, Saint-Cloud, Versailles, et parlent de la patrie absente.

En jetant de loin un dernier regard sur les créneaux et les profils irréguliers de Hampton-Court, on se dit que les rois de ce pays ont possédé de grandes richesses; mais l'exubérance de leurs caprices dénote de laborieux efforts pour se désennuyer : on sent que pour eux la singularité tenait la place du beau, et 'on quitte leur palais, plus frappé de la puissance matérielle, que de la véritable grandeur.

CHAPITRE V

Esquisse de la vie champêtre. — Annonces ambulantes. — Covent-Garden. — Portrait de la reine. — Les Français à *Lyceum theatre*. — Ce qu'on voit au quartier des Irlandais. — La misère à vol d'oiseau. — Visite au musée britannique. — Le mégathérium et Cuvier : Phidias et lord-Elgin. — Brasserie Barclay, Perkins et compagnie. — Dîner monstre à Greenwich. — Rencontre d'un médecin qui ressuscite... des maladies. — Comme quoi la liberté a créé la police industrielle. — Windsor. — Les courses d'Ascot.

Qu'il est difficile d'être consciencieux dans ses récits, sans devenir prolixe! Retracer ce que l'on a vu, traduire les impressions qu'on a ressenties, en se défiant à la fois du caprice qui altère la vérité, et de l'abus du détail qui la rend monotone, c'est assumer une tâche suffisamment méritoire, mais plus complexe encore à l'égard de ce pays, qu'elle ne le serait par rapport à tout autre. Car la société anglaise, entrevue en bloc, ne présente qu'un ensemble uniforme ; la vie est la même pour tous, le mouvement s'exerce avec la plus froide régularité, et l'intérêt s'éparpille, à travers cette énorme cité de Londres dont l'aspect, suivant le point de vue où l'on se place, laisse des impressions opposées.

De là, l'extrême diversité qui préside aux observations des voyageurs : je l'ai constatée en voyant les compagnons que le hasard m'a donnés, porter sur toutes choses les jugements les plus contradictoires. Ainsi, la difficulté est d'être vrai, sans demeurer froid, sans devenir monotone.

N'espérez pas recueillir ici de ces aventures dont on égaye les relations de voyage. Le monde est sans conversation ; les Anglais ne racontent guère, et ne sont exposés aux *aventures* que hors de chez eux. Quant aux touristes, s'ils y voulaient prétendre, il leur conviendrait de tout imaginer ; l'existence régulière, active et isolée du pays ne s'y prête pas. N'y cherchez point non plus, ces traits d'*humour*, de fantaisie, arabesques du récit, dont la nature est prodigue ailleurs. L'Anglais, chez lui, est tout à la raison ; chacun se comporte de même. Connaissez trois Anglais, vous les avez vus tous ; leur caractère, c'est le caractère national, ils le transportent en tous lieux ; de là des contrastes piquants à l'étranger ; mais dans la mère patrie, tout est enveloppé et comme voilé par les mœurs anglicanes, l'individu s'efface et n'entre jamais en scène. Pour l'entrevoir, il faut se glisser dans la coulisse.

Au demeurant, ces nuances mêmes ne constituent-elles pas une originalité ? Assurément, mais sans éclat, négative en quelque sorte, dont on n'est pas saisi, et qu'au contraire on est réduit à saisir dans les investigations de l'analyse. Là-bas, voir est peu, pénétrer, c'est tout; l'œil se repose et l'esprit travaille.

La vie anglaise n'est, en quelque sorte, qu'entreposée à Londres, et tandis qu'en France tout rayonne de Paris, en Angleterre tout vient se décolorer dans la capitale, où l'on ne fait que passer. C'est un lieu de campement. Le marchand n'y vit pas, il y travaille et s'en va; le traficant maritime y visite ses comptoirs, il arrive ou se prépare à partir; le soldat y tient garnison; le spéculateur y vient s'enrichir; l'étranger y cherche une fortune qu'il emportera; l'ouvrier n'y séjourne qu'à bail incertain; l'homme du monde n'y réside guère que durant une courte saison; le monde politique ne s'y rassemble qu'à une certaine époque de l'année.

Une fois *la saison* finie, Londres expire; le silence envahit les parcs, les beaux quartiers sommeillent, les volets sont clos, la nuit se fait dans les hôtels déserts. Aussi Londres, plein de sujets d'étude et de matériaux éparpillés, ne saurait fournir l'ensemble d'un tableau, ni se résumer dans un de ces frontispices où tout se coordonne, s'harmonise et converge à l'unité du plan.

Le mouvement y est artificiel; on s'y sent comme chez soi, parce qu'on s'y trouve dans la condition commune; on y séjourne en passant. En France, nous habitons les villes et nous allons à la campagne. En Angleterre, on agit au rebours : c'est aux champs que l'on réside, qu'on a son principal établissement, que l'on porte son luxe et qu'on se fait honneur de sa fortune.

— Que vos habitudes sont étranges ! disais-je certain jour à un membre de la Chambre des communes. Dès que brillent les beaux jours de l'été, quand les bois sont verts et les prés en fleurs, vous accourez vous enfoncer dans cette grande ville. Puis dès que les vents d'automne ont abattu le feuillage, lorsque la pluie et la neige couvrent les cheminées, lorsque les brouillards abrégent encore les froides et courtes journées, vous vous ensevelissez au fond des solitudes.

— Êtes-vous libre aujourd'hui? répondit-il en souriant. Eh bien, vous m'appartenez.

Une demi-heure après, nous galopions à bride abattue sur une des routes de l'ouest, et après trois heures de course fantastique, nous mettions pied à terre à l'entrée d'une maison gothique, flanquée de bâtisses diverses, de clochetons, de tourelles, et à demi cachée par des massifs de pins, de tilleuls et de peupliers d'Italie. Le parc continuait les jardins ; les champs, les bois, les vallons et les coteaux prolongeaient le parc à perte de vue ; des haies de troëne et de houx, taillées à pic, marquaient seules quelques divisions.

Le rez-de-chaussée du manoir, réservé aux réceptions, était décoré avec une splendeur noble et simple : salons, billard, salle à manger très-vaste, communiquant, par un escalier aboutissant à l'office, avec des cuisines souterraines. Une galerie, décorée de cent tableaux de maîtres, se terminait à un boudoir plein de chinoiseries, qui s'ouvrait par une porte vitrée, sur une serre garnie de plantes exotiques. Des calorifères échauffent et la serre et la maison, de la cave au grenier. Au premier étage sont deux appartements complets, séparés par la bibliothèque contenant une collection de livres spéciaux, jurisprudence, économie, voyages, etc..., et les chefs-d'œuvre des littératures étrangères. Partout l'agrément rehausse le confortable. Derrière le château s'élèvent trois corps de logis entièrement occupés par des appartements complets, commodes et bien distribués. Dirai-je le luxe des remises, des écuries, des petits logements de garçon, des basses-cours; des chenils où sont enfermées des meutes superbes; de la salle d'armes, meublée de manière à équiper une légion de chasseurs? Quant aux bâtiments communs, çà et là dispersés, leurs dimensions font deviner un domestique aussi nombreux que la suite d'un roi. Puis, il y a un chapelain et une chapelle; un médecin et une pharmacie. Bref, c'est un petit monde.

— La vie rustique, m'écriai-je, entendue de la sorte, serait du goût de bien des gens. Si l'état des fortunes du continent nous permettait de réaliser les Mille et une Nuits dans la campagne, nous aurions peu d'entrain pour le séjour des villes.

— Aussi ne va-t-on à Londres que par devoir, à l'époque des travaux parlementaires. La société choisit ce moment pour s'y rendre ; sacrifice nécessaire à la prospérité du commerce de luxe. On affecte à ce séjour la saison de l'été, la seule où l'on puisse sortir, rendre des visites, courir les parcs, les théâtres, les jardins curieux, enfin se montrer et vivre en plein air. Durant la saison mauvaise, la résidence de Londres serait affreuse ; il faudrait s'y claquemurer dans sa maison, et l'absence de société nous ferait périr d'ennui. Cependant, croyez-le, nous ne sommes point insensibles aux charmes de l'été et de la saison des roses. Forcés de venir à Londres durant les beaux jours, nous y avons établi ces jolis parcs, ces jardins curieux, ces serres tropicales, ces pièces d'eau qui nous apportent les plaisirs champêtres jusqu'au cœur de la ville. C'est là qu'on se retrouve et qu'on possède une faible image de la vie de château.

— Voilà les merveilles de vos parcs expliquées pour moi. Vous parliez de l'ennui d'être à Londres en hiver : cependant, les soirées, les bals, les réunions qui, de temps en temps...

— Nous préférons des réunions continuelles et la vie en commun, à vos fatigantes assemblées, qu'il faut aller chercher loin, qui durent peu, sont monotones et sans intimité.

— Pourtant, durant les longues nuits, confinés dans vos campagnes...

— Chacun amène avec soi toute sa société, quarante, soixante, cent personnes, et l'on vit tous ensemble.

— Si *chacun* fait de la sorte, je voudrais savoir où *chacun* prend ceux qu'il amène ?

— C'est miracle à quel point vos objections me donnent la réplique !

— N'en soyez pas surpris ; je le fais exprès.

— L'Anglais est un peu sauvage, il aime à s'isoler, enfin il passe pour médiocrement sociable ?

— Je le sais ; poursuivons.

— Vous savez... vous savez un préjugé par cœur. Eh bien, écoutez : cette maison, qui vous paraît agréable, est loin d'être une des plus belles résidences de ce comté. Nos villas, commodes, bien distribuées et réunissant tous les genres d'agrément, sont dignes, je l'avoue, de fixer un propriétaire. Néanmoins, tel est notre goût pour la société, que nous achetons cet avantage au prix d'un exil de sept mois sur huit. Chacun de nous n'habite guère son domaine des champs que quatre semaines par année.

— Il faut donc que votre humeur nomade dépasse tout ce qu'on en dit par le monde ?

— Ici, comme partout, chacun a ses amis intimes ; sept à huit familles, d'ordinaire assez nombreuses. À l'ouverture des chasses, huit familles viendront, je le suppose, s'établir chez moi. Le matin, les dames travailleront ensemble, liront, feront de la musique, tandis que les hommes vont courre le cerf ou le daim. Si le temps est beau, les jeunes personnes suivront la chasse à cheval. Le soir, c'est la comédie, c'est la danse, qui abrégent les longues soirées. Du reste, liberté complète. Les grands parents, s'ils veulent, se font servir chez eux, ont leur cuisine à part et vivent retirés.

Au bout d'un mois, nous partons en caravane pour la terre de l'un d'entre nous, où la même vie se continue; puis on se rend à un autre domaine, et mes huit familles, tour à tour visiteuses et visitées, ont parfois, à l'approche du printemps, joyeusement accompli le tour de l'Angleterre. Voilà comment nous sommes peu sociables.

— Quelle charmante existence! l'hiver doit s'écouler comme un rêve.

— D'autant mieux que l'on n'en soupçonne pas les rigueurs. Chez nous, le confortable est bien entendu, l'abondance est grande, la liberté complète, et les jeunes gens passent là des jours dont ils gardent un éternel souvenir. C'est là que naissent, que se cimentent les affections les plus profondes, que s'ébauchent la plupart des mariages; et, quand deux enfants, épris d'une mutuelle sympathie, se sont appréciés, se sont connus, et ne se sont pas quittés durant six à huit mois, ils ne risquent guère, si leurs sentiments persistent, de se fourvoyer dans leur choix ni d'allier des caractères incompatibles.

— Vous avez réalisé le roman de la famille.

— Dans les modestes cottages, vous retrouveriez des usages semblables, pratiqués sous de moindres proportions. Aussi les charmes d'une existence ainsi organisée rendent-ils froid et ennuyeux pour nous le séjour des villes où nous trouvons des distractions sans plaisir, et dont les réunions nous laissent indifférents et désœuvrés. Ce n'est pas là qu'on cherche à se grouper, et comme vous ne nous voyez pas ailleurs, vous nous jugez maussades et peu sociables. Tout à l'inverse de vous, c'est à la ville que nous nous séquestrons, et c'est la campagne qui nous rassemble. Pour mener la vie anglaise largement comprise, l'espace nous manquerait à Londres, et nos petits hôtels n'y sont que des pied-à-terre, à peu d'exceptions près.

L'heure du dîner sonna. La famille de mon hôte se trouvait à X***. On me pria d'offrir le bras à sa mère, et, suivant la coutume du pays, on me plaça à table, non près d'elle ou à côté de la maîtresse de la maison, mais à la gauche de sa fille, qui, durant le repas, prit la part la plus active à la conversation. Il me parut que, dans ce pays des brouillards, chacun aspirait à l'hiver; juste punition de l'été, qui se montre si renchéri que l'on a appris à s'en passer.

A sept heures et demie, de retour à Londres, nous descendions à Belgrave-Square, la plus vaste et la plus splendide de ces grandes places à jardins. Chaque maison est un palais, et l'un des moins magnifiques est celui qu'habita le comte de Chambord, il y a cinq ans : ce logis porte le numéro 35, renseignement utile à ceux qui recherchent avec ferveur ces sortes de souvenirs.

Il faisait grand jour encore, et comme c'était l'heure de la promenade, on rencontrait le long de Piccadilly, chemin de Saint-James et de Hyde-Park, des gens transformés en affiches ambulantes : l'un, coiffé d'une botte écarlate et le corps contusionné de semelles partout empreintes, servait d'annonce à un bottier ; cet autre est l'étendard d'un magasin de chapellerie ; le dos d'un vieux bonhomme sert d'atlas à la réclame fastueuse d'un magasin de modes. Quand l'*article* exige, pour être prôné, de longs commentaires, un citoyen est métamorphosé en construction ; on lui bâtit quatre murs, on le coiffe d'un petit toit, puis on affiche sur toutes les façades de cette guérite, de cette tour, de ce pilier où il ne manque que des roulettes. Ce prisonnier, tortue de la spéculation, chemine lentement dans son écaille, fort empêché de ses mouvements. Son masque hébété, fixé entre trois planches, ressemble à un modillon en bois peint. De ces annonces, l'une des plus monumentales est celle du *Railway*, journal des chemins de fer. C'est une locomotive en bois, de grandeur naturelle, juchée sur un train de charrette et traînée par des chevaux.

Ces moyens de publicité sont assez justifiés par l'énorme étendue de la ville, et la réclame envahit jusqu'aux dalles ou à l'asphalte des trottoirs. Elle compte alors sur la fréquence des pluies, et sur l'habitude où sont les gens de cheminer les yeux fixés sur le sol. Par un beau temps, la poussière rend le pavé terne et rien ne ressort. Mais dès qu'un grain lave et vernit la chaussée, soudain les caractères se dessinent, les lettres fleurissent sous vos pas, et l'on foule un exemplaire monstre des petites-affiches. Ainsi, le dallage des rues, mis en plein rapport, est plus productif qu'un champ de blé.

En rentrant chez moi, je trouvai un billet de spectacle pour *Covent-Garden,* l'un des deux théâtres italiens, et quoiqu'il fût déjà tard, je me hâtai de m'habiller, et fis bien. La reine assistait à la représentation du *Prophète,* et dans une loge en face se trouvait, avec sa suite, l'ambassadeur du Népaul. Autant la salle du théâtre de Sa Majesté est froide et sévère, autant celle de Covent-Garden est pimpante et jolie; elle est distribuée à la française, avec un luxe plus heureux. Dirigé par Costa, l'orchestre m'a paru fort bon. Quant aux acteurs, nous les connaissons. Mario remplissait le rôle créé par Roger; sa voix sympathique, sa méthode flexible, toute italienne, adoucissent la rudesse tudesque qui enlève un peu de charme aux mélodies de Meyerbeer. En compensation, le style vigoureux de l'école allemande donne plus d'accent aux chanteurs ultramontains, dont la mollesse langoureuse se trouve neutralisée. Mme Viardot, âme passionnée, talent dramatique inspiré de la nature, jouait Fidès; Mme Castellan assaisonnait là, comme à Paris, son rôle à la vinaigrette. J'ai remarqué un certain acteur, nommé Formes, doué d'un beau physique, d'une voix de basse, la plus belle qu'on puisse entendre, et acteur vraiment consommé. Il tenait l'emploi de notre Levasseur, et représentait un de ces trois communistes noirs, qui, lorsqu'ils sont ensemble en scène, rappellent la vignette de l'*Huître et les plaideurs*, dans les éditions populaires des *fables* de la Fontaine. Il est agréable d'entendre et de voir des artistes dont l'originalité n'a point traversé la filière étroite et monotone du Conservatoire. L'ambassade du Népaul, autre spectacle, présentait une sorte de bouquet de couleurs sombres et riches, rehaussées de broderies d'or et de fleurs en pierreries. Ces nuances s'assortissent à des visages basanés, où brillent, comme des diamants noirs, des yeux longs et fendus comme ceux des sphinx de l'Égypte, taillés avant les Ptolémées. Ces hommes d'une nature fine et nerveuse assortie à la délicatesse des chevaux mauresques, ont les mouvements gracieux et dignes. Quant au chef de l'ambassade, sa coiffure charmante était ornée d'une énorme escarboucle, d'où s'élançait, tel qu'un lis de sa bulbe, un esprit soyeux et argenté, incliné avec coquetterie. Son vêtement, d'une élégance idéale, passementé d'arabesques d'or et brodé en pierres fines, contenait, sous une apparence frisque et légère, des trésors qui eussent payé une province. Ce dignitaire de l'Orient éveille dans la pensée le souvenir des princes des *Mille et une Nuits*.

L'étiquette de la cour d'Angleterre exige rigoureusement que les femmes soient coiffées d'un ou deux marabouts, posés le plus souvent à la renverse et retombant sur le cou, comme les oreilles d'un épagneul effrayé. Peu de personnes sont moins intéressées à l'observance de cet usage que la reine Victoria, dont le visage est rond, le cou assez court et le nez au vent, quoique bombé et à la Bourbon; mais la courbe expire trop tôt, et ce nez, qui commence majestueusement, finit à la Roxelane. Ce caprice ne s'accomplit pas sans relever la lèvre supérieure, qui laisse voir ordinairement deux petites dents blanches. La reine a l'œil vif, le teint éclatant, le geste prompt; elle s'anime en parlant et secoue ses marabouts, ce qui lui donne plus de grâce enjouée que de gravité royale; d'autant mieux que ses formes, arrondies par un embonpoint naissant, se prêteraient mieux à la tranquillité. L'expression de son regard est singulière, et préoccupe par un mélange de naïveté brusque et de raillerie contenue. Petite, elle paraît grande quand elle est assise; elle change souvent de couleur; possède de beaux cheveux, de longs cils, des sourcils très-minces qui s'effacent dans le satiné de la peau; sa main est forte et attachée solidement, comme celles de toutes ses compatriotes. C'est le vague aspect de la Parisienne potelée, avec une tête anglo-germanique. Ses portraits, flatteurs maladroits, pour la doter de la beauté inerte des vignettes, ont enlevé à sa physionomie son caractère et sa vitalité.

A ses côtés étaient deux dames choisies avec trop de discernement, et dans le fond, le prince Albert. Son teint s'éclaircit de plus en plus, à mesure que l'embonpoint soulève et tend le tissu de la peau ; son front se dégarnit en même temps, et chez lui la fleur de jeunesse fait place à la prosaïque maturité. On est moins frappé de la régularité de ses traits, que de l'air de droiture et de bonté parfaite qui distinguent ce visage d'honnête homme. Le mari de la reine est estimé ; il m'intéressa, comme le ferait tout homme placé dans une situation difficile dont il se tire à son honneur. Il est affable, dit-on, et, loin de chercher à se rendre important, il résiste à toute tentation de mettre son influence en relief ; enfin, il a soin de se montrer préoccupé du progrès des beaux-arts, et de ne revendiquer la bienveillance d'autrui qu'en retour de sa modestie sincère et de ses mérites personnels. Voilà qui me semble beaucoup d'esprit, et du meilleur.

En Angleterre, la position faite au prince Albert est plus gravement appréciée que chez nous, en terre salique ; et toutefois, dans notre France surtout, est-il un galant homme, pour peu qu'il soit marié, qui ne soit plus ou moins le mari de la reine?

Pour en finir avec les spectacles, un mot sur *Lyceum-Theatre*, où la colonie française fut conduite le lendemain, et où l'on représente des pièces anglaises, imitées, la plupart du temps, des vaudevilles parisiens. C'est une jolie petite salle où l'on est fort en vue et où l'on se divertit un peu en famille. Nous y assistâmes à une *Revue*, comme on les entend chez nous ; chaque personnage représentant un des événements de l'année. Notre patrie avait pour symbole une marchande de modes ; Britannia avait l'égide, le casque et la lance de Minerve ; *John Bull*, ou le roi-citoyen de la Cité, vêtu d'un gros paletot, d'un pantalon gris, la face avinée, la trogne gonflée de pourpre, était coiffé d'une couronne d'or et tenait un sceptre à la main. On lui avait ajusté au bas de l'échine une grande queue de lion, mue par un ressort au moyen duquel il la faisait se dresser en signe de courroux ou d'orgueil, chaque fois qu'il tournait le dos au public, facétie triviale qui excite une hilarité sans bornes. Cet ivrogne guenilleux et couronné est un emblême plus juste qu'attrayant, et le voyant si laid, nos compatriotes obstinés à rêver partout des allusions, se persuadant qu'on a voulu caricaturer la France, donnent des signes non équivoques de mécontentement patriotique. Mais la bizarrerie de l'accentuation anglaise, le débit chanté des actrices, l'exagération assez lourde du jeu de nos comédiens, les apaisent en les égayant. Quant aux scènes décousues qui se succédaient, ils se les expliquaient entre eux, les créant au fur et à mesure, et déployant une prodigieuse imaginative. Dès que le public riait, les plus malins de notre bande riaient aussi d'un air d'intelligence, pour faire accroire qu'ils avaient compris.

La pièce terminée, sans morts ni mariage, on en commença une autre où reparurent les mêmes acteurs, ce qui donna lieu à de plaisants *quiproquos*. Plusieurs, se figurant que l'on continuait la même pièce, eurent l'art de justifier tous les changements de costumes et de renouer cette exposition nouvelle à la précédente péripétie. Que de génies méconnus et de dramaturges qui s'ignorent! En revenant, un niais, qui se faisait qualifier d'artiste et dessinait le matin sur son album des carafes et des pots à bière, me disait :

— Ce qui m'étonne le plus, c'est d'avoir eu si peu de peine à comprendre. Que leur goût est bizarre, n'est-ce pas? Cette pièce n'a aucun rapport avec les nôtres. Y avez-vous pu saisir quelque chose?

— Peu... je ne sais trop.

— Que n'êtes-vous venu près de moi, je vous aurais expliqué...

— Eh bien, racontez-moi la pièce.

Il n'hésita point, et, comme un dessinateur fantasque qui fait passer une figure par cinq points donnés, s'aidant des principales situations, il me traça un scénario confus, à faire rire les mouches, comme disait Rabelais. C'est en pure perte que je lui avais préparé une mystification ; je n'eus pas le courage de lui dire que l'ouvrage était la traduction d'un vaudeville d'Arnal, intitulé : *Riche d'amour*.

Comme nous faisions grand bruit durant la représentation, les regards se portaient sur nous; l'Observateur en fut frappé.

— Il paraît, dit-il, que nous étions fort maltraités dans cette pasquinade, car on se tournait souvent vers nous, pour juger de l'effet des allusions. Il faut leur opposer le calme, le dédain, et c'est ce que j'ai fait toute la soirée. Ils seraient moins insolents si l'Empereur avait réussi dans l'expédition de Boulogne.

Ils sont nombreux les gens qui voient de la sorte et qui jugent ainsi.

Ce qui fausse d'ordinaire le discernement, en pareille occasion, c'est la nécessité où l'on se croit de tout rapporter aux idées d'un parti; et, sous prétexte de principes, d'introduire partout des passions refroidies à la température de la routine. Cette réflexion me vint à l'esprit un matin que, pour nous rendre au Musée britannique, nous traversions, tout proche des beaux quartiers, et non loin de l'endroit où Oxford-street perd son nom à l'entrée d'Holborn, un hideux quartier, habité par des Irlandais en haillons. C'est une rue étroite, tortueuse et puante, bordée de masures à portes basses, toujours ouvertes, livrant aux passants l'affreux spectacle de bouges creusés plus bas que le sol, et où l'on voit grouiller des nichées entières de misérables pâles, malsains, vêtus de chiffons, enduits de crasse, et qui se vautrent pêle-mêle dans la fange et la vermine. On éprouve, à l'aspect de ces populations mendiantes, qui sortent de leur antre pour tendre la main, qui vous poursuivent de leurs clameurs, de leurs sombres regards, un mélange d'horreur et de compassion.

Autrefois ce quartier était un repaire dont la police hésitait à franchir les frontières, et que les passants évitaient avec soin. Ces gens, qui formaient une tribu avec des coutumes à part, se gouvernaient entre eux, sans communiquer avec le reste des habitants de Londres. Depuis, on a percé des rues à travers ce cloaque, et l'on a dispersé ces bohémiens du Nord, refoulés dans les faubourgs, loin des heureux du siècle qu'attristait ce pénible spectacle. Une rue a survécu, celle que l'on m'a fait parcourir.

La vue de ces misères donne lieu à des observations opposées, suivant l'opinion, selon l'esprit de parti d'un chacun. L'un condamnera d'une manière absolue la civilisation du pays, accusant la société de tout le mal, sans circonstance atténuante; un autre, prenant plus chaudement encore la défense de ces Irlandais, sous prétexte qu'ils sont nos coréligionnaires, les érigera en martyrs de l'Église anglicane. Il en est qui, sur la foi des bourgeois de la Cité, assimilent ces malheureux à des bandits indignes d'intérêt, opinion qui trouve pour contradicteurs énergiques ceux qui voient là un symbole de la misère populaire et de la mauvaise condition des travailleurs.

Au fond, ce ne sont là que des thèses politiques, au profit desquelles les faits exploités se trouvent dénaturés dans leurs causes, et travestis par des exagérations contraires. On arriverait à de justes notions, si l'on parvenait à s'abstenir et de l'anglomanie, et de l'anglophobie, patriotique ridicule, étalé comme une vertu.

Pour soumettre l'Irlande indisciplinable, et pendant des siècles agitée par une aristocratie qui l'épuisait, l'Angleterre a exercé sur ce malheureux pays une impitoyable pression. L'humanité doit en gémir; mais, on est forcé de l'avouer, la soumission de cette île était indispensable à la sécurité de la Grande-Bretagne, qui, pacifiant avec peine l'Écosse disposée à s'unir aux lignes du continent et à profiter des diversions irlandaises, était incessamment menacée de se voir bloquer par terre et par mer. Lorsque les clans venaient à lever l'étendard, les flottes françaises se hâtaient d'occuper la Manche, et de couvrir en même temps le golfe irlandais de soldats et de vaisseaux.

Dans cette île insoumise, pauvre et surchargée de population, le catholicisme, depuis deux siècles, a toujours inquiété la métropole : car ces races, différant d'origine, ont perpétué un antagonisme plus exalté, depuis le schisme d'Angleterre. Sous le régime de concentration où la propriété s'est maintenue en Irlande, la misère seule a pu énerver cette nation, ruinée par une lutte inégale : aussi le gouvernement a-t-il favorisé les migrations, et affamé ceux qu'il voulait abattre. L'humanité fut sacrifiée à un intérêt majeur; politique habile et coupable.

Mais, dans l'état actuel des choses, ce peuple, à qui le désespoir est passé dans le sang, est déchu de sa valeur morale. En cessant d'espérer, il est mort à toute émulation; il s'est éloigné du travail, qui ne peut l'enrichir, et de la religion même; car la foi expire où l'espérance n'est plus. Le châtiment des oppresseurs consiste dans la dégradation incurable des vaincus. La charité est impuissante, les essais d'organisation superflus; à Londres, comme à Dublin, l'Irlandais refuse de gagner sa vie : son abaissement, il l'a accepté; la misère, il en a pris l'habitude; l'oisiveté est devenue une seconde nature, et ses instincts de liberté se sont réduits à l'affranchis sement du travail.

On a tenté de régénérer les colonies irlandaises de Londres : vain effort. La bienfaisance s'en est mêlée d'une manière active. Mais donnez-leur, à ces gens qui dorment nus sur le sol humide, donnez-leur un lit, des vêtements : le soir même tout est vendu, tout est converti en alcool.

De telle sorte qu'en réalité, l'Angleterre, au milieu des embarras que cette question suscite, ne mérite pas qu'on la plaigne; l'Irlandais, lui, n'excite plus qu'une stérile compassion. S'ensuit-il que l'on doive contempler avec un cœur de bronze un malheur sans remède? Non certes, et l'impuissance où l'on est de retirer ces infortunés de l'abîme ajoute encore au sentiment douloureux que leur condition inspire. Quant à récriminer et à se condamner l'un l'autre sans restriction, les deux peuples en ont perdu le droit : ces choses sont marquées du sceau de la fatalité.

On se sent moins entraîné vers cette tolérance philosophique dès qu'il s'agit de la détresse des populations ouvrières de Londres, race intelligente, courageuse, active et sacrifiée. L'inégalité des fortunes condamne ici par trop de gens à manquer du nécessaire, pour donner à quelques-uns le superflu le plus scandaleux. C'est sur la rive droite de la Tamise que sont entassées, dans des maisons basses, les familles ouvrières, instruments désintéressés de la prospérité industrielle du pays. Perchés sur des terrassements, sur des viaducs quelquefois étayés par des charpentes, les chemins de fer de Folkstone et de *South-Western* passent sur des quartiers entiers ; de là on entrevoit à vol d'oiseau le tableau de la misère des artisans : spectacle qui, sur les quartiers de Lambeth et de Kennington, donne lieu à de triste réflexions.

En Angleterre, l'aristocratie de l'argent devrait prendre pour armes parlantes ce *mégatherium* antédiluvien, dont on admire avec effroi le monstrueux squelette au *British-Museum*. Cette ex-bête, que le sol ne pourrait plus nourrir, dévorait le monde, à ce que rapportent les traditions danoises, et il advint que Dieu, prenant en pitié la création, produisit le cataclysme qui fit disparaître du globe une aristocratie animale d'un insatiable appétit. Le mégathérium symbolise la prospérité de la civilisation anglaise, dont il prédit les destinées. Toutefois, en dépit des oracles trop impatients de nos démocrates, reconnaissons qu'ils anticipent de bien loin sur la marche des événements, et qu'à l'heure présente, les écrits sur la *décadence* de la Grande-Bretagne sont des paradoxes, ou tout au moins des prophéties à très-long terme.

Mais, puisque nous avons nommé le mégathérium, tenons-nous-y : n'étions-nous pas sur le chemin du Musée britannique? C'est un monument à fronton, à colonnes de l'ordre ionique, plus splendide que bien approprié. Il est à remarquer, par rapport aux divers musées de Londres, qu'aucun des établissements consacrés aux beaux-arts n'est dû à l'initiative du gouvernement : la galerie nationale a été formée par M. Angerstein ; la charmante collection du collége de Dulwich, contenant 355 tableaux, est un legs de sir Francis Bourgeois; la collection de *Lincoln's inn Fields* est un don de M. Soane; enfin le Musée britannique doit son origine au zèle et à la libéralité de sir Hans Sloane, qui mourut en 1753, accordant au Parlement, par clause testamentaire, la faculté d'acquérir les trésors de sa galerie, à un prix très-minime. Georges II, pour les loger, fit acheter l'hôtel de Montague, où l'on plaça aussi d'autres dons : les manuscrits de Robert Cotton, la bibliothèque du major Edwards, les manuscrits rares et splendides de lord Harley, comte d'Oxford. A l'arrivée des monuments égyptiens, en 1801, et après l'acquisition des marbres de Townley, en 1805, l'emplacement devint trop exigu, et, lorsque le fonds s'enrichit, en 1523, de la collection de Georges III, offerte par Georges IV, il fallut élever le monument que nous voyons aujourd'hui.

C'est un établissement d'une véritable importance, surtout en ce qui concerne l'histoire naturelle, les minéraux et les animaux de toute sorte. Ces collections, les plus complètes que l'on connaisse, occupent de vastes espaces et sont bien disposées. On est vraiment surpris en voyant cet amas de serpents, de singes, d'oiseaux, de mammifères empaillés, et en comptant par centaines des êtres dont on n'a jamais ouï parler. La salle la plus curieuse est celle où sont rangés les monstres antédiluviens.

— Je n'ai jamais cru au déluge, me dit à demi-voix l'Observateur que je rencontrais partout; cependant il est permis de penser qu'il s'est passé quelque chose...

Les objets les plus singuliers sont des défenses de mastodontes, de sept à huit pieds de long. L'éléphant ressemble, dit-on, à cet animal, comme le chat à la panthère. Cuvier a raconté comme quoi l'ivoire antédiluvien, conservé dans les glaces des régions polaires, y est employé de nos jours à divers usages, comme l'ivoire ordinaire. On a même retrouvé là des cadavres tout entiers, enfouis depuis cinq mille ans dans leurs tombeaux de cristal, et les naturels en ont mangé la chair. La tête du dinothérium, trouvée aux environs de Darmstadt, est des plus effroyables : les dents, qui forment la scie, sont plus grosses que le poing; la mâchoire supérieure est armée d'une grande corne, et, à la maxillaire inférieure, sont appendues deux défenses qui se présentent telles qu'une fourche renversée d'un mètre de longueur.

Mais le léviathan de la collection, c'est le mégathérium dont nous avons parlé, et qui, conservé jusqu'à la moindre esquille, étale, au milieu d'une salle, la terrible maçonnerie de son squelette, d'environ vingt-cinq pieds de longueur. Il ne ressemble à aucune des espèces connues; Cuvier le rattache au genre des *édentés*. L'épine dorsale, massive et dentelée, ressemble à des crénaux; la queue, composée d'une série de cubes osseux articulés, moellons dont les plus gros n'ont guère moins de dix à douze pouces, a plus de trois mètres; elle était flexible, et feu le mégathérium, pour chasser les mouches de ce temps-là, qui durent être grosses comme des poulets, se caressait les flancs avec ce plumeau, dont la tige osseuse pèse de trois à quatre cents livres. Quant aux jambes, ce sont des colonnes; les pieds, aussi longs par derrière que par devant, rappellent ceux des quadrumanes, et, à la manière dont l'appareil de locomotion est conformé, l'on juge que cet immeuble vivant, d'un poids probable de dix à quinze milliers, avait la faculté de grimper, comme le singe, sur les rochers et sur les arbres.

Appréciez, d'après ce document, la végétation antédiluvienne : car si, ce qu'à Dieu ne plaise, on pouvait rhabiller de sa chair et de sa peau le mégathérium, lui rendre la vie et le lancer dans nos forêts, le monstre, en écrasant les chênes ou les hêtres des futaies, pourrait se figurer qu'il danse sur la fougère.

A côté des prodiges d'un monde qui n'est plus, on rencontre à *British-Museum* les merveilles d'une société morte. Le rez-de-chaussée du palais renferme des marbres, des granits, des tombes de basalte, débris précieux de l'Assyrie, de la Lycie et de l'Égypte. Nos richesses, quant à ce département, sont loin d'approcher de celles de Londres. Mais, autant sont bien disposées les collections d'histoire naturelle, et la bibliothèque, composée de près de 300,000 volumes bien classés, et surtout favorablement présentés ; autant la portion du musée dévolue à l'art est mal coordonnée et négligemment entretenue. Encombrement partout, mélange indigeste du plâtre et du marbre, absence de logique, de chronologie dans les monuments grecs et romains... On ne voit là que le plus somptueux et le plus malpropre des bazars ; des bustes, des statues admirables sont souillés de poussière comme les dalles grises, que le balai n'a point visitées. Les murs, dénués d'ornements, sont gris et ternes comme ceux d'un vieux jeu de paume. Ces musées ressemblent à des entrepôts.

Dans une vaste pièce, badigeonnée en jaune faux

et malsain, sont un peu mieux rangés les marbres célèbres du Parthénon, chefs-d'œuvre de Phidias et de la sculpture humaine. Quelles magnificences! quel art sublime! Que ces nobles débris, admiration et désespoir des générations modernes, sont bien placés chez un peuple étranger à l'art, appelé à les contempler avec un bonheur tranquille, sans se sentir accablé de l'infériorité de notre siècle!

En dépit des imprécations du chantre d'Harold, cette salle auguste, qui réunit les métopes, la frise, les débris du fronton, les bas-reliefs équestres, et la divine procession des panathénées, porte le nom de *lord Elgin*; et c'est justice. Byron, qui souvent s'est fait gloire de dénigrer sa patrie, dût à ce genre d'originalité une partie de sa popularité en France, où l'on n'a pas manqué de crier après lui au sacrilége, et de charger d'anathèmes le spoliateur du Parthénon. Faudrait-il donc, par respect pour les contrées retombées dans la barbarie, supprimer les musées, et rendre à l'Égypte ses sphinx, ses obélisques, ses tombeaux? à Milo sa Vénus, à l'Italie ses chefs-d'œuvre? Laissons crier, et pour être de bonne foi, convenons que, si quelque ambassadeur français eût fait enlever au profit du Louvre les chefs-d'œuvre de Phidias, loin de le charger d'anathèmes, nous eussions applaudi à son patriotisme, et joyeusement accueilli les trésors de l'Attique. Lord Elgin a gardé la propriété des marbres du Parthénon, qu'il a consenti à déposer au Musée britannique. Byron s'applaudit de n'être point le compatriote de ce gentilhomme, qui a vu le jour en Écosse et descend de Robert Bruce. Je regrette tout franchement qu'il ne soit pas né dans notre France, pour enrichir notre écrin d'un diamant si précieux.

Je sortis fatigué du Musée britannique, et disposé à consacrer à la flânerie le reste du jour. Je devais dîner à Greenwich et visiter en passant, sur la rive droite, la fameuse brasserie Perkins, qui réalise les conceptions fantastiques de Gargantua. Auprès des tonnes monstrueuses de M. Perkins, le tonneau d'Heidelberg est un baril. Les foudres du brasseur anglais, alignées debout, ont de trente à quarante pieds de haut. C'est sur l'esplanade circulaire de l'une d'elles que l'on donna un dîner de quatre-vingts couverts, où assistait le maréchal Soult. Les chaudières sont en proportion de ces récipients. Les moulins à orge sont mis en mouvement par une machine à vapeur d'une force prodigieuse, et les magasins où l'on entasse les provisions de grain sont des cours carrées et couvertes, entre quatre murs de cinquante pieds de hauteur. Quelques-uns étaient remplis jusqu'au comble. La brasserie Perkins utilise cent cinquante chevaux. Nous n'avons aucune idée d'un établissement si considérable, et nos ministères seuls fourniraient l'exemple d'une administration plus compliquée.

— Il faut convenir, disait un Bourguignon, que la bière est une boisson malheureuse; la manipulation de ce breuvage amer est malsaine, triste ; elle répand des miasmes aigres et fétides. Vive le vin ! le soleil nous le donne, le printemps nous l'annonce au temps de la fleur, en encensant les coteaux ; la grappe mûre nous régale ; on la cueille, on la presse gaiement par une douce journée d'automne, et la vendange s'accomplit au milieu des chansons.

Ainsi le vin fut célébré, et l'Observateur répétait patriotiquement le refrain de Pierre Dupont :

> . . . . Je pense, en remerciant Dieu,
> Qu'ils n'en ont pas dans l'Angleterre.

Six heures après, à Greenwich, ce brave homme en avait tant bu, *dans l'Angleterre,* qu'il éventait le secret de ses combinaisons politiques, en présence de la perfide Albion, et au profit de commensaux qui ne l'écoutaient guère. Ce dîner est offert à Trafalgar-Hôtel, le premier restaurateur du royaume, par l'administration des trains de plaisir, aux *excursionnistes*, la veille de leur départ. Remarquons, en passant, que ces voyages d'agrément, qui déplacent des populations entières, ont déjà créé le mot *excursionniste.*

Les étrangers étaient admis à prendre part à ces banquets de l'hôtel Trafalgar, et comme on ne peut se procurer, quand on est tout seul, le spectacle d'un repas de corps ordonné à l'anglaise, les Français qui se trouvaient à Londres, usant volontiers de l'hospitalité que leur offrait l'administration des voyages parisiens, se faisaient inscrire sur la liste des convives de Greenwich.

Les trains de plaisirs ont des permissions particulières pour entrer partout et visiter la plupart des établissements curieux : j'avais souvent profité de ces avantages qui m'épargnaient beaucoup de temps et de démarches. Mon admission au repas homérique de Greenwich, célèbre par ses trente entrées de poissons, ne souffrit aucune difficulté.

Cette odyssée culinaire n'est pas sans intérêt : une telle exhibition de mets nouveaux, inconnus ou méconnaissables, eut pour nous tout le charme d'un muséum. Comme les langues du dîner d'Ésope, les poissons subissent des déguisements très-nombreux ; chaque espèce apparaît sous plusieurs costumes : le turbot, le saumon, la sole, l'esturgeon se revêtent des sauces les plus splendides ; le poivre, les coulis phosphorescents, les piments incendiaires excitent l'étonnement et la soif. Mais tous ces mets à condiments énergiques faiblissent devant certaine friture composée de petits piscicules qui, pour le volume, sont aux ablettes, ce qu'est le brochet par rapport à la baleine. Les *white-bets* (j'écris ce mot un peu au hasard) ne se pêchent qu'en Tamise, devant Greenwich : comparé à ces fretins exquis, l'éperlan est grossier et le gougeon fastidieux. C'est un plat d'invention nouvelle, et un régal princier.

En analysant ces mets si variés, certains touristes consciencieux prenaient des notes, veillaient à ne négliger aucun sujet d'étude, et la fourchette d'une main, le crayon de l'autre, ils se bourraient de documents qu'ils annotaient avec gravité. En relevant chaque assiette, on change les fourchettes, les verres, les couteaux, au cabaret comme chez les particuliers, ce qui nécessite un service d'argenterie considérable. Ce repas fut servi dans une jolie salle toute à jour, penchée sur la Tamise, dorée des rayons du soir et sillonnée d'une nuée d'embarcations. Au dessert, on but à tous les régimes politiques, *urbi* et *orbi*, et les chefs de l'expédition française se virent l'objet de justes actions de grâces : leur santé fut portée avec enthousiasme par les estomacs satisfaits. Quelques Anglais avaient fait irruption, on ne sait comment, et les échos de la Tamise retentirent des *hurras* britanniques, auxquels répondirent les voix enfantines d'un essaim d'élèves de marine, ramant à l'entour sur des yoles minces et rapides.

A Greenwich, hôtel des invalides pour les vieux marins, les aspirants font leurs premières études sous les yeux des ancêtres militaires. Leur printemps réchauffe l'hiver de ces vieillards, qui ont dispersé leurs membres à travers les mers de l'Inde, et qui, vêtus comme on l'était au siècle passé, la canne à la main, le front coiffé du *tourne-vis* à la Louis XIV, s'égayent à voir les manœuvres de ces enfants de l'Océan. Tel est l'empire des habitudes parmi ces soldats éclopés, qu'il a fallu, pour les rendre heureux, les loger dans des cabines, les coucher sur de petits lits, comme ils sont à bord, et construire dans leurs dortoirs une série de *box*, étroits, incommodes et privés d'air. Un musée maritime, orné des portraits des navigateurs et des amiraux illustres, décore le bel établissement bâti par Charles II. Cette *halle* est imposante, avec ses trophées belliqueux, ses tableaux guerriers, et ses murs décorés par Thornhill. Une salle particulière est consacrée à la vie de Nelson, dont on conserve, comme des reliques, les vêtements râpés, troués et tachés de sang.

Tandis que nous parcourions les salles de Greenwich, un monsieur d'un âge mûr, d'une élégante austérité, décoré de plusieurs ordres, et marchant avec une vivacité contenue, voltigeait des interprètes aux touristes, demandant à voir l'infirmerie, et s'efforçant de gagner des partisans à son dessein. Mais personne n'était curieux de voir les malades, les invalides étaient peu empressés de les montrer; si bien que ce monsieur dut se contenter de questionner nos guides sur l'état sanitaire, auquel il prenait le plus touchant intérêt.

— Le voisinage de la mer et l'humidité du climat, disait-il en bon anglais, doivent développer ici les affections lymphatiques et les maux cutanés. *Possédez-vous* la teigne?

— Non, monsieur.

— Ni la plique?

— Je ne connais pas cette maladie.

Le questionneur soupira tristement.

— Au reste, reprit-il (et après un autre soupir), les tumeurs blanches ne sont sans doute pas rares ?...

— Au contraire, monsieur ; nos hommes ont un tempérament sec, et sont, en général, fort sains.

— Du moins, ajouta-t-il presque piqué, vous êtes à même d'*offrir* d'intéressantes variétés de la famille dartreuse ?

— Hélas ! non, répondit le gardien, qui commençait à se sentir honteux d'une si complète indigence ; mais, si monsieur désire être mieux informé, le médecin en chef est là...

— Il est bien inutile de déranger ce pauvre homme ; il ne m'apprendrait rien.

Comment ne pas dédaigner un docteur qui a si peu de malades ! Au dîner, cet original se plaça à ma gauche. Je le remarquais pour la première fois, et, ne sachant s'il appartenait à l'expédition, je questionnai mon autre voisin.

— Il est des nôtres, me dit-il ; c'est le fameux docteur C***, auteur d'un Traité sur des maladies étranges et compliquées. Nous ne le voyons guère que le soir et le matin ; car, loin de suivre les touristes, il passe son temps, dans les hospices et les quartiers pauvres, à étudier des sujets utiles à ses observations. Il a, dit-on, découvert des maladies inconnues avant lui.

— Les a-t-il guéries ?

— Il les a décrites : on ne saurait suffire à tout.

— Cette ville offre moins d'intérêt que je ne l'avais espéré, me dit, vers la fin du repas, ce docteur, avec qui j'avais lié conversation; des maladies vulgaires, mal développées... En ce moment, je me livre à des recherches sur la lèpre...

— Je croyais cette maladie disparue depuis des siècles.

— J'ai peur qu'elle ne le soit en effet; ce qui me gêne beaucoup pour l'analyser avec précision. Parfois, il est des germes momentanément stériles, que l'on parvient à féconder; ici, tout est obscur; on est réduit à expérimenter au hasard sur les sujets offrant quelque aptitude...

— Comment l'entendez-vous?

— Cela peut être apprécié par analogie. La science a fait de grands progrès : tenez, avec de la persévérance et des soins, je suis parvenu à créer des scrofuleux, d'excellents scrofuleux! Si la nature seconde mes efforts, pourquoi ne ferais-je pas des lépreux?... Jusqu'ici j'ai échoué; mais, vous en conviendrez, les difficultés de l'entreprise seraient compensées par l'importance du résultat.

Tout en mangeant d'un appétit que semblait aiguiser cet aimable discours, le docteur C***, ce symbole achevé de la doctrine de *l'art pour l'art* en matière médicale, grattait, d'un regard furtif et perçant, l'épiderme facial des convives. Offensé du teint clair et vermeil de la plupart de ses commençaux, il poursuivait une douce rêverie d'hôpital. Je frémissais au contact de ce génie fécond en théories malsaines ; et, quand sa main effleurait la mienne, je craignais qu'il n'y déposât l'embryon cuisant de ses expériences.

Souvent, dans le cours de ce récit, l'on a anticipé sur les semaines ou les jours ; il le fallait, pour livrer des impressions plus complètes, plus diversifiées, autant que pour éviter les répétitions. Dix jours avant le dîner de Greenwich, quittant le quartier français et l'hôtel du prince de Galles, pour faire place à d'autres voyageurs, j'avais gagné Westminster, et retenu, près du pont, à *Manchester-Buildings*, petite rue aboutissant à la rivière, une chambre au premier étage d'une maison particulière, au prix de douze schellings par semaine. Mon hôtesse, bonne grosse fillette d'un blond vif, se nommait miss Ruth, ce que l'on prononce *Ross*, ou à peu près. Ce changement de quartier fut cause que, la première nuit, je m'égarai en rentrant au logis. Un policeman, que je priai de me renseigner, me fit signe de le suivre. Au bout de la rue, il me confia à un autre policeman, à qui il ne dit que ces deux mots : *Manchester-Buildings !* Celui-ci m'escorta deux cents pas, et me remit à un suivant, qui me passa à un quatrième, et ce dernier à un cinquième. J'en comptai jusqu'à douze, également silencieux, jusqu'au moment où l'on me montra du doigt une porte que je ne reconnaissais pas.

Là, tirant une petite clef dont mon hôtesse m'avait muni, j'ouvris sans déranger personne; j'allumai un bougeoir, poussai les verroux et tendis contre la porte une chaîne de fer, dont le dernier anneau s'ajuste sur un crochet contourné en spirale, afin qu'elle ne puisse être frauduleusement soulevée. En route, j'avais remarqué des hommes qui semblaient occupés à crocheter les serrures des maisons; loin de là, ils s'assuraient qu'elles étaient hermétiquement closes. C'est une occupation nocturne des policemen échelonnés dans toutes les rues, et chargés de protéger le domicile des citoyens en fermant leur porte, si d'aventure ils ont négligé de le faire. Cette excellente et paternelle institution a supprimé le vol par effraction dans cette ville où les filoux abondent. Mais les mœurs publiques ne contribuent guère moins à faire respecter le domicile, dont l'inviolabilité est consacrée par l'usage et par les lois. Quoi de plus noble que cette protection morale, tirant son origine du sentiment profond de la liberté! Il est porté quelquefois jusqu'à l'excès, et j'en citerai un exemple entre mille.

Durant la saison d'hiver, quand les bassins des parcs et *Serpentine-River* sont glacés, dès que la surface de l'eau est prise, les Anglais se hâtent de venir patiner sur ces fragiles miroirs. C'est à qui tracera les premiers sillons sur la glace mince et flexible encore, et l'on se fait de l'imprudence un mérite. Chez nous, l'autorité mettrait obstacle à des plaisirs périlleux ; à Londres, où chacun est libre d'agir à sa guise, pourvu que l'on n'attente pas à l'indépendance d'autrui, la police respecte le caprice des patineurs, et rend hommage à leur liberté en les regardant se noyer sans s'émouvoir. Quelle cruauté ! dira-t-on, quelle barbarie ! Point ; cette insouciance tourne au profit de l'humanité ; car, les industries étant libres comme les individus, il s'est établi sur les canaux des spéculateurs munis d'appareils de sauvetage, qui s'attachent aux pas des patineurs imprudents, les surveillent de près, et partagent leurs dangers avec un dévouement que la loi n'oserait prescrire, prêts à repêcher les victimes, à les sauver, sauf à leur faire payer cher un si précieux service. Il en résulte qu'on devient sage par économie, et que la folie est punie d'une amende profitable à ceux qui la payent, comme à ceux qui ont mérité d'en recevoir le montant.

Être protégé par la société, c'est déchoir de son rang ; cette humiliation est le partage exclusif des aliénés et des animaux : Il existe des sociétés *protectionnistes* au profit des bêtes ; on procède juridiquement contre ceux qui les maltraitent, et l'on courrait moins de risque à battre sa femme qu'à rosser son chien. Cette législation philozootique tend à s'établir chez nous.

Citoyens à leur manière, les quadrupèdes possédant des droits, avec des garanties, ne se montrent point ombrageux, et circulent parmi la foule en pleine sécurité. Jamais cheval anglais n'a rué ; le plus fringant se mêle avec bonhomie au flot populaire; on le touche, on le flatte, on lui parle; il approuve, il écoute avec philosophie. Aux grandes courses d'*Ascot-heath*, on est frappé de cette cordiale entente, et ce n'est qu'un des moindres détails de ce spectacle, le plus singulier de l'Angleterre.

C'est un jeudi, peu de jours après la Pentecôte, que je me rendis, avec deux amis, à la célèbre Bruyère d'Ascot, après avoir fait une station à Windsor, dont il convient de parler auparavant; pour procéder avec ordre.

Situé sur une hauteur, à vingt milles de Londres, le château de Windsor passe à juste titre pour la merveille de l'Angleterre. Ce monument constitue la plus complète et la plus longue histoire que l'on ait écrite avec des pierres. Tous les siècles y ont laissé leur empreinte, toutes les puissances évanouies, leur souvenir. Windsor est une citadelle, un castrum gothique, une abbaye, une villa, une prison, un palais; il résume les annales du royaume britannique.

En vain il est entouré d'une cité qui, de la plaine, s'élance au sommet du plateau; la ville entière ne semble justifiée que sur un prétexte, bâtie que par occasion, et érigée que pour rendre hommage au castel suzerain. Au sein même de la vie et du mouvement, Windsor fait le désert autour de ses créneaux, tant il rapetisse ce qui l'environne, et concentre l'intérêt sur ses profils austères avec splendeur, et capricieux avec majesté.

Jetée sur un seul revers, la ville grimpe confusément le coteau et s'agenouille devant le fossé, qui finit brusquement dans le vide, laissant isolé le monument d'où l'œil plonge sur une plaine verte. La Tamise y serpente, ruban bleu çà et là couvert d'arbres séculaires, plus anciens que les maisons de la cité, courbés sous le poids des ans et laissant traîner jusqu'à terre leurs rameaux contemporains des époques féodales. Parmi ces ormeaux vénérables, il en est de célèbres et qui ont leur légende écrite dans les vers de Pope ou de Shakspeare : tel est, à l'angle d'un chemin, le chêne de Hern, *Hernes-oak*, au pied duquel l'auteur des *Joyeuses commères de Windsor* a placé le théâtre de la mystification fantastique et burlesque de Falstaff. Hern le Braconnier avait déjà illustré cet arbre, aux fourches duquel il fut pendu. Windsor n'est qu'à vingt milles de Londres ; il est à six cents années de notre siècle bruyant et agité.

A peine avions-nous gravi la rampe et franchi la poterne sonore, qu'à l'aspect de la première cour, irrégulière, montueuse, et enclose de bâtiments de tous les âges, de tous les styles, je me disais avec effroi : « Comment s'y faudra-t-il prendre pour dépeindre un tel amas de merveilles?... »

Mais les bâtiments de cette cour, donjons, galeries, chapelles, palais et tourelles, sont troués de voûtes conduisant à d'autres cours; le voyageur s'égare dans un indéfinissable labyrinthe. Les constructions les plus étranges sont juchées les unes sur les autres, et entassées dans ce magasin trop rempli de curiosités architecturales.

Un des plus singuliers et des moins prévus de ces *accessoires* de Windsor, qui ailleurs constitueraient des monuments complets, c'est un cloître contemporain d'Édouard III, et dont les ogives serrées entre deux hautes murailles à créneaux moisissent dans l'humidité et dans le silence des ombres. A travers ces couloirs obscurs, soutenus par des charpentes rongées, on a pratiqué des cellules, des logements où l'on voit circuler quelques vieillards; ils respirent d'avance l'atmosphère des tombeaux, et vivent pauvres, au fond de ce réduit enclavé dans les magnificences royales.

Jadis, au fond des bois, le premier roi Henri avait caché une chapelle desservie par huit anachorètes, et dédiée à Édouard le Confesseur. Ailleurs, dans le parc, Édouard II avait fondé un prieuré royal habité par trente chapelains et quatre clercs. Édouard III transporta le tout dans l'enceinte même du château, où il éleva, dans un coin, ce cloître, avec une église collégiale, sous le triple patronage de la Vierge, de saint Georges et de saint Édouard. Il y hébergea un gardien, douze chanoines, trente vicaires, trente-quatre chapelains, six clercs, six choristes et vingt-six chevaliers, ou autres vieux officiers pauvres. Telle fut, sous l'inspiration d'une pensée charitable et religieuse, la première idée d'un hôtel des Invalides.

Lorsque parut, sous Édouard VI, l'acte qui supprima les communautés, la collégiale de Windsor fut exceptée de cette mesure révolutionnaire.

Une si vaste fondation n'occupe qu'une place imperceptible dans l'énorme château de Windsor. Non loin, s'élève la magnifique et célèbre église d'Édouard III, à qui l'on doit toute la portion gothique de ce château où il est né. Il respecta pourtant le massif et écrasant donjon, élevé par Guillaume le Conquérant suivant les uns, par les Romains suivant d'autres, bloc de pierres gigantesque, trapu, assis au sommet du plateau et dominant, bien qu'il semble accroupi, toutes les tourelles et les clochetons dont Windsor est comme hérissé. Saint-Georges a de beaux vitraux, une nef admirable, un chœur justement célèbre, destiné à l'installation des chevaliers de l'ordre de la Jarretière. Rien de plus noble, de plus héraldique, de plus somptueux que ces stalles sombres chargées d'arabesques, avec leurs écussons armoriés, surmontés de bannières blasonnées de mille couleurs, et enflammées encore par les rayons qui tombent des vitraux. De vieux harnois de guerre sont appendus aux murailles, et, des voussures de la nef, s'élancent hardiment des myriades de clefs-pendantes, rosaces aiguës, séparées par des cordons et des nervures, enchevêtrés suivant le plan d'un dessin capricieux et régulier en sa fantaisie.

Là se trouve le caveau royal qui contient les restes mortels des dix derniers princes de la maison régnante. Georges III, Georges IV qui *embellit* et gâta Windsor, y dorment avec Guillaume IV. Le mausolée d'Édouard IV, en fer travaillé à la lime, par Quintin Metzys, attire aussi les regards des curieux. Au milieu du chœur est une pierre noire avec un anneau : là repose, dit-on, le corps de Charles Ier ; mais on n'en est pas certain. Il paraît que les restes préalablement embaumés de ce malheureux prince, transférés à Windsor, puis offerts à la curiosité des compagnons de Cromwell dans un cercueil qui s'ouvrait à volonté, ne furent l'objet d'aucun honneur funèbre : on n'eut pas le loisir de s'en occuper ; on les entreposa d'abord, comme une boîte à violon le lendemain d'une fête, dans un appartement, sur un meuble, sur deux chaises, à terre, on ne sait où. Cette bière oubliée a traîné çà et là, de chambre en chambre, et l'on n'a pu se rappeler bien au juste où finalement on l'a serrée...

Ainsi, cette fatalité qui pesa si longtemps sur les Stuart les poursuivait au delà du trépas. La maligne influence datait de loin ; elle remonte à Jacques Ier, roi d'Écosse, qui fut poignardé entre les bras de sa femme : ses trois successeurs périrent de mort violente ; Jacques V expira de désespoir ; Marguerite, femme du Dauphin de France, mourut désolée à dix-sept ans, en s'écriant : — Fi de la vie ! ne m'en parlez plus ! Marie Stuart et Charles Ier furent décapités ; Jacques, son fils, perdit le trône, et sa race s'éteignit dans l'exil. Sur neuf souverains de cette dynastie, trois seulement ont rendu le dernier soupir dans leur lit.

Chacun a ouï parler de la terrasse escarpée de Windsor : elle a 1,870 pieds de long et mesure les palais élevés par Élisabeth et Jacques VI. Les appartements, immenses et curieux, retracent toutes les époques, depuis Édouard III, fondateur, en 1347, de l'ordre de la Jarretière en l'honneur de la belle comtesse de Salisbury, jusqu'à Charles II, qui fit décorer son habittaion dans le goût français, jusqu'à Georges IV, qui établit la galerie de Waterloo consacrée aux chefs de la coalition européenne, dont les portraits ont été peints par Lawrence; triste et curieux monument de nos désastres. La salle de bal, tendue de tapisseries des Gobelins, décorée dans le style de Versailles, est la plus riche, la plus délicieuse qu'il soit possible d'imaginer. Une pièce entière est consacrée aux chefs-d'œuvre de Van Dyck : on y compte vingt-cinq à trente portraits des principaux personnages de la cour de Charles Ier, parmi lesquels, en première ligne, la famille royale, Henriette, et surtout la comtesse de Carlisle, la plus charmante femme de son temps.

Il faut s'arrêter; il faut renoncer à décrire ce prodigieux palais dont on sort ébloui, la tête remplie d'images confuses et d'impressions diverses, comme si l'on avait traversé en quelques heures six siècles d'histoire. Windsor est vraiment royal et ne ressemble à rien autre. Pour énumérer les souvenirs qui s'y rattachent, il faudrait épuiser les annales de la monarchie. David II, roi d'Écosse, de cette romanesque maison de Bruce, dont lord Elgin est le dernier rejeton, y fut, en même temps que notre roi Jean, prisonnier d'Édouard III, qui se donna, un certain jour de Noël, la satisfaction de dîner entre ses deux augustes captifs. La poésie a consacré ce lieu féerique; Pope l'a chanté, ainsi que Shakspeare, et lord Byron a répandu son fiel sur les tombeaux qu'il abrite. On n'a pas oublié la pièce satirique écrite à propos du Prince Régent, qu'il avait vu à Windsor, entre les cercueils de Henri VIII et de Charles Ier; pièce qu'un traducteur exact a ainsi versifiée :

« Des lieux les plus sacrés, renommé contempteur,
« Près de Charles sans tête est ce Henri sans cœur :
« Entre eux, cet autre objet que le sceptre décore,
« Quel est-il? — C'est un roi : le nom seul manque encore.
« Vrai Charles pour son peuple, Henri pour sa moitié,
« En lui les deux tyrans ont revu la lumière.
« La justice ou la mort mêle en vain leur poussière :
« Les vampires royaux, farouches, sans pitié,
« Revivent. A quoi sert un tombeau, s'il dégorge
« Cette cendre et ce sang pour en former un George? »

Il est utile et moral de citer parfois de méchants vers, afin de montrer que les passions haineuses inspirent mal les poëtes. Il est bon aussi d'observer en passant que le second vers :

« Près de Charles *sans tête* est ce Henri *sans cœur*... »

n'est qu'un pitoyable cliquetis de mots, attendu que *sans tête*, étant pris dans le sens propre, et *sans cœur* au figuré, les deux termes ne sont point en rapport et ne font image que pour l'oreille. Répétée partout, cette sortie rendit Byron plus populaire, un moment, que le poëme d'Harold ou de Lara ; salutaire enseignement, bien fait pour inspirer le dédain des partis.

Mais Windsor vit s'évanouir des fleurs moins épineuses, d'un parfum plus suave. La muse écossaise y balbutia ses premiers chants qu'elle a dictés à Jacques Ier, prisonnier dans la tour ronde, où l'amour, sous les traits de Jeanne de Beaufort, vint charmer son exil. Captif, il la couronna de poésie ; redevenu roi, il la plaça sur son trône, et plus tard, il répandit son sang et son âme expirante sur le sein de cette fidèle épouse.

C'est à Windsor, dont il a célébré les solitudes, que Surrey, le doyen des poëtes anglais, a chanté, sous le nom de Géraldine, la fille de lord Fitz-Gérald. Fils du duc de Norfolk, Henri Howard, comte de Surrey, avait été élevé avec le duc de Richmond, fils naturel d'Henri VIII, à Windsor, qui depuis devint sa prison, et qu'il quitta pour aller à l'échafaud. « Quel cachot, s'écriait-il, serait plus cruel que le « superbe Windsor où j'ai passé mes jeunes ans « dans l'enivrement des fêtes avec le fils d'un « roi ! »

Mais ni ces touchants souvenirs, ni l'aimable talent de Surrey, ni l'éclat de ses services militaires, ne réussirent à protéger cette tête ombragée de lauriers, contre l'humeur soupçonneuse et vindicative du meurtrier de Catherine Howard : Surrey, le Pétrarque du Nord, périt à vingt-sept ans. Deux siècles après, Pope, errant parmi ces ombrages, rencontra cette ombre désolée, et le poëte vengea le poëte.

Nous quittâmes Windsor à une heure, la tête encombrée d'une cohue de belles choses, et livrés à cette satiété qui laisse l'esprit abattu ou désireux de se reposer dans la distraction des contrastes. Il régnait dans la ville un mouvement prodigieux. Fiacres, omnibus, équipages de maîtres, tapissières marchandes encombraient les rues, jonchées de piétons : chacun courait vers *Ascot-heath*, pour assister à la plus belle des grandes courses de chevaux de la Pentecôte. La bande française se divisa : les uns, harassés et grognons, craignaient d'affronter cette foule et de dîner trop tard ; d'autres, enivrés du bruit et attirés par l'admiration publique, brûlaient d'aller aux courses : l'occasion était précieuse, unique, la journée tiède et riante ; nous nous hissâmes deux ou trois sur l'impériale d'un omnibus dont le maître nous étrilla d'importance ; et fouette, cocher !

C'est vainement qu'il fouettait ; ses haridelles, d'un roux tirant au jaune, aspiraient à la tombe ; elles trottinaient l'œil morne et la tête baissée, genre de mélancolie, quoi qu'en dise Racine, exclusivement propre aux rosses les plus viles, et inconnu des *superbes coursiers*. Il fallut près d'une heure et demie pour parcourir six milles, le long d'une route étroite, mal entretenue, et où les roues s'enfonçaient dans une poussière mouvante que soulevaient en épais tourbillons les voitures qui nous devançaient.

Ascot est une lande inégale, montueuse, aride, dans un désert qui arrive au pittoresque à force de désolation. Au sommet du plateau mal nivelé, on a construit dans cette Thébaïde une maison avec des tribunes, des galeries et des estrades jusqu'au faîte de la toiture. Cette ruche, garnie de têtes de curieux et de femmes bariolées de mille nuances vives, offrait de loin l'aspect d'une gigantesque pyramide de fleurs animées. Au pied de cette cascade humaine, des deux côtés du *turf*, se pressait une population de quinze, de vingt, de trente ou de quarante mille âmes ; ces multitudes sont impossibles à évaluer, à moins d'une grande habitude.

Procédons avec ordre ; en quittant la voiture, nous cheminâmes d'abord dans du sable mouvant, çà et là persillé de genêts rabougris et d'herbes fauves. Au delà, se présentait un camp formé de deux à trois cents tentes en toile grise ; ce sont des cabarets, des cuisines, des salles à danser, des remises, et surtout des écuries destinées à héberger les chevaux des équipages rassemblés là au nombre de plusieurs milliers.

Parfaitement établies, ces écuries sous toiles, où l'on aligne de soixante à cent chevaux, donnent un aspect militaire à la fête, qui s'empreint aussi d'une allure flamande, à raison de la multitude des guinguettes, des ivrognes, des rôtissoires en plein air, et des filles qui dansent au son du crin-crin, parfois même de la cornemuse. A deux pas plus loin, la réunion prend un air aristocratique : pressés les uns contre les autres, sur quatre files, les landaus, les calèches, les carrosses de tout genre, armoriés, pimpants et découverts, servent d'estrades aux familles et portent des essaims de jolies femmes dans tout l'éclat de leurs atours. Contre la corde et dans l'arène, la fête est populaire ; la cohue se meut, crie, roule et s'agite. A de certains moments, tout se mêle et se confond ; tout équipage devient une salle à manger, et les pairesses du royaume sablent le champagne en plein air, à quelques pas des prolétaires qui font mousser l'ale et se gorgent de poissons, de fritures et de bœuf grillé. Il faut penser aux noces de Gamache à la vue de ces amas de comestibles, tout en se disant qu'un pauvre à jeun risquerait la fringale au milieu de cette pantagruélique abondance. Dans un coin, j'entrevis un jeune couple, un mari de la veille, une mariée fraîche et blonde ; solitaires heureux dans le plus épais du tumulte, ils avaient fait de leur voiture un ermitage, et six bouteilles de champagne plongées dans des seaux de glace étaient destinées à rafraîchir leurs gosiers délicats.

Plus loin, ce sont des jeux ; ailleurs, des chanteurs ambulants, des bohémiennes aux guenilles pittoresques, d'adroits filoux sous-pesant les poches et travaillant en tapinois ; des danseuses écossaises à la rousse chevelure, qui bondissent et sautent la gigue des montagnes. Autour d'elles circulent des soldats rouges, la canne à la main, et des jockeys efflanqués serrés dans leurs vestes de soie bariolée.

Tout à coup une cloche résonne à voix claire; il se fait un grand mouvement, l'arène encombrée se vide plus lestement que l'eau qui s'écoule; chacun prend position, tout afflue contre les barrières; on se bat, on s'étouffe; les curieux se juchent les uns sur les autres, les habitants des voitures se dressent sur la pointe des pieds, et les piétons se suspendent en grappes à tout ce qui peut les exhausser. Une course va s'ouvrir.

Il est d'usage, auparavant, que les chevaux traversant l'espace soient promenés devant la foule qui rompt les lices et va les caresser ou les voir de près. Ce mouvement est impossible à contenir : mais au second coup de cloche, tout s'efface; le silence se fait; l'émotion est au comble. Dès que le murmure confus des voix lointaines annonce l'approche des coureurs, la foule se penche et se renverse sur les solides barrières qui marquent l'enceinte. J'ai vu des gens quitter terre, s'élancer en avant comme à la nage et rester en équilibre, le ventre appuyé sur le madrier, tandis que des voisins leur grimpaient sur le dos.

Devant cette foule envahissante, les policemen imperturbables font reculer les plus hardis; un geste, un mot suffit; dans le cas contraire, on reçoit sur la tête un rude coup d'un joli bâton noir gros et court, sur lequel sont peintes en jaune et en écarlate les armes d'Angleterre, avec la vieille devise : « Honni soit qui mal y pense. »

Ce méchef faillit à m'arriver : déjà, d'un air plein d'aménité, le policeman levait son bâton, lorsqu'une volée de coups de poing reçue par derrière me fit détourner brusquement. Une dame, vieille et ornée de dents longues comme celles de la fée Urgèle, me gratifiait de ces marques d'attention. Ses traits exprimaient une fureur de singe, elle finit par me pincer jusqu'au sang, en me criant en français : — Otez-vous! allez vous-en; cela ne vous regarde pas; vous n'êtes pas Anglais!...

On la serrait par derrière, on lui pesait sur les épaules, je résistais par devant; elle plia; je vis ses doigts crochus se rapprocher, comme des pinces de homard, de mon bras déjà trop éprouvé, que je levai et rabattis sur son épaule, en pesant un peu : elle disparut, et m'écartant, je lui emprisonnai provisoirement la tête entre mes jambes où elle s'allongea comme une couleuvre. Elle resta donc sur ses quatre pattes, et tournant vers moi son visage épanoui au fond d'une capote convulsionnée, elle me remercia. Elle voyait...

Soudain, les clameurs et les trépignements redoublent : onze chevaux, le ventre rasant la terre, le cou et les jambes allongés, passent devant nous comme une nuée de flèches, avec leurs jockeys dont les vestes de gaze sont gonflées par le vent qui les rend semblables à des ballons.

Dès qu'ils ont disparu, la foule envahit de nouveau le turf et s'élance après eux. Dix mille enragés jonchent en quelques secondes cet espace abandonné naguère; on s'interroge, on parle confusément; la réserve britannique a disparu, l'enthousiasme est au comble; et qnand, deux minutes après, le vainqueur proclamé parcourt au petit pas les rangs pressés de la foule, le cheval est entouré, soulevé, ballotté; on le flatte, on le complimente, et il reçoit ces hommages avec un sang-froid surprenant. En ce moment, ce n'est plus de la passion, c'est du délire, c'est de l'ivresse, c'est de la frénésie; les chapeaux volent dans les airs, les clameurs montent jusqu'aux nues; la foule électrisée se livre aux emportements d'une joie folle; les battements de mains, les *hurras* produisent un vacarme effrayant et sauvage. Spectacle inouï que celui de ce peuple en démence!

Tel est l'unique et puissant élément des passions publiques en ce florissant pays. Enfin, je les voyais s'enflammer pour quelque chose, et dépasser, par *la furia* de leurs démonstrations, les plus bouillantes populations du Midi! Gloire à ces chevaux, leurs seules amours, qui font tant d'heureux à la fois, et qui associent dans une affection commune, dans un concert d'universel enthousiasme, les classes diverses, et si fort distantes, de cette société glacée par le sentiment individuel!

Comme les êtres isolés, les peuples ont certaines aspirations fougueuses, certaines passions exubérantes à satisfaire en commun. L'antiquité païenne avait ses triomphes publics et ses solennités mythologiques ; le moyen âge eut ses pompes religieuses et ses fêtes populaires. L'Angleterre n'a plus que les divertissements hippiques ; la France est réduite aux kermesses révolutionnaires.

Étonnés à la première course, intéressés par la seconde, subjugués à la troisième et emportés par l'entraînement général, nous nous surprîmes, mes deux compagnons et moi, à suivre le torrent à grands cris. Nous voilà donc, tant l'esprit d'imitation a de force, livrés à une allégresse machinale et sans but, braillant comme des aigles au milieu de la foule, et radieux de la victoire de lord Eglington. Tout à coup nous nous regardons : l'ivresse se dissipe, et tous trois nous partons d'un grand éclat de rire.

Alors nous cherchâmes la solitude, et passant derrière les estrades, nous trouvâmes le désert à cent pas de ce tumulte joyeux : — une ferme déserte, un bois où remisaient quelques équipages abandonnés ; au loin un vallon crayeux encadré de noires bruyères qui tapissent la base des coteaux couronnés de sombres forêts de pins. Un vieux cheval galeux paissait seul, oublié dans la plaine, complétant le morne aspect de ce paysage écossais.

Déjà l'ombre s'allongeait froide au pied des arbres dorés par le soleil oblique, nous regagnâmes la route jonchée de monde ; les bruits d'Ascot nous poursuivirent longtemps sur la lisière des bois, tandis que nous retournions à pied à Windsor, dont le parc était ouvert. Nous revîmes ces pelouses vertes, ces chênes contemporains de Milton, sous le large pavillon desquels se groupaient les daims et les cerfs. Au loin mugissaient des troupeaux, les hameaux fumaient dans la plaine, et au travers d'un médaillon de verdure, au fond des allées touffues, embrasées des rayons du soir, l'ombre découpait, à la cime de l'horizon bleu, le donjon massif, les tourelles et les murs dentelés du château de Windsor.

CHAPITRE VI

Physionomie du dimanche à Londres. — Messe à *Temple-Bar*. — L'entente cordiale mise à l'épreuve. — Figaro naturalisé Anglais. — Comment on vit dans les cottages. — Derniers moments de Robert Peel : deuil public. — La docte cité d'Oxford et ses vingt-deux colléges. — De la prétendue supériorité des chemins de fer britanniques. — La vie est un voyage... — Souvenir au peintre Louis Haghe. — Rencontre du *Solitaire*... en jupon. — Pèlerinage aux ruines de Kenilworth. — Un château des fées : Warwick. — Légende du comte Gui le géant. — *British-Institution*; découverte d'un chef-d'œuvre inconnu : Sophonisbe Angussola. — Brighton. — De la pruderie anglaise. — *Hastings* et Guillaume le Conquérant. — *Battle-Abbey*, tombeau d'Harold. — Les exilés de *Saint-Léonards on Sea* : Louis-Philippe et le roi Lear. — Voyage en patache : *Sussex* et *Kent* à vol d'oiseau. — Retour en France. — Les carillons de Calais.

Après une semaine entière de travail sans relâche, d'insomnie, d'activité, de plaisirs et de fatigue, Londres accablé succombe, et éprouve le besoin de se plonger pendant vingt-quatre heures, dans un sommeil profond. Dès le samedi au soir, vers la mi-nuit, la ville prend un autre aspect, le mouvement cesse, et le lendemain le soleil se lève sans réveiller la cité, dont les rues si passantes sont devenues mornes et closes comme celles de Bruges, de Pise, ou d'Aix en Provence.

L'agitation des jours précédents rend nécessaire à tous cet entier désœuvrement, seule concession faite à la nature, dans ce pays où la vie est factice et tourmentée. Pour les uns, c'est l'heure du sommeil; pour les autres, l'unique occasion de respirer l'air en liberté. En général, on apprécie mal le côté logique et salutaire du dimanche anglais, et en se restreignant à la physionomie extérieure de l'institution, on néglige d'en signaler l'opportunité. Veiller seul au milieu d'un monde endormi, c'est être placé dans une situation où l'on est certain de s'ennuyer : ce rôle est celui des Français au delà de la Manche.

Comme la mauvaise humeur s'en est mêlée, ils ont exagéré la sévérité religieuse qui préside à cette journée de récréation obligée. Nombre de gens croient, sur des récits absurdes, qu'on serait mis à l'amende si on jouait chez soi du piano, de la flûte ou du cornet à piston. Il n'en est rien; les lois du pays ne sont pas bienfaisantes à ce point. Chacun a ouï conter qu'on est réduit à jeûner si on n'a pas fait ses provisions la veille, attendu que l'on ne trouverait pas même à acheter du pain. La vérité est que les boulangers, les marchands de charcuterie, de tabac, les oyster-rooms, les cafés, les tavernes, les restaurateurs, les pastry-cooks, laissent leur boutique ouverte toute la matinée, jusqu'à onze heures. A cet instant, on ferme, sous prétexte des premiers offices, et chacun est censé se rendre aux églises. De une à trois heures, on entr'ouvre de nouveau les boutiques aux chalands, puis on les referme jusqu'à cinq, pendant le prêche : après quoi il est permis aux restaurateurs, ainsi qu'aux taverniers, de donner à boire, à dîner, ou à souper à tout le monde.

Ce qui montre à quel point, durant la semaine, les nuits sont animées, c'est que le dimanche expire avec la soirée, et que, dès minuit, les *saloons* dansants, les cabarets à musique, etc., recommencent leurs bruits ; la ville s'allume, et la circulation renaît.

Les établissements publics sont fermés le dimanche : musées, galeries, théâtres ; les églises même sont closes, hormis aux heures des cérémonies. Il est hors d'usage que l'on rende des visites en ce jour consacré à Dieu et à la famille. Ainsi, les Anglais ne sortent guère, les équipages désertent les parcs ; la plupart des gens riches vont, dès le samedi au soir, à la campagne, ou visiter quelque ville de bains au bord de la mer.

Le mobile de cette coutume est l'égalité. Ne faut-il pas que les domestiques, les gardiens des musées, les acteurs, les musiciens, aient la faculté de se reposer aussi bien que les maîtres, les curieux, les spectateurs et les mélomanes? Il est des maisons où le couvert reste mis dès la veille, afin de réduire la besogne des serviteurs ; si la fermeture des magasins est l'objet d'une ordonnance générale, c'est afin que les scrupules religieux des uns ne fournissent pas aux autres l'occasion de nuire aux premiers par une concurrence établie à leurs dépens.

Contre l'habitude de nos compatriotes, je goûtai fort le dimanche. Harassé de courses et de travail (car, pendant six semaines, je n'ai jamais dormi plus de quatre heures sur vingt-quatre), je me sentis profondément satisfait d'avoir du temps à perdre en conscience, et d'être préservé de tout devoir, de tout plaisir, de toute étude. Il me sembla que le désœuvrement de chacun contribuait à ma propre quiétude, et le silence dont j'étais environné, la vue de tant de gens sérieusement occupés de ne rien faire, me plongea dans une rêverie oisive, dans un assoupissement nerveux qui ne sont pas sans charme.

D'ailleurs, n'est-ce rien que de contempler une grande ville tout à coup si différente d'elle-même, et de passer, de l'aspect d'une ruche bourdonnante, au spectacle d'un camp endormi?

Deux cent mille cheminées d'usine, en s'abstenant ce jour-là de fumer, laissent planer sur la ville une atmosphère éclaircie, fête pour les yeux : sans la consécration du dimanche, Londres ne contemplerait jamais l'azur du ciel.

Mais j'ai connu des buveurs d'eau atrabilaires, qu'indigne profondément la fermeture des cabarets. Cette idée leur donne la pépie; il faut leur parler raison.

Il y a quinze ans, ces établissements étaient ouverts tout le jour, et c'est depuis lors qu'on s'est décidé à prescrire aux buveurs deux entr'actes, de deux heures chacun. Dans ce pays où le peuple est enclin à l'ivrognerie, il advenait que l'ouvrier, habitué à un travail assidu, se trouvant tout à coup en possession d'un loisir de vingt-quatre heures, et ne sachant à quoi l'employer, se jetait dans les tavernes; d'autant plus prodigue, qu'il avait reçu, la veille au soir, son salaire de la semaine, il le buvait tout entier, sans paix ni trêve. Le soir venu, ce pauvre diable était ivre, malade, ruiné; sa femme, ses enfants restaient sans pain.

Aujourd'hui, cet artisan digère, de onze à une heure, le porter, l'ale du matin; sa femme profite de la fermeture du tripot pour l'emmener : s'il retourne au débit, elle l'en retirera à trois heures, et, dans tous les cas, les repos forcés empêchent cet égout à bière de s'engorger; il boit moins, et peut s'arrêter. Quatre heures de réflexion sont aussi salutaires pour la tête que pour l'estomac. On le sait, au surplus, l'ivrogne animé ne cesse pas de boire; l'homme ivre, qui n'a rien *entonné* depuis deux heures, est pris du dégoût de la boisson. Ainsi les règlements sur les tavernes, comme les lois de Moïse, donnent aux intérêts temporels la consécration des institutions religieuses, ce qui constitue le génie des législations : les lois athées sont impuissantes à régler les mœurs. Depuis quatorze ans, de l'aveu de chacun, le nombre des ivrognes a diminué, et les rixes sont moins fréquentes. Ces améliorations n'empêchent pas que je n'aie vu dans le quartier de *Wite-chapel*, au seuil d'un *gin-house*, deux lurons mettre habit bas, prendre du champ, se cramponner sur leurs solides jarrets, croiser les poings et se boxer avec véhémence et dans les règles. Chaque coup rendait un son mat, comme un rocher qui des nues tomberait sur un banc d'argile : un nez fut mis en marmelade ; un œil passé au beurre noir se violaça tout à coup. Mais un policeman survint qui entraîna les champions. Autrefois, le boxer faisait fureur, on le cultivait dans les tavernes ; mais, à force de casser des têtes, on a procuré l'interdiction de ce talent d'agrément. L'art se perd...

C'est beaucoup que d'avoir gagné quatre heures sur les ivrognes du dimanche ; mais on en réduirait le nombre bien davantage, si l'on payait les ouvriers le lundi, au lieu de les solder le samedi soir. Les sociétés de tempérance n'y ont pas songé.

Un dimanche, après avoir joui tout le matin du spectacle de ce peuple qui se prélasse en seigneur dans ses rues paisibles, quittant les beaux quartiers solitaires, et Regents-quadrant dont les splendides édifices dessinaient sans obstacle, du haut en bas, leur courbe élégante et grandiose, je gagnai la Cité et pénétrai dans *Temple-Bar*, où l'on achevait l'office. J'entrai, par un portail byzantin, dans une rotonde romane, couronnée de niches ogivales séparées par une centaine de mascarons très-curieux. Ce sont des masques burlesques qui font assaut de grimaces risibles. Pour contraster avec cette gaieté, huit templiers de bronze, avec le haubert, le bouclier, et de sombres physionomies, sont couchés sur leurs tombes, à ras du pavé formé de briques émaillées jaune sur brun, représentant des lions et des chimères. Plus loin, on pénètre dans l'église où priaient les fidèles, au son de l'orgue faisant retentir ces voûtes sacrées de mélodies catholiques. L'encens embaumait la nef, et l'on aurait pu se croire en France. Mais tout cela n'est qu'apparence : l'antique chapelle des Templiers n'est qu'une habile restauration ; les masques sont copiés, les chevaliers mêmes ne sont pas anciens, et l'orgue et l'encens jettent un peu de poésie séculaire sur la froide réalité du culte anglican.

C'est un bourgeois de la Cité qui a rétabli, à ses frais, Temple-Bar, une des plus curieuses églises de Londres, où elles se comptent par centaines.

Après la messe, me promenant par la ville, je fus frappé de la quantité de gens qui allaient à la campagne ; les omnibus en étaient jonchés ; on voyait circuler aussi des tapissières voiturant tout le personnel d'un magasin, endimanché d'une béate allégresse. Leur entrain me gagna ; je résolus de franchir les murs. J'avais une visite à rendre, près de Walthamstow, à une très-aimable dame, qui, habitant Paris d'ordinaire, aurait probablement assez d'indulgence pour accueillir un visiteur ce jour-là. Mais où est Walthamstow? je l'ignorais. Fallait-il s'y rendre par terre ou par eau, en voiture ou en chemin de fer? Ces questions ne sont pas d'une facile solution pour qui entend à peine quelques mots d'anglais et ne sait à qui s'adresser; car le nombre des gens connaissant Londres à fond n'est pas commun, et ceux qui possèdent la carte des environs sont encore plus rares.

Ce n'est pas que chacun, pour vous assister, ne fasse les plus charitables efforts. Les Anglais, chez nous, passent pour inhospitaliers et dépourvus d'obligeance. En vérité, je ne sais pourquoi. Sans rien affirmer à cet égard, je me borne à livrer mes propres expériences. Or, je n'ai trouvé que prévenance, bonne grâce et humeur serviable, partout, dans toutes les classes et sans exception. Nos Français se croient aussi l'objet d'une réprobation complète, parce qu'ils portent de la barbe, et il faut avouer que cette mode est peu goûtée dans un pays où l'amour du rasoir s'étend jusqu'aux prairies. Quand les prés ont la barbe faite deux fois par semaine, un gentleman serait malvenu à ne se point raser tous les jours. En ce qui concerne les pelouses, leur Figaro est un cheval, traînant sur l'herbe un cylindre monté sur deux roues, par le moyeu desquelles passe un arbre attenant à quatre lames obliques qui tournent en effleurant l'herbe tondue de près. Une machine analogue sert à enlever la boue des rues; seulement, les couteaux sont remplacés par des brosses, et tout est également précipité dans un cylindre.

Mais voilà que nous babillons au hasard, sans plan ni méthode. Il n'est pas question de prés, mais de moustaches. Cet ornement alimente la gaieté britannique. Nous paraissons étranges, on nous regarde, on sourit parfois, mais sans malveillance, à moins que nous ne marchions d'un air tranche-montagne, avec un regard trop assuré. Cette allure, chez nous fréquente, est chez eux si peu de mise, qu'elle surprend dès qu'on revient en France. L'Anglais ne regarde pas autour de lui et n'aime pas qu'on l'envisage avec arrogance. Si l'on est calme, si l'on adoucit son regard, on passe inaperçu avec une barbe d'un demi-pied. D'ailleurs, la fashion commence à adopter les moustaches, qui, près des femmes, sont loin d'être un moyen de plaire : elles trouvent cela fort laid.

Il s'agissait donc de découvrir Walthamstow : j'étais dans la Cité, les boutiques étaient closes, et je faisais fond sur l'obligeance éprouvée des citadins. Il était écrit que je ferais, à cet égard, des expériences très-édifiantes. Voici quelle fut mon Odyssée :

Un marchand de tabac me conseilla d'aller à *Bishop's gate street*, nº 50, où je trouverais probablement des voitures. Cette rue était loin et d'un accès difficile. Il fallut plusieurs fois demander le chemin, et sur une dernière indication, je parvins à un carrefour où trois rues s'offraient du même côté. Nouvel embarras. On me frappe sur l'épaule ; c'était le dernier passant questionné qui, prévoyant mon hésitation, s'était détourné pour me suivre à mon insu jusque-là, pendant près d'un quart d'heure. Il sourit d'avoir si bien deviné, me désigna la bonne route et s'en alla sans attendre mes actions de grâces.

A Bishops'gate street, il advint que mon premier guide s'était mépris sur le numéro. La maison indiquée ne m'offrit qu'une taverne entr'ouverte, où ayant pénétré, je me vis au milieu d'une troupe de buveurs, gens du peuple, l'œil alcoolisé et les pomettes rubicondes. Superbe occasion pour apprécier l'entente cortiale; je dérangeais : les entretiens s'arrêtèrent, on me toisa. Au comptoir se tenait un garçon assez borné, dont je me fis malaisément entendre, et que je n'entendis pas du tout. Les pratiques intervinrent; c'était à qui se montrerait le plus empressé; mais chacun prétendant à se faire écouter seul, m'attirait à lui et prenait possession de ma personne. A la fin, le bureau me fut indiqué tant bien que mal. Je fus à la découverte, et ne trouvant rien, je revins au cabaret. Nouvelles explications; j'étais inepte, et ces gens, désolés, se montraient vraiment patients et bons dans leur cordialité familière. L'un d'eux prit un grand parti; jetant un regard touchant sur son verre plein, il le vida à demi, me regarda ensuite, et quittant le cabaret avec un soupir, il murmura : *Come here,* saisit mon bras et m'entraîna dans la rue. La distance était longue, il me conduisit jusqu'à la porte, frappa lui-même et me laissa.

L'heure du départ étant passée, je dus renoncer à mon projet; mais, curieux de sonder à fond la patience de ces braves gens, je rentrai une troisième fois à la taverne, où mon aspect produisit une sorte de consternation. Néanmoins on s'offrit à me conduire derechef; j'annonçai que j'avais trouvé le bureau, et, pour compléter mes renseignements, je multipliai les questions, et sur l'heure des départs, et sur la distance, et sur les moyens de retour. Leur bienveillance fut inépuisable, leur bonne humeur sans mélange, leur cordialité parfaite. Et ils étaient gris pour la plupart...

J'offris un verre de rhum à celui que j'avais dérangé, et je bus à la santé de tous. On répondlt par un toast aux Français. Je remerciai; ils parurent charmés. Seulement, il y en eut un qui me dit :

— Mossio, vive Louis-Philippe! Mais il fut à l'instant blâmé de cette indiscrétion.

Je n'allai donc à Walthamstow que le lendemain à dix heures. Arrivant au bureau un peu tard et à jeun, je demandai si j'aurais le temps de déjeuner et m'informai d'une taverne. Laissant son comptoir à la garde d'un cocher, le commis de la voiture me conduisit, commanda mon déjeuner et me dit de manger sans inquiétude, me promettant de me venir chercher au moment du départ. Il eut même l'attention de me réserver, au-dessus de la voiture, une bonne place à côté d'un monsieur qui parlait français. Demandez des complaisances de ce genre aux employés des diligences françaises, les plus incivils de tous les commis, et qui, gonflés d'importance, se considèrent, ridicule éminemment administratif, comme des autorités, par rapport an public!...

Comme il y avait du soleil, les Anglais s'étaient munis de parapluies, et, pour se garantir de la pous sière, ils avaient attaché à leurs chapeaux des voiles de gaze verte qui leur donnaient un faux air d'amazones. Nous dédaignons de tels soins ; mais un Anglais qui escalade une impériale porte un coussin sous son bras. Mon voisin, qui lisait dans ma pensée, me dit avec malice :

—En France, vous êtes toujours comme Malbrough qui va-t-en guerre.

Ce garçon-là nous trouvait fort à plaindre.

— Vous possédez tout, observait-il, et ne savez user de rien, et vous vous plaignez sans cesse. Vos impôts sont si légers !

— Peste ! vous en parlez tout à votre aise.

— Voyez-vous ce petit cottage? Eh bien, il verse à l'État environ 500 de vos francs, pour la taxe des portes et fenêtres. À Londres, l'impôt mobilier d'un logement de 3,000 francs s'élève communément au tiers de cette somme.

— Mais vous n'avez pas de si lourdes taxes sur les viandes et les boissons ; l'octroi vous est inconnu, et le sel vous revient, au détail, à 1 schelling les vingt-huit livres.

— Pour l'octroi, je pense comme vous. Comment

faire cependant? Vous êtes effrayés de toute somme un peu ronde ; il faut bien éparpiller l'impôt sur une myriade d'objets, et le retirer sou par sou, ce qui, soit dit en passant, en rend la perception très-coûteuse. Chaque année, vous travaillez à réduire le budget qui sans cesse augmente, au lieu de chercher à accroître les éléments de la fortune publique. Vos industries sont en baisse, votre pauvreté s'accroît ; et plus votre caisse se dégarnit, plus vous aspirez à la liberté, sans songer que la liberté des peuples est proportionnée à leur prospérité matérielle. La liberté est un luxe trop coûteux pour votre bourse.

— Votre synthèse n'est pas consolante ; mais elle dénote une certaine étude de notre pays.

— Je m'y trouvais après 1848, et je vous faisais la guerre à la façon anglaise : il pourra vous en coûter gros. J'ai dirigé la prise de Lyon.

— Vous parlez par énigmes.

— Notre politique ne prend dans un pays que ce qui nous est profitable. En général, par rapport au continent, elle se réduit à profiter de vos désastres. C'est ainsi que nous nous sommes assimilé la plupart de vos industries, et que nous nous substituons à vous de jour en jour sur la plupart de vos marchés du globe. Nous tendons à vous faire *mats* sur l'échiquier du monde.

— Bah ! il nous reste encore bien des cases vides.

— Trop vides. C'est le succès le plus aisé !... Dans votre patrie, l'on n'a besoin que d'un crédit à courte échéance, parce qu'on s'enrichit en dix ans, et qu'on ne continue pas à exercer l'état de son père. De là provient qu'on a peu d'intérêt à fonder une renommée durable ; par conséquent on fraude sur tout, on falsifie tout pour achever plus tôt sa fortune. Aussi, votre commerce est suspect sur tous les marchés ; le nôtre est d'une loyauté parfaite, non que nous soyons plus honnêtes, mais notre intérêt le veut ainsi. Rien n'est donc plus pénible aux nations que de ne pouvoir se passer de vos produits. D'où il succède, que tout article par nous offert en concurrence est à l'instant préféré.

Après votre glorieux Février, la fabrique lyonnaise souffrit, les ouvriers manquèrent d'ouvrage ; on ne sut faire aucun sacrifice, et je songeai à tirer parti de la situation. Après en avoir conféré avec le premier lord de la Trésorerie et le président de la Cour du commerce, je traversai la France. Mais vos ouvriers sont patriotes ; les embaucher était difficile, et je ne voulais que les plus habiles. On m'envoya *du renfort*... et les émeutes vinrent tout empirer. J'ai expédié, par la Suisse, le Rhin et la Belgique, trois cents des meilleurs ouvriers en soierie, et depuis lors, à un second voyage tant à Lyon qu'à Saint-Étienne, environ sept cents autres travailleurs. Déjà nos fabriques d'étoffes et de rubans sont en pleine activité; leurs produits rivaliseront bientôt; ils finiront par vous débouter. Voilà comment j'ai pris votre ville de Lyon.

— Vous êtes donc bien riche et furieusement patriote?

— Riche de l'argent de l'État, qui sait en fournir aux utiles entreprises ; patriote, avec la ferveur d'un néophyte ; je suis né à Châtellerault, et Anglais naturalisé. Mais il faut ajouter que ma mère est du pays de Galles. L'intelligence, l'activité, sont d'un emploi trop rare en France, où l'on n'en tient compte ; je suis entré au service de l'Angleterre, et n'ai jamais servi qu'une patrie. Mais ici que de ressources, et quels hommes d'État! Il m'est facile de vous en donner une idée par une simple anecdote.

— Je vous écoute.

— Lors du traité de la quadruple alliance, je me trouvais à Madrid au moment où il s'y débattait certaine question trop longue à expliquer, et dont la solution, tranchée sans vous, contre vous, même, demandait beaucoup de promptitude. Il fallait conclure avant que votre gouvernement fût mis en éveil. Votre ambassadeur fut prévenu à temps, j'en fus instruit par hasard. Il allait dépêcher un courrier à Paris ; la combinaison échouait si l'on ne gagnait quelques heures. Sans perdre une minute, je prends un cheval, et, courant à bride abattue à la première poste, je retiens et fais partir tous les chevaux. J'agis de même à la seconde et je détourne les relais jusqu'à la frontière. L'estafette française fut retardée de quatorze heures. Je me hâtai de revenir, ma bourse était à sec et j'étais parfaitement tranquille. En effet, sur mon rapport, notre ambassadeur me félicita, me fit compter 40,000 francs, et m'accrédita, avec un traitement fixe, en qualité d'agent secret. Qui donc oserait, à ses risques, rendre un pareil service à la France ? Eh bien, chez nous, tout sujet anglais est à même d'agir de la sorte en toute sécurité ; indemnisé s'il échoue, récompensé s'il a réussi.

— Est-ce ainsi, demandai-je, assez dédaigneux, que vous avez conquis vos lettres de naturalisation ?

— Non, rassurez-vous. Votre question procède d'un esprit chevaleresque ; vous ne saurez pas faire votre chemin.

— Vous êtes, je l'avoue, admirablement corrompu.

— Nous ne vendons jamais à faux poids ; nos denrées ne sont point sophistiquées ; les vôtres le sont toutes, à peu d'exception près. Quant à nos principes, les voici : Tout pour le pays, tout pour la vieille Angleterre, *Rule Britannia !*... Vous le voyez, j'ai gardé le franc babil de la patrie de mon père, et je vous instruis sans réserve ni scrupule. Qu'en résultera-t-il ? Vous écrirez notre entretien, car telle est votre mission ; nul n'en profitera, et pour se dispenser d'y rêver, on se raillera de votre récit.

— Où diantre avez-vous pris que je fasse profession d'écrire ?

— Rien de plus simple. Mes paroles ne vous frappent que par le côté paradoxal ; mes critiques, au travers de votre patriotisme, ont une saveur dont l'âcreté vous plaît; causeur de votre nature, vous m'écoutez avec une attention gourmande, et vous jouez la bonhomie. Vous restez pensif un moment, comme un homme qui met ses impressions en ordre, et la question qui succède à ces pauses s'offre dans la série logique des idées. Vous glanez, vous recueillez; que faire de ces provisions-là, sinon de la prose? Enfin, vous projetez sur les campagnes des regards froids et attentivement prolongés, qui dénotent l'étude. Allons, vous êtes un littérateur.

— Et vous en êtes un autre, mais échoué sur l'écueil de la réalité. Votre activité n'est point dans l'imagination, elle est dans l'esprit et constitue tout l'homme. Votre héros, c'est vous-même, et ce héros, la vie pratique l'a absorbé. Cependant, par un reste d'habitude, vous broutillez des observations pour votre agrément. Je crois à votre campagne de Lyon; quand à l'anecdote de Madrid, je la connaissais; vous n'en n'êtes pas le véritable auteur, mais le metteur en scène. Instrument souple et caché, vous ne réussirez qu'à être riche, à la condition de faire le sacrifice de la renommée.

— J'y consens de bon cœur. Tenez, il n'y a rien à moissonner là-bas; vous devriez vous faire Anglais!

A ces mots, je partis d'un grand éclat de rire.

— Très-bien! reprit-il; vous avez plus d'espoir que d'amertume, et vous possédez une position.

— Fort humble, je vous le jure; mais je sais me borner.

— Adieu donc, bon courage! nous voici arrivés à l'angle du chemin de Walthamstow.

Le temps avait passé vite, grâce à la bizarre faconde de ce compagnon du hasard. Son entretien contenait des faits singuliers; je l'écrivis en l'abrégeant, mais sans y rien ajouter.

La voiture m'avait déposé sur une route solitaire, bordée de grands ormes secoués par le vent; le terrain était sablonneux, le pays ressemble à la plaine Saint-Denis, avec plus d'ombrages; des coteaux bas, du côté du midi, le séparent de Londres.

Çà et là, sur le chemin, se succédaient quelques cottages, et comme j'ignorais la situation précise de celui de Mme F... je pris le parti de sonner à toutes les grilles. Dès la première, je reconnus mon erreur, en voyant accourir sur le seuil le personnel d'un pensionnat de jeunes filles. Plus loin, autre *boarding-scool;* ailleurs, troisième pension, et de même partout. Un facteur de la poste me tira d'incertitude en me désignant le logis demandé. Je sonne, j'entre : nouveau pensionnat.

On sait que les familles anglaises sont fort nombreuses; on y compte les marmots à la douzaine. Or, dès qu'un étranger apparaît, les petits garçons, honteux et timides, s'enfuient se cacher; tandis que les filles, déjà pourvues de l'asurance propre à leur sexe dans ce pays, accourent, curieuses de regarder le visiteur. Dans une de ces prétendues pensions, j'eus le temps d'apercevoir, par une fenêtre basse, quatre petites filles, alignées de front et dressées à marcher droit, le buste effacé, les coudes au corps et l'œil fixe, par un sergent instructeur de l'infanterie de la reine. Dès lors, je m'expliquai pourquoi les soldats m'avaient paru marcher comme les dames anglaises; c'est que celles-ci sont stylées à l'école des fantassins.

Il me fut très-doux de rencontrer, au cottage de Walthamstow, une aimable personne, qui unit à la gravité des mœurs anglaises, les grâces de l'esprit français, et auprès de qui je retrouvai cette bienveillance épanouie qui distingue l'accueil de nos compatriotes. Presque aussitôt le fils de mon hôtesse vint tout rondement m'embrasser comme un vieux camarade, ce dont j'eus le cœur un peu dégourdi, tout gelé qu'il était depuis un mois par le contact des produits si bien cristallisés de l'éducation britannique.

C'est que là-bas les enfants sont élevés en serre froide par l'institutrice qui, pour mieux les *réussir*, éloigne d'eux l'influence des parents, et ne quitte jamais la couvée : elle vit avec eux le jour et la nuit. La mère assiste silencieuse à certaines leçons, dans le *scool-room*, et remonte seule à son appartement. Dans les maisons anglaises, où les mœurs viennent se mouler, la cave appartient aux cuisines et à la domesticité. Improprement désignée ici, cette cave, pareille à une crypte, est séparée de la rue par un fossé en maçonnerie protégé par une grille, dans lequel les croisées prennent jour. Ainsi, dans les rues neuves, entre la façade des maisons et le trottoir, il y a un espace vide, de deux à trois mètres de largeur. La grille est interrompue devant la porte du logis, qui sert d'entrée aux maîtres, et le service a son escalier particulier, pris sur l'épaisseur du terrassement. Sur la façade postérieure du bâtiment, on a ménagé d'ordinaire une petite cour à la hauteur des cuisines; le rez-de-chaussée du côté de la rue devient un premier étage sur le derrière. Donc les maîtres entrent, sortent, reçoivent, le tout à l'abri de la curiosité des domestiques. Le rez-de-chaussée contient la salle à manger et les appartements destinés à l'enfance; le salon, les chambres de maître occupent l'étage supérieur. Fontenelle, qui n'aimait pas les marmots, eût goûté cet arrangement, justifié à demi par la surabondance des enfants dans chaque famille.

Mais cet austère usage souriait moins à Mme F..., qui adore son fils et possède assez de tact et d'esprit pour le gâter sagement. Aussi contraste-t-il d'une manière avantageuse avec le sauvage petit troupeau de sa belle-sœur. Les enfants mangent à part, à d'autres heures que leurs parents; mais ces derniers, mettant à profit le dîner de la petite famille, en prélèvent, sous le titre modeste de *goûter,* les substantielles prémices. Je fus convié à cette collation, trait-d'union entre le déjeuner et le dîner. Elle se composait de bœuf à l'étouffée, d'un saumon, d'un plat de jardinage et d'un gâteau... mural. Tels sont les délassements d'un estomac britannique.

De retour à Londres, je remarquai, à l'angle de Fleet-street, la boutique du *Sunday-Times,* journal du dimanche à l'usage du peuple ; laquelle boutique, fermée la veille, m'avait scandalisé par l'insolence des placards dont la devanture était souillée. Le samedi précédent, sir Robert Peel avait soutenu contre lord Palmerston, à propos de l'affaire de Grèce, sa dernière lutte. Redoutable, éloquent comme toujours, il avait néanmoins reçu un échec, et le *Sunday-Times* couvrit d'opprobre ce nom respectable. Nous n'avons pas l'idée de cette licence grossière. Sous les rubriques de TRIUMPH ! ! ! de SHOCKING ACCIDENT AT S. ROBERT PEEL, ce noble champion des idées progressives était traité de *renégat,* de *criminel,* de *lâche,* de *traître,* d'*atroce,* et autres aménités.

Or, à l'heure même où je déchiffrais ces indignités, Robert Peel, revenant du palais Buckingham, et traversant Saint-James-Park, était lancé sur le sable de *Constitution-Hill* par son cheval, qui, en retombant sur lui, écrasait à deux reprises le corps du célèbre orateur. Donc, le *Sunday-Times* se hâta le lendemain de gratter ses affiches et de les remplacer par des placards élogieux tout aussi excessifs. La foule se pressait pour lire le bulletin sanitaire du malade ; la consternation était à son comble. Londres passa trois jours dans une angoisse profonde. J'ai vu des gens aller cinq fois par jour prendre des nouvelles à la porte de Robert Peel. Le petit jardin de White-Hall était sans cesse encombré d'une foule morne, silencieuse; à minuit, en rentrant chez moi, je retrouvais encore ces ombres inquiètes. Un soir, on répandit le bruit que le mal avait empiré; la reine devait se rendre à Covent-Garden, et, dès six heures, une foule épaisse jonchait les trottoirs des rues, de Kings street à l'extrémité de Pall-Mall, environ l'espace d'une demi-lieue. — Si la reine sort, disait-on, l'état du malade n'est point désespéré.

Cette foule se tint là, patiente, immobile, jusqu'à dix heures. L'équipage royal ne parut pas, et le peuple s'écoula dans un silence lugubre. En revenant au logis, tristement impressionné de cette douleur publique, si honorable pour le représentant et pour ses mandataires, je passai sous les fenêtres de l'hôtel de M. Peel. La nuit était fort noire, les groupes muets et tournés vers la grille, séparée par un petit jardin de la maison, au rez-de-chaussée de laquelle brillait d'une lueur faible un seul flambeau.

— Cette nuit, pensai-je, est plus sinistre que les autres...

Sans savoir à quelle fin, j'attendis... Au bout d'un instant, un policeman sortit de la maison, et vint jusqu'à la grille, dont chacun se rapprocha sans bruit. L'homme dit en anglais, d'une voix calme :

— Il est mort...

Je tirai ma montre; elle marquait dix heures et cinquante minutes.

Soudain, la foule s'éparpillant disparut à grands pas, sans qu'on entendît articuler une syllabe. Une heure après, Londres entier connaissait l'événement et prenait le deuil du plus grand de ses hommes d'État.

On se figure difficilement chez nous ce que furent la consternation publique et l'effet de cette douleur unanime. Les visages étaient abattus, les rues silencieuses, les affaires languissantes; toutes les nuances des opinions s'étaient effacées. En Angleterre, où l'opposition n'est point absolue, intéressée, ni systématique, mais inhérente à la question du moment, elle est aussi régulière, aussi salutaire, aussi *gouvernementale* que le cabinet même, et l'accord subsiste sur tous les principes fondamentaux. Telle situation rend les torys nécessaires, telle autre rend plus opportune la direction des whigs; mais les deux partis, également nationaux et désintéressés, coopèrent à la même œuvre. Peel mourant était, pour la patrie une et indivisible, un guide éprouvé qui tombe, une gloire qui s'éclipse, un flambeau qui s'éteint.

La puissante et profonde unanimité d'un sentiment si juste, spectacle si étrange pour un Français, inspirait une haute idée de la conscience politique, et de l'intime accord des éléments divers de la société anglaise.

Le lendemain matin, au lever du soleil, j'allai réveiller mon vieil ami Évariste F... que l'on rencontre volontiers partout ailleurs que chez lui. Nous avions jadis fait ensemble quelques centaines de lieues sous un autre ciel, et l'avant-veille, je l'avais rencontré dans la rue sans surprise, comme douze ans plus tôt sous la bâche d'un *corricolo* :

— Où donc allons-nous? demanda-t-il en se frottant les yeux.

— Nous partons pour Oxford.

— *Per Baccho !* s'écria-t-il, c'est une idée!

Et tout en fredonnant certain couplet de l'opéra de l'*Éclair* sur l'*Université d'Oxford,* il mit ses guêtres avec célérité.

Ce petit voyage nous mit en contact avec les seuls Anglais malveillants que j'aie rencontrés. En face de nous étaient assis deux gentlemen, d'une mise élégante et d'un aspect assez distingué, qui se mirent à causer entre eux, en laissant tomber sur nous des regards si narquois et si peu dissimulés, qu'il nous eût été difficile d'ignorer qui faisait les frais de leur entretien. L'attitude des autres voyageurs confirmait au surplus nos soupçons. Ces messieurs parlaient assez bas, mais ils avaient le coup d'œil très-haut. Au bout d'un quart-d'heure, craignant de n'être pas assez compris, l'un de ces jeunes gens se mit à siffler sur un ton aigu en me toisant avec une certaine fixité. — Chaque pays a ses mœurs, me dit tout haut Évariste. Il paraît qu'en Angleterre, on siffle sans se gêner dans les voitures publiques...

Un mouvement presque imperceptible de la physionomie du siffleur me fit deviner qu'il entendait le français. Je le regardai fixement, en répondant à mon compagnon : — Tu te trompes, mon cher; siffler en compagnie, à Londres comme à Paris, est une impolitesse, et la marque d'une très-mauvaise éducation.

Notre homme rougit jusqu'au blanc des yeux et cessa de siffler. Ces messieurs chuchotèrent de nouveau, et à la première station, ils changèrent de voiture.

Le train direct franchit si rapidement les soixante et trois milles qui séparent Londres de la ville des écoliers, qu'au bout d'une heure et demie, découvrant à droite, derrière une rangée d'arbustes, un dôme, des campaniles, un flèche et des tours, nous nous interrogions sur le nom de cette ville inconnue, quand un monsieur long, fluet, et tout de noir habillé, s'écria : — Nous arrivons à Oxford.

C'était un homme de cinquante ans, d'un aspect professoral : figure anguleuse, nez pointu fait pour sarcler le jardin des racines grecques; lèvres minces, affilées au latin; œil de coq, dressé à la surveillance. Il avait pris place à côté de nous, à la station où nous avions laissé sur la gauche le chemin de Bristol, pour prendre l'embranchement d'Oxford. Notre isolement, notre presque ignorance de la langue du pays l'émurent.

— Ces Français sont vraiment étourdis ! disait-il à

sa femme et à sa fille, en anglais que nous n'étions pas censés comprendre ; ils ne doutent de rien.

Puis, se tournant vers nous :

— Comment allez-vous faire ? les écoles sont en vacance, et je n'ai personne à qui vous recommander. Les guides d'Oxford ne parlent pas français, les habitants de la ville non plus ; vous n'êtes vraiment pas prudents, et si vous ne m'aviez rencontré par hasard pour vous piloter, vous risquiez de revenir sans avoir rien vu.

Nous nous confondîmes en remercîments.

— Je ne suis pas moi-même, poursuivit-il, entièrement maître de mon temps. Nous allons pour affaire d'importance à Oxford, d'où nous partirons ce soir. Néanmoins, vous ne pouvez être abandonnés de la sorte, et je tâcherai... Vous êtes d'âge à marcher vite ? Mais enfin, comment aviez-vous compté vous en tirer ?...

— Monsieur, répondis-je, on ne m'a jamais vu désespérer de l'imprévu : nous comptions sur vous, et nous vous attendions avec confiance et tranquillité

— La foi dans la Providence est une vertu, quand elle ne va pas jusqu'à la présomption. Qu'allez-vous voir à Oxford ?

— L'alme, inclyte et vénérable Université.

— Curiosité d'artiste, en un mot. Le collége de l'Université... Mais on en compte vingt-deux, de colléges de l'Université ! Oxford n'est qu'un concile de colléges.

Il pensait nous terrifier

— Oh! murmura Évariste; nous avons bien fait de venir ici.

— L'essentiel, pour des étrangers, c'est de visiter les plus beaux et les plus curieux. Je vais vous y conduire successivement, vous recommander à chaque porte, et en me quittant vous reverrez le tout à loisir.

Voilà un homme comme on en voit peu, et un Anglais comme il s'en trouve beaucoup. Dès que l'on eut mis pied à terre, notre cicérone bénévole déposa sa famille avec son petit bagage dans une maison, et sans perdre de vaines paroles, il s'allongea comme un limier le long du mur de *Saint-Aldate street*. Nous le suivions avec peine, jusqu'au moment où nous nous décidâmes à courir derrière ce compas ambulant, qui arpentait à pas d'autruche.

En peu d'instants, par des cloîtres étranges, sous des voûtes gothiques et des passages bizarres, en traversant des cours, des jardins, des arcades, nous eûmes accompli le tour de la ville, assez pelotonnée, et peuplée de vingt-huit mille âmes. Nous entrevîmes éblouis, le long de ce chemin fantastique, des miracles d'architecture, des profils admirables, des pignons, des ogives, des statues, des palais cloîtrés de tous les siècles, de Guillaume le Conquérant à Charles II. Plus étrange, plus somptueux, plus imprévu que Bruges ou Nuremberg, Oxford est une des merveilles de l'art du moyen âge.

Tout en multipliant les explications, notre protecteur examinait sa montre à chaque pas, répétant :
— C'est que je suis bien pressé... Allons, venez vite encore de ce côté... (Et il redoublait le pas : nous soufflions comme une locomotive qui file à vapeur perdue.) Grand Dieu ! reprenait-il, plus que dix minutes ! si j'allais manquer la leçon d'architecture byzantine, que penserait l'illustre docteur Speaghulf !

Il eût été bienséant de lui rendre la liberté ; nous fûmes impitoyables : les bons voyageurs immolent tout à leurs desseins, et sa mésaventure nous était trop utile. En y réfléchissant, je m'applaudis de cette stoïque fermeté. — C'est, disait-il, que le docteur Speaghulf fait aujourd'hui une leçon d'archéologie à la cathédrale, sur ce monument même, et vous comprenez...

— Qu'elle sera fort intéressante, sans nul doute.

— Combien je voudrais pouvoir vous y conduire ! Mais il faut être connu, présenté, invité, et à cette heure, je n'ai plus le temps de le prévenir ; et d'ailleurs...

Peu s'en fallut qu'Évariste, avec le dévouement du Chat-Botté, ne fît de moi chétif un Carabas d'érudition.

J'eus le temps de le calmer d'un signe, et nous achevâmes la tournée d'Oxford. Après quoi, notre digne et respectable guide essuya son grand front, nous serra la main d'un air satisfait, reçut nos remerciements très-vifs, et se sauva bien vite, en nous criant : — Surtout, jeunes gens, ne faites plus de ces imprudences-là !

— Pauvre cher homme ! grommela Évariste, nous poussons la prudence jusqu'à la férocité.

L'origine d'Oxford se perd dans la nuit des temps. La ville était déjà vieille en 729, lorsque le noble Didanus, ayant perdu sa femme Saffrida, fonda une église et un couvent, dont il donna la direction à sa fille Frideswide, qui, canónisée depuis, devint la patronne de la cathédrale, où sa tombe existe encore. Cette métropole, d'un style roman très-ouvragé, ornée de belles tombes du douzième et du treizième siècle, et où j'admirai les plus anciennes stalles gothiques que j'aie jamais vues, ainsi qu'une vaste croisée ogivale en style flamboyant, chose commune en France, mais unique en Angleterre ; cette métropole curieuse a servi d'église au couvent de Sainte-Frideswide jusqu'à 1522. A cette époque, Wolsey persuada au prieur de céder au roi son prieuré, et Clément VIII ayant approuvé cette transaction, le cardinal dévoué aux intérêts d'Oxford, où il avait étudié et professé, obtint d'autres suppressions, et fonda ou reconstruisit divers colléges. Il installa, dans les vénérables bâtiments de Sainte-Frideswide, spécimens de toutes les architectures, de la maçonnerie saxonne jusqu'au portique grec, un collége dédié au Sauveur, sous le nom de *Christ-Church college*. Les lettres-patentes du roi conférèrent à des chanoines réguliers l'enseignement des lettres divines, du droit civil, des arts libéraux et de la médecine. Voilà de l'unité, s'il en fut jamais.

Aussitôt l'on se mit à bâtir, avec un luxe prodigieux, sur les devis et plans de Wolsey lui-même. C'était à coup sûr un homme de goût que ce magnifique parvenu. Rien de plus imposant que cette immense cour gothique avec ses gazons verts, son campanile plus moderne, sa maison capitulaire du treizième siècle, sa vieille bibliothèque du quinzième, sa librairie nouvelle du temps de Charles Ier, et surtout son magnifique réfectoire, nef d'église éclairée par de grandes ogives ornées de charmants itraux. Cette salle est l'œuvre de Wolsey. On y arrive par un escalier de la renaissance, dont la cage voûtée, portée sur un pilier grêle et svelte, imitant un faisceau de lianes qui se divisent au sommet en rameaux rayonnants, est fleurie de rosaces et de culs-de-lampe d'un effet exquis. La salle elle-même a cent cinquante pieds de long sur quarante de large, et cinquante de hauteur; le plafond en chêne sculpté est étoilé d'armoires. Cent portraits historiques décorent ce réfectoire boisé et meublé à l'antique, où Wicleff soutint ses doctrines, où le prince régent reçut en 1815 les chefs des alliés après la capitulation de Paris.

Ce collége est l'un des plus vastes et des plus somptueux. Le collége de l'*Université*, proprement dit, est d'un aspect plus étrange encore, avec ses deux cloîtres gothiques dont l'un est revêtu, jusqu'au sommet, de massifs d'alaternes en espalier, de lierre et de touffes de roses. La pierre en est vieille et très-écorchée. A côté de cette cour du quatorzième siècle, s'ouvrant sur des jardins, il en est une autre plus sévère, environnée de petites fenêtres à plein cintre, groupées, et encadrées deux par deux d'un cordon qui trace une large grecque. Rien n'est plus imposant. L'Université existait déjà au neuvième siècle sous Alfred le Grand, qui lui concédait le huitième de son revenu. Un peu plus tard, au treizième, Mathieu Pâris signalait à Oxford la présence de 3,000 étudiants, et cette Université n'avait pas encore été enrichie des dons de Guillaume de Durham ni d'Élisabeth de Montaigu, qui l'élevèrent à une haute splendeur.

Mais comment décrire les merveilles d'Oxford? Il faudrait un volume et des centaines de gravures pour en donner l'idée. Passons donc légèrement sur *Magdalen college,* avec son cloître chargé de colonnettes enlacées de lierre, sa chapelle fleurie, son réfectoire sarrasin, revêtu d'une boiserie en chêne, de 1521; ses jardins animés d'eaux vives qui jaillissent sous des arbres séculaires... Sur *Merton college,* l'un des plus fantastiques, avec son abside, sa physionomie d'abbaye, de forteresse et de manoir; ses jolies cheminées couronnées de trèfles, sa double cour où s'épanouit sur un corps de logis austère, un pavillon, premier né de la renaissance en fleur; et son cloître sombre, égayé sur les toits par un chapelet de lanternes vénitiennes. Merton, mystérieux comme Venise ancienne, et splendide comme Florence, entr'ouvre avec coquetterie le péristyle de sa chapelle orientale, plantée d'une forêt de colonnettes groupées comme des tuyaux d'orgue.

On ne doit pas omettre *Saint-Johns' college*, en face de la vieille tour romane de Saint-Michel. Le gothique s'y montre à son automne, attristé, défleurie ; mais on y admire une très-belle cour du temps de Charles Ier. La statue de ce roi, celle de la reine Henriette illustrent le portail, flanqué de galeries sur arcades, égayées d'une légende où se déroulent des amours et des figurines en demi-relief, qui supportent gaiement des bustes antiques, nichés aux entre-colonnements.

New-College, le plus majestueux de tous, date du règne d'Édouard III; son église admirable est décorée de stalles fort belles. On y conserve encore la crosse du fondateur, Wilhelm de Wykham, évêque de Wyton. Le fond du chœur est singulier; il se compose de quatre étages d'ogives découpées à jour sur une muraille plane. L'orgue, du temps, en chêne sculpté, a été restauré habilement.

Il faut renoncer à parler d'*Oriel college*, dont les bâtiments festonnés se couronnent d'une file de pignons légers; d'*All Souls college*, d'un style presque bourguignon, qui possède un portail mauresque et deux ailes crénelées, à demi cachées par un tronc de houx, gros comme Henri VIII. Ce houx s'entremêle au lierre et aux replis d'un figuier trapu.

Laissant les colléges de *Pembroke*, de *Lincoln*, de *Wadham*, de *Corpus*, de *la Reine*, de *Jésus*, de la *Trinité*, d'*Exeter*, et celui de *Balliol*, fondé par le père de l'infortuné roi d'Écosse, nous ne dirons qu'un mot de la *Divine École* ; ainsi nomme-t-on le collége de théologie.

Elle existait, sous la direction des moines, avant les incursions des Saxons et des Danois. C'est sous Henri VIII et son successeur que cet établissement acquit son plus vif éclat. Wolsey, Bodley, Selden, le duc Humfroy de Glocester le dotèrent richement. On y éleva un dôme, des clochetons, des cloîtres, des palais. Mais la perle des écoles, c'est la *Bibliotheca Bodleïana*, célèbre dans le monde savant. Elle occupe trois corps de logis, contient des livres rares, des portraits curieux. Toutefois, elle est d'un aspect moins saisissant que la salle *Selden*, élevée et appropriée à son usage du temps d'Érasme. Rien de plus bizarre, de plus recueilli que ces plafonds peints, ces vitraux enchâssés de plomb, et ces bureaux massifs appuyés contre les rayons, de telle sorte que l'érudit, en écrivant, n'ait qu'à tendre la main pour atteindre les volumes. Tout est divisé par cases et compartiments en boiserie de chêne, formant des cabinets isolés ; les murs sont ornés de portraits divers, et entre autres de celui d'Érasme, grand comme nature, et avec les deux mains, par Holbein. C'est le meilleur des portraits du plus ancien précurseur de Voltaire.

Dans cette salle vénérable, où lisaient quelques étudiants en robe noire et en bonnet carré, l'on se croyait transporté au temps de Mélanchton, de Morus ou de Luther.

N'oubliez pas de visiter *Saint-Peters-church in the east*, très-vieille église, avec une crypte presque romaine sur huit piliers souterrains ; ni la galerie neuve de l'Université, au sommet de la ville. Elle contient une collection de dessins originaux, réunie autrefois par Lawrence, et acquise depuis, au prix de 7,000 livres (175,000 francs), à la faveur d'une souscription à laquelle le comte d'Eldon contribua pour 4,000 livres. Soixante-dix-neuf dessins de Michel-Ange, cent soixante-deux par Raphaël, rendent fort précieuse cette galerie, où l'on admire, en outre, quelques peintures gothiques de Simon Memmi, de Ghirlandajo et de Masaccio.

Dévolu aux écoles secondaires, Oxford concentre à peu près tout l'enseignement transcendant. Hors de là, les seuls colléges importants sont ceux d'Éaton et de Cambridge. Les études universitaires sont complètes, et comprennent les facultés de droit, de théologie, le programme de notre École normale, et de l'École de médecine. Londres, pourtant, possède une École de chirurgie à Lincolns'inn fields et quelques petits colléges.

La jeunesse d'Oxford est, dit-on, pédante et dépensière; c'est un lieu d'études et de plaisirs coûteux.

Rien de plus singulier que de voir circuler, dans ces rues antiques, des écoliers en rabat, la robe plissée sur le dos, doublée en soie, et munie de longues manches ouvertes, froncées sur l'épaule. Ils sont coiffés d'un bonnet noir collant à la tête, lequel bonnet, tombant en pointe sur la nuque, est couvert d'un carré d'étoffe plat et garni d'une houppe de soie. Il y a des écoliers rouges et des écoliers violets.

Oxford est un monument unique, merveilleux, et trop peu visité. Pour compléter l'impression qu'on y ressent, les carillons sont sans cesse en branle ; car tout étudiant riche, passant examens ou thèses, fait carillonner ses victoires. On nous avait dit vrai : notre littérature, notre langue sont ignorées à Oxford ; la librairie la plus achalandée ne nous offrit, en fait d'ouvrages français, que *Moustache*, et *Sans-Cravate*, par M. Paul de Kock, ainsi que l'*Art de plaire...* par Eugène Sue.

Après avoir erré jusqu'au soir dans cette cité du moyen âge, nous regagnâmes le chemin de fer, qui mit cinq heures à nous faire parcourir la distance franchie le matin dans l'espace d'une heure et demie.

C'est mal à propos que notre anglomanie préconise la rapidité et l'excellente administration des chemins de fer de la Grande-Bretagne, livrés sans contrôle aux Compagnies, maîtresses absolues et tyranniques des voyageurs. Bien que les tarifs soient fort élevés, pour peu qu'un intérêt attire le public sur un certain point, ce jour-là les prix sont augmentés. Qu'il survienne une fête, un marché dans une ville lointaine, où grand nombre de gens sont forcés de se rendre, l'administration supprimera les wagons de troisième classe, pour contraindre la foule à subir le prix des voitures de seconde. En d'autres occasions, on supprimera celles-ci, pour ne laisser que les places de la première classe à la disposition du public.

Les places les moins chères sont à découvert; sous de pareils cieux, on ne saurait rien imaginer de plus barbare. Les secondes, où l'on est adossé à des planches de chêne, et assis sur un banc de chêne non rembourré, sont aussi sales que des musées, et souvent garnies de portières non vitrées, fermant, par conséquent, au moyen de volets de bois. A Londres, non-seulement la pauvreté est subie comme une infortune, mais encore elle s'expie comme un crime.

Les trains ordinaires se chargeant de marchandises, on s'arrête parfois une demi-heure aux stations pour hisser des fardeaux ou déposer des ballots et des caisses. Ces stations sont si nombreuses, qu'elles triplent la longueur du trajet; et, si l'on aperçoit de loin un voyageur attardé, on l'attend avec une patience digne des cochers de nos anciens coucous des environs de Paris. Dans la crainte que les voyageurs munis de simples billets de wagons n'envahissent les diligences ou les coupés, les administrations ont imaginé un déplorable expédient. Vers la fin de la dernière station, un quart d'heure avant l'arrivée, on s'arrête, et les employés, passant en revue les voitures, viennent demander à chacun son billet. J'ai vu pratiquer cette cérémonie à Brighton, un dimanche : trois collecteurs recevaient les *tickets* de deux mille touristes, exposés à découvert au soleil de midi, entre un mur et un pan de rocher.

Ces lenteurs, ces ennuis sont supportés avec une résignation stoïque par les Anglais, dont la situation normale est d'être sur les chemins. Une fois hors du logis, une fois lancés, ils perdent de vue le prix du temps. C'est pour eux l'idéal; ils étaient dignes d'improviser ce vers devenu banal :

La vie est un voyage.

Un soir que je dînais chez mon ami W***, près de *Burlington-Arcade*, avec son frère, il survint les deux fils de ce dernier, jeunes gens, l'un de seize, l'autre de dix-sept ans. Pendant le repas, on se mit à causer de l'Allemagne, des bords du Rhin, de la Hollande... Les enfants écoutaient avec un visage épanoui; si jeunes encore, ils se préparaient à parcourir ces contrées. Ils reçurent de moi quelques renseignements, et me prièrent de leur tracer un bon itinéraire, ce que je fis séance tenante. A la fin du dessert, on se lève :

— Je crois qu'il est l'heure, dit M. W***, ne vous faites pas attendre.

Après s'être excusés d'être obligés de me quitter si vite, les jeunes gens gagnent l'antichambre, prennent chacun un petit sac de cuir noir et une casquette.

— Ils vont à la campagne? demandai-je.

Ils allaient au Tyrol, à Dresde, à Berlin, à Cologne, à Amsterdam, et s'éloignaient pour six mois, aussi peu émus que s'ils fussent sortis pour se rendre au spectacle. De la part des parents, nul fracas d'adieux, point de recommandations. L'oncle leur serra la main, en disant : *Good evening!* le père leur souhaita tendrement un bon voyage et leur donna la main, sans les embrasser. Je savais les Anglais antipathiques à l'accolade : mais j'ignorais jusqu'où s'étend cette répulsion.

On revint s'asseoir et l'on parla d'autre chose. Cependant les deux frères avaient été égayés par l'aspect de ce départ; leurs yeux brillaient, animés des souvenirs de la jeunesse. Cette joie me fut expliquée.

— C'est le premier voyage de nos enfants; voilà qu'ils entrent dans la vie...

— Je me revois à leur âge, partant pour notre promenade d'Italie. Vous le rappelez-vous, mon frère?

— Quel heureux temps!

Ils effleuraient ce doux souvenir avec une mélancolie souriante, comme on revient à la pensée de ses premières amours.

M. W*** m'engagea à l'accompagner à une soirée

où il ne pouvait se dispenser de paraître ; et comme je m'excusais sur mon costume négligé :

— Je vous ferai, ajouta-t-il en souriant, passer pour un original.

On peut juger si je rejetai cette proposition, qui, du reste, montre à quel point la séverité de la tenue est rigoureuse.

— Bah ! murmura-t-il, vous êtes moins Français que je ne l'aurais supposé.

Ces petits piéges sont finement déguisés. L'ami W*** me recommanda fort de visiter les castels féodaux de Warwick et de Kenilworth, situés à cent milles de Londres, au centre même de l'Angleterre, et je répondis :

— J'irai demain.

Vers minuit, comptant trouver Évariste F*** à souper au restaurant français, je gagnai Hay-Marcket, et je finis par découvrir mon homme à une table solitaire, masqué par une hôtesse énorme, qui causait avec M. Caussidière, trop gros sur une chaise trop exiguë. L'ancien fonctionnaire de la terreur blonde et innocente de Février a engraissé dans l'exil. Sa face pleine, souriante et colorée a gardé son expression d'épaisse bonhomie, démentie par le trait fuyant d'un œil voilé, mais subtil.

Ma proposition s'offrait à propos. Kenilworth et Warwick avaient été vantés, ce jour-là même, à mon compatriote, par notre ami Louis Haghe, peintre distingué et le premier aquarelliste de ce pays, qui excelle à manier les couleurs à l'eau, et où ce genre est tellement goûté, que deux Sociétés ont réussi à établir en concurrence des expositions rivales permanentes. Plus solide, aussi habile, aussi brillant dans ses procédés que Wild, miss Setchel, Davidson, S. Robins, Fielding et Landshire, Haghe, natif de la Belgique, est plus près de la nature, compose avec plus d'art, et procède des écoles flamandes. Son ton est très-monté, son fini large, son effet profond et son dessin pur. Ses aquarelles sont de véritables tableaux justement admirés.

Nous nous rendîmes de bonne heure, munis des renseignements de cet honorable artiste, au rail-way de Birmingham, et notre fidèle étoile envoya près de nous, à la dernière station, le guide qui nous manquait. C'était une jeune Française, laideron plein de physionomie, de vivacité et d'obligeance.

— Des compatriotes ! s'écria-t-elle ; rare et bonne aubaine pour une exilée.

La connaissance fut bientôt faite ; elle descendit avec nous et nous conduisit, par des sentiers connus, aux ruines de Kenilworth. Chemin faisant, elle nous apprit qu'elle s'était mariée en Angleterre, et qu'elle habitait Rucby, petite ville du voisinage. Elle savait Paris à fond. Évariste est du Mans ; tous les amis d'Évariste lui étaient connus. Je suis de Besançon ; elle me parla de la ville, des habitants, et devisa de la chronique provinciale, comme une Comtoise. Elle me nomma même quelques-uns de mes amis de

Lyon. Nous étions stupéfaits, mais trop discrets pour la questionner. A la porte de Kenilworth, cette petite fée nous tendit la main, nous souhaita beaucoup de plaisir, et disparut vite comme un farfadet. Mal revenu de sa surprise, mon compagnon la regardait fuir en chantonnant :

C'est le solitaire,
Qui sait tout,
Qui voit tout,
Est partout, etc.

Kenilworth, cet écrasant monceau de constructions saxonnes, de débris gothiques portés sur des bases romanes, et de massifs bâtiments contemporains de la renaissance, est presque entièrement ruiné. C'est le palais du Temps ; il y a partout gravé ses armes au tranchant de sa faux : destructeur poétique et coquet, il a complété la splendeur de ces lieux pleins du souvenir de Leicester, de Henri de Lancastre, de Simon de Montfort, de Mortimer, d'Élisabeth, et de cette Amy Robsart que Walter Scott y a placée, et dont le fantastique souvenir tient plus de place que les traditions des chroniques. Les impérissables historiens des ruines, ce sont les poëtes et les romanciers.

Élevé sur un monticule, à l'extrémité d'un village très-éparpillé dans une plaine verte, arrosée d'un joli ruisseau bleu terminé par un lac, de grands arbres, Kenilworth, entouré d'un fossé profond, étale ses débris amoncelés sur une pelouse fraîche et bien peignée. La plus vieille de ses tours, dont les proportions sont immenses et les murs d'une prodigieuse épaisseur, porte dans son enceinte effondrée une forêt de chênes et de ronces, entassés pêle-mêle avec des quartiers de rocs, des statues mutilées, des corniches émiettées, et des pans de mur en lambeaux. Cette tour carrée, percée de trous, de galeries escarpées dans les airs, d'escaliers suspendus où les oiseaux de proie font leurs nids, de portes aériennes dont le seuil usé ne livre passage qu'aux ombres, ce donjon porté sur des assises de pierres carrées et disjointes, se nomme la tour de César. C'est là que probablement habita ce roi saxon de Mercie, ce *Kenelph* des légendes, qui a légué son nom à l'antique manoir.

Au delà, on gravit, on descend tour à tour, à travers les décombres ; on traverse des donjons, des salles gothiques recevant le jour du ciel, et dont les croisées ogivales sont éclairées de l'intérieur, au lieu de transmettre la lumière. Sous des bosquets de houx, de lierres, de troënes, d'érables, de coudriers, succédant aux dalles de mosaïque, et dont les racines entr'ouvrent lentement les voûtes, on trouve d'autres salles souterraines, du plafond desquelles sortent ces mêmes racines, reverdissant à la pointe, et ébauchant sur la tête du passant des forêts renversées. Ainsi, la nature reprend possession de son domaine.

Les bâtiments élevés par Robert Dudley, comte de

Leicester, sont plus modernes et d'une élévation singulière. On y subit les ténèbres, on y respire l'humidité des puits ou des cavernes ; on glisse sur ce terrain gras et mouillé, où le ver, dans sa marche silencieuse, moule incessamment ses tristes hiéroglyphes. Levez la tête : contre ces murs sombres, effleurés çà et là par des jets de lumière, vous compterez les étages enfouis à cette heure ; vous verrez les cheminées armoriées, les frises des appartements, les crampons où l'on appendit des armures, et jusqu'à des débris de peintures, voilés de mousse verte, sépulcral gazon des murailles. Des générations guerrières ont passé sur nos têtes ; elles dorment où nous descendrons à notre tour.

Au sommet de l'inutile escalier de ces logis qui n'existent plus, l'œil parcourt sans obstacle les plaines jadis ombragées par la forêt d'Arden, où joutèrent en 1286, en présence d'Édouard Ier et des dames, les cent chevaliers qui, disciples fidèles des romans de chevalerie, célébrèrent à Kenilworth l'assemblée de la *Table-Ronde*. La guerre, l'amour et la mort résument les annales de ce manoir vénéré, tour à tour prison et citadelle, qui servit de théâtre aux luttes féodales soutenues contre Henri III par Montfort et Hastings. Le vieux burg, boulevard de la féodalité, périt avec l'ère ancienne, et tomba sous le fer des soldats de Cromwell avec les derniers vestiges des époques chevaleresques,

Telles sont les phases de la longue vie de ces monuments : les rois y entassent des soldats qui les conservent aux dépens des rois. Puis le peuple, y pénétrant à son tour, ouvre les portes aux arbres des forêts ; les arbres y attirent des rossignols et des poëtes...

Kenilworth, décrit et raconté, remplirait bien des pages. Son histoire est éparpillée dans les chroniqueurs, et idéalisée parmi les légendes d'autrefois. Nous devons ici exprimer ce que nous avons vu ou ressenti, non traduire ce que nous avons lu. Plus tard, peut-être, et dans un autre cadre, offrirons-nous un tableau plus achevé du château de Kenilworth. Le touriste cueille une fleur en passant ; il en respire le parfum, et ne l'étale point, disséquée, dans l'herbier de la science.

Après un déjeuner maigre, difficilement obtenu (c'était un vendredi) par mon compagnon, dont le papisme scandalisa les naturels du centre de l'Angleterre, repas où l'on nous servit, pour la salade, une sauce à la crême dans un biberon Darbo (nous fûmes assez lents à nous en expliquer l'usage), nous reprîmes le convoi jusqu'à Leemington. Ce voyage de dix minutes nous transporta de Kenilworth à Warwick, chef-lieu du comté.

C'est une ville très-étalée, dans une plaine riante. Beaucoup de maisons anciennes ; un certain air de vieille noblesse ; du mouvement, des souvenirs, de la gaieté ; quelque prétention à soutenir sa dignité de chef-lieu ; tel est Warwick.

Son école de Saint-John étale avec complaisance, presque à l'entrée de la ville, une façade du siècle d'Élisabeth, ornée de larges fenêtres bombées comme des lanternes, et coiffée de cinq pignons. L'hôpital, assez célèbre, est une maison à la suisse, d'une chinoiserie mesquine. Dans la rue principale on rencontre une porte de ville à voûte surbaissée, coiffée d'un campanile réjouissant; enfin, l'église, sans être d'un bon style, a beaucoup d'apparence. Le gothique anglo-normand, d'un goût inférieur à celui des monuments de la France, du Rhin ou des Flandres, se prête en général bien davantage à la confusion des styles et aux corruptions du pastiche. Parmi les tombes illustres de l'église de Warwick, nous avons remarqué celle de Leicester, ce favori d'Élisabeth, ce mignon des muses, ce héros des historiettes galantes. Pompeuse est l'épitaphe. Il eut trois femmes, ce beau Dudley : la première, il l'empoisonna; il noya la seconde, et ne put épouser la troisième, déjà mariée, qu'en assassinant un époux incommode.

Près de ce bon seigneur sommeillent son frère Ambroise, comte de Warwick, et une foule d'autres guerriers. Ce lieu est consacré à la vieille chevalerie d'Angleterre.

S'il survenait à Kenilworth un magicien qui, touchant de sa baguette les tours en ruine et les jardins détruits, rendît aux murailles leur splendeur, aux appartements leurs meubles, leurs dorures; aux salles d'honneur leurs trophées, aux bosquets leurs ambres mystérieuses, il reproduirait un second exemplaire du château de Warwick.

Embaumé comme un Pharaon, Warwick tout entier conservé, sourit dans la tombe où son voisin Kenilworth s'efface et s'écoule en poussière.

De ces deux castels, le temps a respecté le plus illustre et le plus étrange. Dès l'abord, on est saisi...

Juché sur un tertre, au bord d'une rivière, à l'angle d'un vieux pont, non loin d'une écluse dont le bruit sonore monte aux tourelles, Warwick présente à la plaine, comme la denture d'une bête fauve, sa large façade crénelée, hérissée de donjons en guise de crocs, et dominée par des touffes sombres d'ifs, de mélèzes, de cyprès, de cèdres; crinière épaisse d'où surgissent, semblables aux défenses d'un sanglier, des tours aiguës surmontant la masse noire des arbres du Nord. Vu du côté opposé, au milieu du parc, Warwick, emprisonné dans cet obscur et épais buisson d'arbres verts de quatre-vingts pieds de haut, qui de la base du mamelon s'élèvent en amphithéâtre jusqu'aux deux tiers des donjons; Warwick, au fond de ce labyrinthe sur lequel il paraît soutenu, apparaît inaccessible et fantastique, comme un des châteaux enchantés des vieux lais de l'Armorique.

On pénètre dans cette féerie par une poterne où s'offre, dès le premier pas, dans la loge même du concierge, un musée digne de la bizarrerie du lieu; car il contient le glaive, le bâton, le casque et le plastron de Gui de Warwick, qui tuait à coups de poing sangliers, taureaux et géants de la race païenne. Contemporain d'Alfred, le sire Gui de Warwick avait neuf pieds de hauteur. Las d'exterminer des hommes trop petits, il se fit ermite, et emporta, pour faire un peu de cuisine, un pot d'airain qui a un faux air d'une cloche de cathédrale. On remuerait du foin avec sa fourchette ; car la tradition populaire, ferme sur les bienséances, lui place entre les lèvres une ancienne fourche d'arquebuse. Le comte Gui s'était retiré à l'abri d'une roche, où il vécut d'aumônes pendant longues années. Amaigri par les austérités, déguisé par sa longue barbe, il venait lui-même au château recevoir, des mains de sa femme qui le croyait mort, les dons de la charité. Elle ne le reconnut jamais, ce qui prouve combien étaient communs en ce temps-là les hommes de neuf pieds. Près d'expirer, l'ermite renvoya son anneau de mariage à la comtesse qui accourut recevoir son dernier soupir, et lui fermer les yeux. Résignée dès longtemps à sa mort, elle ne put la supporter deux fois, et le suivit, au bout de quatorze jours, dans la grotte où il gisait inhumé.

Une merveille unique, c'est l'avenue de ce château. Est-elle due à des artistes géants, est-elle une œuvre de la nature ? Que l'on se représente une route demi-circulaire, creusée à quinze ou vingt pieds de profondeur entre deux murs de roche vive taillés à pic : ces parois servent à droite et à gauche de terrassement aux terrains du parc, aux arbres, aux lierres, aux fleurs, qui plongeant en verdoyantes cascades dans cette large rainure, revêtent d'une riche tapisserie ces rochers séparés par une route, d'où l'on ne découvre que le ciel, dont l'azur sert de fond aux cimes arrondies des arbres perchés sur l'un et l'autre talus.

Ce chemin, c'est l'ornière creusée par une roue de quinze pieds de large, chargée d'un poids effroyable, et décrivant un demi-cercle régulier, profond, dans une zone de granit à demi liquéfié.

Le premier aspect du parc, où brille, au centre de la serre, le fameux vase de Warwick, contemporain de l'empereur Hadrien, soutient la singularité de ces premières impressions.

L'art d'un jardinier-poëte a mis un crêpe de deuil à ce manoir plein de souvenirs lugubres, en l'entourant d'une ceinture épaisse d'arbres funèbres, disposés avec la plus navrante fantaisie. L'if, le sapin, le chêne-vert, le houx, le weymouth éploré, le cyprès qui monte tout droit au ciel comme un cercueil enveloppé d'un drap flottant, sont singulièrement accouplés avec la pâle famille des arbres gémissants. Là frissonne le bouleau dont les rameaux se dessinent en croix argentées. A l'ombre du cèdre qui mène le deuil, suivent en files éplorées le tremble, le saule pleureur, le peuplier blême, le buis, le sycomore, le lierre et l'acacia blanc, dont l'encens prinanier et la neige flétrie, consacrés aux vierges mortes, se répandent sur les cimetières.

Envahi par l'âpre mélancolie de ces lieux de mystère et de caprice étrange, je m'arrêtai seul à l'extrémité d'une longue et double rangée de cèdres énormes qui emprisonnaient la nuit sous l'envergure de leurs grandes ailes pantelantes.

Le ciel était pur, l'eau se moirait à ma gauche au sifflement d'une bise très-fine, et il se faisait un étrange concert; car tandis que dans cette morne et enivrante solitude les yeux erraient éblouis, le vent pleurait très-haut dans les cimes ou dans les créneaux; un essaim d'oiseaux défilaient, par petits cris entrecoupés, leurs litanies, et dans le même temps, un carillon séculaire égrenait dans l'air bleu ses notes sanglotantes et sonores.

Au bout d'un quart d'heure de cette émotion vague, j'entrevis un râteau qui cheminait sur les épaules d'un homme; tournant brusquement, je me perdis dans la nuit des ombrages, où glissant entre deux files de cyprès, comme dans un cimetière turc, j'arrivai à mon insu au portique du castrum, qui se dresse, tel qu'une tombe, au bord d'un fossé noir.

A l'intérieur de la cour, et le seuil franchi, tout est lumière, tout est riant, tout est fleuri, tout est mondain, tout étincelle.

La curiosité naît, le plaisir commence; mais l'étonnement, mais l'émotion, parvenus trop récemment à leurs extrêmes limites, sont abattus et ne se réveilleront pas. Le Warwick de Shakspeare, le cachot de Clarence, le palais des Plantagenets, le théâtre lugubre des démêlés d'York et de Lancastre, a laissé fuir à travers le parc les grandes ombres qui ont tué, qui ont gémi, qui ont aimé dans ces antiques murs. C'est sous ces arbres, dans ces carrefours, que l'ombre de Richard Névil poursuit le fantôme des rois qu'il faisait et défaisait, lorsque la force et la ruse l'avaient investi du pouvoir d'effeuiller tour à tour les deux roses sur le velours du trône.

Ainsi s'est évanoui du manoir le souvenir des ombres couronnées appartenant aux premières races des comtes de Warwick; depuis Ethelfleda, sa fondatrice en 915, fille d'Alfred le Grand, et mariée à Ethelred, comte de Mercie, dont la lignée fut dépouillée par les Normands au profit de Newbourg; depuis la souche fédérale des Beauchamp, dont le chef Gui de Warwick, surnommé le Sanglier Noir, incarcéra dans son donjon, puis décapita Gaveston, le favori d'Edouard II; depuis le terrible Richard III, jusqu'à ces Dudley, qui virent leur chef exécuté par l'ordre de la reine Marie.

Mais après que le roi Jacques eut donné le comté de Warwick à la famille Rich, cette demeure changea d'aspect : les spectres s'envolèrent, le luxe enrichit la forteresse tranformée en un château de courtisan, et changée, un siècle après, en palais somptueux par la dynastie des lords de Brooke, de la maison de Grevish, originaire du comté où elle occupa longtemps les fonctions de *recorder* (juge-assesseur). Ils obtinrent en 1759 le droit de relever les armes de Warwick : un ours debout, appuyé sur une massue. Ces deux familles ont tout effacé sous le badigeon du renouveau, sous les arabesques dorées de leurs restaurations magnifiques. Warwick, à l'intérieur, n'est plus qu'un décor, ajusté dans un théâtre gothique d'une éclatante beauté. Nous errâmes dans ces appartements d'une distribution vraiment royale, et qui, sauf la chambre de la reine Anne, meublée en marqueterie de bois de rose, et tendue d'une vieille tapisserie admirable, n'offrent rien de bien surprenant.

Le principal intérêt de Warwick a pour objet la galerie de tableaux. Deux cents chefs-d'œuvre sont dispersés dans ces brillants salons qui contiennent quinze à vingt portraits de Van-Dyck, et, entre autres, la *comtesse de Carlisle* et *Henriette d'Angleterre*, en pied ; deux toiles avec lesquelles le portrait de la marquise de Brignolles que j'ai vu à Gênes, au palais *Rosso*, pourrait seul rivaliser. En face du *comte d'Arondel*, de Rubens, placé à côté de ses *Deux Lions* de grandeur naturelle, œuvre unique en son genre de ce maître fameux, se trouve le *Vaguemestre* de Rembrandt, le plus réel, le plus vivant, le plus lumineux et le plus solidement construit des portraits du chef de l'école hollandaise. Le *Machiavel* du Titien, la *duchesse de Parme* de Paul Véronèse ; *Anne de Boleyn, Henri VIII* par Holbein ; *Gondone*, tête fine et charmante, le plus exquis des portraits de Velasquez, recommandent cette galerie trop peu connue, peuplée de personnage illustres, immortalisés par les plus grands génies de leur temps, et encadrés dans les boiseries disposées pour eux, en vue de les mettre en relief.

La cour montueuse, oblongue, inégale de ce château, offre un frontispice de constructions de tous les temps ; le palais, le donjon crénelé, la bonbonnière sarrasine, la renaissance païenne et le moyen âge catholique, mariant leurs styles divers, sont enchaînés par les mêmes touffes de lierre, de glycine et de vigne-vierge. Des fleurs étincellent partout, à travers ce mausolée chevaleresque, au fond duquel le passé sourit à sa jeunesse reverdie.

Si l'on met les châteaux royaux hors de concours, Warwick est assurément la plus noble habitation que puisse posséder un gentilhomme ; de même que Kenilworth serait à mes yeux la plus romanesque des ruines, si je ne lui préférais Heidelberg. Cependant, l'un de ces deux castels ne donnerait aucune idée de l'autre.

Ainsi qu'on a pu le constater plus d'une fois, l'aristocratie britannique est fort enrichie des chefs-d'œuvre des grands maîtres, et recherche à tout prix les peintures précieuses. Les galeries sont nombreuses, mais l'orgueil ayant plus de part à ce luxe que l'amour éclairé et généreux de la peinture, le patriotisme ne va pas jusqu'à encourager les jeunes artistes. De même que, pour obtenir la permission de consulter un volume au Musée britannique, il faut quantité de protections et de démarches, de même aussi l'on n'acquiert pas sans peine la faculté de copier un tableau. Si vous prenez une simple note au crayon dans un musée, un Cerbère accourt, prêt à confisquer le papier soupçonné de dérober la plus légère esquisse. Cette absurde et égoïste prohibition va jusqu'au ridicule. Il me fut donné d'en faire l'expérience à Londres où je visitais, dans Pall-Mall, *British-institution for promoting the fine arts* : c'est une exposition permanente, sous la présidence de lord Ellesmere, possesseur de deux beaux Raphaëls, et où chaque propriétaire de tableaux envoie quelques toiles : le tout forme un bouquet merveilleux. De ma vie je n'ai vu un plus riche écrin.

Donc, je prenais une note sur un chiffon de papier, et l'on vint promptement me défendre d'user de mon crayon. Le sujet de cette note était curieux, et vaut bien qu'on en fasse mention.

C'était devant le portrait d'une jeune religieuse à l'œil noir; pâle et frais visage, aux traits doux et purs, animés d'un sourire d'ange. Le masque est encadré d'un béguin de mousseline; les mains, d'une délicatesse exquise, tiennent un petit livre d'Heures relié en rouge. Cette toile, appartenant au comte de Yarborough, est mentionnée au nº 171 du livret, et attribuée au Titien. Or, cette peinture d'une délicatesse rare, d'un fini précieux, d'une touche spirituelle et d'une impression sévère, n'a aucun rapport avec la manière du Titien. A force de m'efforcer de deviner le nom du grand maître inconnu dont l'œuvre était sous mes yeux, qui sont très-perçants, je finis par deviner, grâce à d'imperceptibles saillies, quelques lettres noires à demi-perdues dans un fond noir, et par déchiffrer, avec une certaine émotion, le nom d'une artiste illustre, célébrée par Lanzi, par Vasari, et dont Paul IV, ainsi que le roi d'Espagne, se sont tour à tour disputé les admirables productions. Madrid a, dit-on, conservé quelques portraits de ce maître rarissime; Florence en possède deux, Gênes un seul; l'Allemagne, la France n'en ont point, et l'Angleterre, en lisant ces lignes, apprendra qu'elle en possède un, une perle!

Née à Crémone, de parents nobles, vers 1530, *Sophonisba Angussola*, élève de Bernardino, dépassa de bonne heure son maître, et porta l'art du portrait à ses plus extrêmes limites. Philippe II l'attira à sa cour, où l'honneur de poser devant elle fut disputé par les plus grands du royaume. Depuis, elle épousa un Moncade, qui la fixa à Palerme; et, devenue veuve, elle se remaria avec un Lomellini, qui l'emmena à Gênes, où elle devint aveugle. Elle passait alors pour la personne de son siècle qui raisonnait le mieux sur les arts. Sa maison devint une école de théorie qui, suivant Lanzi, parvint à régénérer la peinture génoise tombée en décadence. Sa vie dura près d'un siècle, et Van-Dyck, qui eut le bonheur de l'écouter, assurait qu'il avait plus appris de cette vieille femme aveugle, que du peintre *le mieux voyant*.

Telle est pourtant, ostentation à part, l'indifférence réelle des Anglais par rapport aux arts, que, parmi ces amateurs, il ne s'en est pas trouvé un seul assez habile pour dénier cette toile au Titien, ni assez curieux pour en découvrir l'auteur. Si M. le comte d'Yarborough daigne se donner la peine de fixer longtemps ses regards sur la partie gauche du fond, un peu plus bas que l'épaule de la jolie nonne, il reconnaîtra qu'il possède un morceau d'une rareté inappréciable, en déchiffrant ces mots : SOPHONISBA ANGUSSOLA VIRGO, I...TERIS AGOTI... PINX T, MDLI. L'ouvrage est de la jeunesse de Sophonisba, d'une époque où sa célébrité n'était point établie ; et ce visage, étudié avec amour, représente probablement la sœur cadette de l'artiste, Hélène, son élève chérie, qui entra fort jeune en religion.

Les dernières journées de mon séjour furent employées en excursions solitaires. J'étais curieux de comparer Londres à la province, et de constater la physionomie particulière des villes dans les comtés voisins. La législation et les mœurs religieuses ont tout nivelé ; l'Anglais est le même partout ; les vieux usages s'effacent, même au pays de Galles; on se comporte de même à Birmingham ou à Bristol qu'à Londres; on vit au pays d'York comme dans le

Devonshire. Sauf l'Irlande et l'Ecosse, où je n'ai pas été, le voyage à travers les plaines de la vieille Angleterre ne fournit d'autre élément de variété que les sites et les monuments. L'unité, qui a la monotonie pour apogée, a aplani les comtés, comme elle nivellera nos anciennes provinces.

A Brighton, où j'ai passé deux jours, on respire l'argent et l'ennui. L'été, c'est une ville de bains de mer; l'hiver, une ville de bains d'air tiède. Abrité du nord par une chaîne de montagnes, recevant de l'Océan des courants méridionaux, Brighton, le Montpellier de la Grande-Bretagne, est une ville neuve, avec des squares comme à Londres, des palais, des hôtels somptueux. Les poitrinaires y affluent aux approches de Noël, et le feu roi Guillaume IV s'y fit construire un palais à la turque, bien qu'il ne fût point un Turc. Dans la belle saison, on se baigne à la mer, devant le quai, qui sert de promenade à la société des deux sexes. Les hommes vont à l'eau complétement nus, ce dont je fus surpris, connaissant la pruderie anglaise. Comme la jetée était peuplée de belles dames, je demandai un *caleçon*. Nommer un tel objet, c'est faire scandale; le caleçon est *shocking*, et, de peur de choquer cette pudeur bizarre, on n'en met point.

On concevra sans peine combien je fus édifié par cette explication. C'était, s'il m'en souvient, un dimanche, à l'heure où l'on sort des églises, et de longtemps je n'oublierai ce bain dont j'ai craint de ne pouvoir sortir. On m'avait conduit, pour me déshabiller, dans un de ces cabinets juchés sur un essieu à deux roues, que l'on charrie jusqu'à la mer et d'où l'on descend par cinq à six échelons. Pour aborder la vague, tout se passa bien : les planches de ce cabriolet cellulaire tiennent lieu de rideau. Par malheur, je m'avisai d'aller en nageant assez loin pour contempler de la pleine mer les quais et les maisons de Brighton. C'était l'heure où la marée descend, et quand il fallut regagner la rive, mon cabinet roulant, qui naguère plongeait dans les flots jusqu'au moyeu des roues, se trouvait à sec à quinze pas au-dessus du niveau de l'eau. Pour mettre le comble à mon embarras, trois dames, une mère et ses deux filles, deux jeunes personnes d'un aspect décent, et l'une et l'autre jolies, étaient venues s'asseoir sur un banc de fer situé à côté de ma cabine; si bien que pour sortir du bain je ne pouvais éviter de passer devant elles. Ces dames avaient leur Bible à la main; elles revenaient apparemment du prêche, et elles me regardaient nager avec une sérénité parfaite.

Pour les avertir, sans les offenser, je m'approchai du rivage, me tenant accroupi et ne laissant hors de l'eau que mes épaules. J'arrivai de la sorte assez près d'elles : si je me fusse dressé tout debout, j'aurais eu de l'eau jusqu'à la rotule. On n'a pas oublié que j'étais dépourvu de tout vêtement *shocking*, et je n'avais pas, comme le sage Ulysse abordant à l'île des Phéaciens, la ressource de me vêtir d'un caleçon de feuillage. Jugeant donc, à l'immobilité de ces dames, qu'elles ne devinaient pas mon intention, je regagnai la lame en rampant, et me remis à nager. Mais on ne peut nager éternellement, tandis qu'on peut sans fatigue rester bien des heures assis sur un banc. Ces dames ne se lassaient pas de se reposer.

La situation était d'autant plus perplexe, que sir Walter G..., mon hôte à Brighton, m'attendait sur la plage et ne cessait de me crier : — Habillez-vous donc ; il est deux heures, et ma mère n'aime pas à retarder le moment du dîner.

Prolonger cette baignade interminable était presque impoli, et l'on ne pouvait y mettre fin sans indécence. Il fallut avouer mon scrupule, ce qui me fut malaisé, car sir Walter s'obstinait à m'écouter de loin, et j'eus toutes les peines du monde à le faire approcher. — N'est-ce que cela ! s'écria-t-il ; mon très-cher, nous ne sommes pas en France, et nos dames ne donnent aucune attention à ces niaiseries-là.

— Considérez donc qu'il faut passer aussi proche d'elles que si j'allais les saluer.

— Considérez aussi qu'elles ne peuvent s'éloigner sans paraître attacher à cette situation une importance qui les compromettrait.

L'argument était original ; il fallut s'en contenter. Je me levai lentement, et cherchant une contenance à la fois insouciante et modeste, évoquant les traditions perdues de l'innocence des premiers âges du monde, je défilai devant les trois dames immobiles, qui ne daignèrent pas détourner la vue. Seulement, je sentis que j'étais devenu très-rouge, ce qui aura donné de ma candeur une médiocre idée : la pudeur anglicane est pâle.

Quand nous fùmes de retour au logis, sir Walter égaya du récit de ma mésaventure sa femme, qui me dit : — Rassurez-vous, ces dames sont très-honorables, mais dévotes et puritaines. Comme elles n'approuvent point qu'on se baigne le dimanche, elles se sont campées là à dessein, afin que votre embarras vous servît d'enseignement.

— Voilà, certes, m'écriai-je, la plus étrange leçon de morale et le plus singulier exemple de ferveur religieuse que l'on ait jamais cités.

Peut-être aurais-je omis cet incident, s'il ne se rattachait à d'autres observations qui sont de nature à édifier le lecteur sur la pruderie anglaise dont on fait tant de bruit. A vrai dire, elle ne se prend qu'aux mots, et n'atteint ni les idées, ni les actions. La plupart du temps la décence bénévole se laisse sauver par une périphrase, et l'art de faire tout deviner sert de contrepoids à la rigidité du vocabulaire.

Il me souvient, à ce sujet, d'une dame d'un bel enbonpoint qui cherchait à se placer dans le coupé de l'une des voitures de Birmingham, occupé déjà par quatre personnes. L'une d'elles, un jeune homme, lui dit en se dérangeant : — Vous n'avez pas de quoi vous asseoir ?

— Si, vraiment, répondit la dame; mais je ne sais où le mettre...

On m'affirma qu'elle n'avait pas l'invention du mot. A la vérité, on trouve dans *les Mémoires* d'Horace Walpole je ne sais quelle légende de sainte Cécile, où des chérubins, têtes d'anges appuyées sur deux ailes, allant rendre visite à la patronne des musiciens, en reçoivent un accueil des plus bienveillants. — Mes enfants, leur dit la sainte, prenez la peine de vous asseoir.

— Ce serait avec plaisir, Madame, mais nous n'avons pas de quoi...

Walpole appartenait à la haute fashion; une si brillante autorité peut servir d'excuse, et j'admets que la dame du railway de Birmingham avait de l'érudition.

Mais, j'ai connu une vieille Anglaise, trop prude pour savoir nommer une seule des portions du corps humain situées entre le pied et le menton, qui racontait sur son propre compte une histoire vraiment alarmante. Elle se nommait miss Br***, et avait conservé pendant quarante ans cent mille livres de rente et l'illusion d'être aimée pour elle-même. Sa fortune l'avait rendue défiante, et elle avait si fort appréhendé d'être recherchée par intérêt, qu'elle finit par rester fille. Ajoutons que le cours impitoyable des années l'avait à la fois rendue très-rigide et très-chauve. Elle présentait donc une physionomie sévère, qu'elle égayait avec certaines perruques d'une ambitieuse ampleur.

Quand on voulait se divertir aux dépens de quelque personne timide, on l'engageait à amener la conversation sur la beauté des cheveux, et à rappeler à miss Br***, que les siens avaient été célèbres par leur abondance et leur éclat.

Alors, le plus chastement du monde, la pauvre miss vous racontait qu'elle avait possédé jadis des cheveux si longs, si longs que souvent elle les laissait se dérouler sur ses épaules jusqu'à terre, et que les ramenant devant elle, elle les faisait monter jusqu'à son corsage où elle les nouait en rosette avec un ruban de fantaisie.

Tandis que, sans risquer un seul mot *shocking*, elle décrivait d'un geste l'itinéraire surprenant de cette natte, on laisse à deviner les rires étouffés de l'auditoire, ainsi que l'embarras des gens qui, recevant pour la première fois cette confidence, ne pouvaient bannir entièrement les burlesques visions qu'elle évoquait. Aussi, qui diable, à moins d'être une Anglaise *excentrique*, s'avisa jamais de livrer le secret d'une coiffure aussi... équestre !

Comme on pourrait opposer que ce sont là des faits exceptionnels, on est bien forcé de les étayer d'un document du genre de ceux que les historiens rattachent aux *mœurs et coutumes*. Ici, comme il est question d'un usage établi, nous n'avons plus à redouter aucune objection, et ce qui reste à indiquer confirmera ce que nous avons dit.

Aux courses d'Ascot où l'on passe cinq à six heures en public, sur un tertre jonché de monde, des industriels dressent, à l'usage de la fashion, des tentes destinées à un usage que nous laissons à deviner. Loin d'être relégués dans quelque endroit solitaire, ces cabinets sont placés au beau milieu de la fête, parmi les bals, les cabarets, les remises à voitures ; bref, sur le terrain le plus fréquenté. Nous avons vu les plus belles dames s'élancer de leurs équipages armoriés et entrer bruyamment plusieurs ensemble, devant tout le monde, sous ces tentes, dont le vent agitait les toiles qui, à la fois trop étroites et trop courtes, permettaient non-seulement de deviner, mais d'entrevoir du dehors ce qui se passait à l'intérieur. Les spectateurs ne manquaient pas, et ces beautés qui sortaient de là en riant traversaient avec beaucoup d'aplomb le cortége de leurs admirateurs. Elles se fussent fait scrupule de nommer une jambe, elles se seraient offensées peut-être qu'on leur parlât de caleçon ; mais elles craignaient moins de prouver qu'elles n'en portaient pas.

Si nous voulions insister sur ce sujet, les anecdotes probantes ne manqueraient pas, mais si l'on s'obstinait trop à dépeindre ce côté des mœurs britanniques, on finirait par donner dans le ton déluré des *Mémoires* d'Hamilton, ce Lauzun babillard de la gentry anglaise, qui avait jeté le masque de la pruderie puritaine.

En résumé, quand les Anglais ne sont pas de glace, ils tombent souvent dans le dévergondage.

Les mœurs publiques traduisent nettement ces penchants extrêmes. La famille est austère et bien close, la mise en scène du vice s'étale en public avec crudité. Il suffit pour s'en convaincre de s'égarer en plein jour au milieu des parcs de Londres.

Ainsi, la pruderie du pays n'est guère qu'une convention : la forme est sévère, les mots sont voilés, le langage est intolérant ; mais, en réalité, la pudeur n'est que revêche, elle manque de sincérité. Cette nation est d'un tempérament froid, et par conséquent raisonneur ; elle excelle à soutenir thèse sur les sentiments, et chez elle, l'amour ne possède ni les grâces de l'abandon, ni la simplicité qui donne à la pudeur un parfum de jeunesse et de naïveté. Aussi, les jeunes Anglaises dissertent-elles sur les passions sans plus d'émotion ni de scrupule, que n'en mettrait chez nous une ménagère de province à parler de la lessive ou des confitures.

Enfin, pour bien marquer la distance morale qui sépare les deux pays, et pour conclure, à propos de ces diverses anecdotes, nous dirons qu'un écrivain anglais aurait hésité à les raconter de peur d'être *schocking* ; mais aussi que des dames françaises ne se fussent pas exposées à en fournir le sujet.

De Brighton, où je ne me baignerai plus le dimanche, un chemin de fer conduit le long de la plage, jusqu'à Hastings.

C'est à moitié chemin, au rivage de Pevensey,

célèbre par son poétique et vieux castel, que débarqua Guillaume le Conquérant, la première fois que l'île fut envahie par un des grands vassaux de la dynastie capétienne. Plus tard, sous Philippe-Auguste, Louis Cœur-de-Lion, père de saint Louis, prit terre près de Douvres, s'empara de Londres, et y fut couronné roi d'Angleterre. Ainsi, les Français, qui ont planté leur drapeau dans toutes les grandes capitales de l'Europe, ont conquis deux fois la cité reine des îles Britanniques. Cependant, devenu roi de France, Louis VIII eut le bon esprit de ne point attacher, ainsi qu'un grelot ridicule, un vain titre à sa couronne.

Le duc de Normandie avait bien choisi son emplacement : le sol est si bas, que l'accès en est difficile à défendre. Aussi, sous Napoléon, dès qu'on parla d'envahir leur île, les Anglais, mémorieux du duc Guillaume, s'empressèrent-ils d'aligner sur le rivage de Pevensey une file de petits forts, assez semblables à des colombiers ou à des moulins à vent sans bras. Partout ailleurs, pour opérer une *descente* en Angleterre, il faudrait monter avec des échelles sur une falaise à pic.

Accroupi sous un roc coiffé d'un château ruiné, Hastings est à plus de cinq lieues du champ de bataille où fut consommée la défaite des Saxons. C'est dans un pays boisé, montueux et sauvage, que Guillaume atteignit Harold, et l'endroit où périt le héros saxon a été consacré par la fondation d'une abbaye, monument de la piété orgueilleuse du vainqueur. *Battle-Abbey* subsiste encore, dans un site pittoresque ; le moutier normand s'est changé en une villa magnifique, où l'on trouve, à côté des habitations, de belles ruines de cloîtres, d'églises, de tombeaux, et des tours effondrées sous le poids des lierres.

Hastings touche à Saint-Léonard-sur-mer, où je descendis au coucher du soleil. L'exil avait fait de ce bourg de grandes hôtelleries, une terre française. En parcourant le long quai dont l'Océan fatigue le rivage, je vis errer çà et là les derniers serviteurs de la monarchie éteinte.

Bientôt la lune azura les lueurs du crépuscule, et, à la faveur du clair-obscur d'une nuit élyséenne, je reconnus les princes de la maison d'Orléans, qui circulaient à travers les groupes silencieux des promeneurs. Insouciants de l'avenir, les enfants couraient gaiement autour de leur mère, qui marchait grave et causant à demi-voix. Accablés du passé, le duc d'Aumale, le prince de Joinville passaient et repassaient, le premier soucieux, le second malade et fatigué. Ils étaient simplement vêtus, comme des voyageurs errants, et leurs yeux se tournaient de temps en temps sur la façade de l'hôtel Victoria, à l'une des fenêtres duquel brillait une vive lumière. C'est là que Louis-Philippe, atteint de la maladie mortelle des souverains dépossédés, succombait lentement à la nostalgie des rois. Quelques fonctionnaires du règne évanoui, réduits à la fidélité, venaient discuter là de vaines questions, constater l'infaillibilité de leur prévoyance, retracer la dignité de leurs joûtes parlementaires, l'abnégation de leur dévouement, l'austérité de leur doctrine, l'utilité de leurs loyaux services; en un mot, raviver les blessures de cette royauté de circonstance qu'ils avaient conduite à l'auberge.

Agité par ces visions, je passai une partie de la nuit à ma fenêtre qui donnait sur la mer. L'air était tiède, le rivage sonore, et la pleine lune, balancée sur les flots, en argentait les cimes. A neuf heures du matin, je me promenais sur la grève complétement déserte, lorsqu'à la porte de *Victoria-House*, je vis s'élancer lestement d'une calèche une dame enveloppée d'un grand châle. En entrant avec vivacité, elle détourna la tête, et je reconnus la reine Marie-Amélie. L'exil l'avait comme rajeunie et retrempée.

Au bout d'une demi-heure, je vis descendre, le long de cette même plage, une petite calèche à bras, comme celles où l'on promène les enfants et les malades. Elle contenait un vieillard d'une attristante maigreur, vêtu d'une redingote bleue croisée sur la poitrine, d'une cravate noire, dont le nœud surmontait un petit jabot fané, et coiffé d'un feutre gris d'où s'échappaient, ruisselant le long des tempes, de rares cheveux très-blancs. C'était une figure longue, étirée, pâle et recueillie : mais l'aspect austère de ces joues creuses, de ce front blanc et monacal, de ce nez aquilin et serré, de cet œil cave et terni, ne rappela personne à mon souvenir.

Si M. de M***, avec qui je marchais, ne m'eût dit à voix basse : — C'est *lui*...; je n'aurais pas reconnu ce spectre de la royauté, sous la livrée de la mort.

On arrêta la litière près d'un petit banc public, et là, sur la berge, sans quitter le siége étroit où il était profondément affaissé, ni la pelisse à carreaux qui lui couvrait les jambes, le feû-roi reçut à son petit lever le salut des flots.

Je contemplais, seul, cette cour composée de trois personnes : l'une d'elles s'assit sur le banc, et fit au malade la lecture des journaux.

Ma figure, nouvelle dans cette colonie, fut remarquée. Le moribond échangea à mon sujet quelques mots avec le général d'H..., et, à mon grand étonnement, manifesta l'intention de me recevoir le lendemain, si sa santé le permettait.

Au retour de sa promenade, Louis-Philippe, me retrouvant sur sa route, souleva avec lenteur, pour m'adresser un geste bienveillant, une main emprisonnée dans un gant de peau de daim; je vis un sourire éclairer d'une douteuse lueur ce visage ascétique, et je m'inclinai profondément devant ce bras désarmé du sceptre, qui daignait saluer en moi la patrie perdue.

En quittant la rive, je jetai un dernier regard sur ce royal équipage : — Une calèche d'enfant sur une berge blanche, — la mer bleue sous un ciel bleu ; — çà et là, quelques pêcheurs tirant des filets ; — et, comme un point dans l'immensité, cette royauté finie.

C'est sur les mornes rivages de ce comté de Kent, que Shakspeare a esquissé le mélancolique profil du roi Lear, errant et dépossédé. De ces deux souverains, l'un n'est qu'une fiction de poëte ; l'autre, qui naguère tenait l'Europe en équilibre, n'est plus qu'un rêve... Sa grandeur, imperceptible à mes yeux dans l'immense horizon, tenait juste autant de place qu'un cercueil, un peu moins qu'un tombeau.

Peu de temps auparavant, j'avais dîné dans un bouge obscur, à côté des puissances éphémères qui ont jeté, et si promptement suivi la royauté de Juillet, dans le néant de l'exil.

Quinze jours après, les journaux de Londres apprenaient à la France la mort de ce roi qui s'était leurré de la chimère de perpétuer une dynastie, et qui, violant dans sa propre maison le principe de l'hérédité, avait, sur les marches mêmes du trône, proclamé la déchéance de sa race.

Est-il rien de plus propre à inspirer le dédain des chimères politiques, à consoler les petits de leur médiocrité, que ces exemples frappants des caprices de la fortune et du néant des vastes ambitions ! C'est là, parmi les victimes de tous les partis, confondues et rapprochées dans un exil commun, que l'on peut apprécier la valeur de ces vaines combinaisons, dérisoirement qualifiées de *science* politique. Le même ostracisme atteint le Napoléon de la paix, et celui qui régna par la guerre : Louis-Philippe usurpe et tombe martyr de la légalité, son légitime prédécesseur est banni pour l'avoir méconnue. Enfin, les soldats de la liberté qui les ont abattus tous deux, les suivent à tire d'ailes sur le sol britannique, ce Bedlam des gouvernants fourvoyés.

L'âme attristée par les leçons amères de cette école de scepticisme et de désanchantement, je me hâtai de revenir à Londres, et, profitant de la diligence de Staplehurst, je traversai les comtés de Kent, de Sussey et de Surrey.

On a rarement, dans ce pays, sillonné de chemins de fer, l'occasion de voyager à la façon de nos aïeux. La voiture était propre et commode ; les relais servis avec célérité ; les chevaux couraient la poste, rapides comme le vent, sur une route excellente. Je retrouvai des postillons pasfillonnés de clinquant, des harnais d'autrefois, bardés de grelots, et sur le seuil des hôtelleries, de bonnes faces d'aubergistes, offrant, tandis qu'on changeait de chevaux, le vin de Porto, le gin, ou le pot d'ale d'Écosse, au voyageur qui passe.

Comme à Kenilworth et à Warwick, je reconnaissais la vieille Angleterre telle qu'elle m'avait apparu dans les romans du siècle dernier.

Ces contrées montagneuses, entrecoupées de vallons circulaires, rappellent la Bourgogne, entre Semur et le Val-Suzon, ou les bords de la Meuse, de Liége à Namur; mais la culture est plus riche, les arbres sont plus touffus, et les villages, çà et là couchés au revers des coteaux, sont d'une coquetterie inconnue chez nous. Rien n'en égale la propreté; jamais la vue n'est attristée par des huttes misérables et délabrées; la pauvreté est cachée sous des manteaux de fleurs. La plus humble chaumière, avec ses fenêtres plus larges que hautes, sourit, à demi voilée par des massifs et des lianes de houblons, de lauriers-palmes, de chèvrefeuilles, d'églantines, de troënes et de lierre. Point de murailles autour des propriétés; partout des haies vives d'aubépine ou de houx, taillées à pic et d'une vigueur surprenante. Le bétail, gras et lustré, tond l'herbe menue des prés-bois, gardé par des Galatées en capote de paille ou de percaline.

Entre Staplehurst et Londres, je vis pourtant des paysans véritables; trois fermiers, avec des culottes de velours fauve à côtes, des guêtres couvrant le genou, des gilets à boutons ciselés et de larges habits du dix-huitième siècle. Walter-Scott les avait rencontrés avant moi.

La fatigue et l'ennui m'attendaient à Londres. La plupart de mes amis l'avaient déserté: Évariste était en Irlande; sir William P... avait gagné la Belgique. Quant à mes divers hôtes du pays, je les sentais devenus étrangers, et m'apercevant seulement alors que je les connaissais à peine, je n'avais plus le courage de courir à leur recherche. Lassé de voir et d'observer, l'esprit harassé et la curiosité repue, je fus soudainement envahi par le sentiment de la solitude.

On n'existe là pour personne; nul ne s'intéresse à vous; et dès que l'on sort de la sphère d'activité qui dissimule cet isolement, le séjour de Londres devient intolérable. Cette impression est ressentie à une heure donnée par tous les Français qui visitent cette capitale, où la vie de caprice et d'oisiveté est impraticable. Je songeais à la patrie si voisine, comme si la moitié du globe m'en eût séparé, et j'étais en proie à une sorte de nostalgie. Parfois, en errant à travers ces rues pleines d'indifférents affairés, je me disais : — Si l'on venait à tomber évanoui sur un trottoir, dans cette ville immense où l'implacable égoïsme se justifie par la liberté, que deviendrait-on, et qui saurait jamais ce qu'on est devenu !...

Cette question, quand on connaît Londres, conduit à des réflexions qui aboutissent à un sentiment d'effroi...

Dégoûté de tout, désintéressé de toutes choses, la pensée vide et le cœur serré, accablé du fardeau des heures qu'il fallait porter si lentement, pour la première fois j'eus une vague perception du supplice des exilés.

Une nuit, le vent souffla avec une telle violence, qu'il devenait presque impossible de s'embarquer.

Dès que j'eus compris qu'un obstacle pouvait me contraindre à prolonger mon séjour, la fièvre du départ s'empara de moi.

Quatre heures plus tard, par une pluie battante, je franchis le pont du bateau de Calais, et quand enfin la Tamise eut écarté ses deux bras pour me laisser fuir, Londres reprit dans mon souvenir tout l'intérêt, tout le prestige, tout le charme de la première impression.

Après une traversée détestable, trempé de la tête aux pieds, et salé des pieds à la tête, je revis avec plaisir sur la jetée de Calais nos petits soldats bleus, et jusqu'à nos douaniers vert-monstre. Mais, passé le premier instant, la ville me parut noire, déserte, inactive et sans vie.

Comme je sortais de l'église, où l'on chantait l'office du soir, où l'orgue et l'encens s'élevaient dans la nef en vagues sonores et parfumées, je fus accueilli sur le seuil par un carillon qui fredonnait l'air :

« Gentille Annette,
« Tu ne viens plus sous la coudrette... »

Je rentrais en pleine possession de la France.

En parcourant la conquête du duc de Guise, sans y découvrir la plus frêle apparence d'une autre coudrette que celle du carillon, je fus soudainement frappé de la distance énorme qui sépare l'Angleterre si voisine, de cette France où la mer m'avait ramené en peu d'heures.

Et le lendemain, en flânant désorienté à travers Paris, j'ai évalué par comparaison la grandeur de Londres et l'étendue de la Tamise. Je me croyais débarqué dans une paisible ville de province : au souvenir de Saint-Paul, le Panthéon me semblait une bonbonnière désagréable ; la Seine, en mon absence, s'était réduite aux modestes proportions d'un joli ruisseau.

FIN.

TABLE DES CHAPITRES

FIN DE LA TABLE.

www.ingramcontent.com/pod-product-compliance
Ingram Content Group UK Ltd.
Pitfield, Milton Keynes, MK11 3LW, UK
UKHW020308230726
13925UKWH00001B/285

9 782016 204627